Dietrich Scheiffele

Grundelemente der Volkswirtschaftslehre

tuduv

tuduv

Die Deutsche Bibliothek – CIP-Einheitsaufnahme

Scheiffele, Dietrich
Grundelemente der Volkswirtschaftslehre /
Dietrich Scheiffele. - München: tuduv-Verl.-Ges.,
2001
(tuduv)
ISBN 3-88073-590-5

Gesamtherstellung: tuduv-Verlags-GmbH, 80333 München. Printed in Germany.

Grundelemente der Volkswirtschaftslehre

von
Dr. Dietrich Scheiffele
Professor für Volkswirtschaftslehre
und Wirtschaftsgeschichte

tuduv Verlag München

Vorwort

Dieses Buch wendet sich an alle, die etwas über die Grundelemente der Volkswirtschaftslehre wissen wollen. Im Idealfall sollen Grundelemente als Instrumente und Werkzeuge dienen, um eine Wirtschaft und eine Wirtschaftslage zu analysieren und zu beurteilen und um mögliche Lösungen für Probleme bereitzustellen.

Inhalt und Erzählweise des Buches sind gewachsen aus einer zwanzigjährigen Praxis, an Universität und vor allem an Fachhochschule werdenden Volks- und Betriebswirten das ABC der Volkswirtschaftslehre beizubringen. Es würde mich natürlich freuen, wenn auch andere Zielgruppen Gefallen an diesem Buch finden würden.

Es ist schon immer meine Auffassung gewesen, dass Ökonomie viel mit gesundem Menschenverstand zu tun hat. Ich selbst habe Mathematik studiert und weiß den Segen ihrer Logik und Präzision zu schätzen; die Anwendung der Infinitesimalrechnung halte ich sogar für ein Kriterium der Wissenschaftlichkeit. Mathematik als Imponiergehabe lehne ich aber ab.

So pflegt mein Buch eine einfache Sprache, und ich hoffe, die Komplexität der Darstellung und Erklärung ist mit der Komplexität der wirtschaftlichen Phänomene im Gleichgewicht. Dabei kann der Anspruch auf Vollständigkeit nur bescheiden sein, denn es handelt sich mit Absicht um Grundelemente, wenngleich diese durchaus Grund- und Hauptstudium umfassen. Ein Examenskandidat wird die Grundelemente dieses Buches angemessen mit spezielleren Bausteinen aus anderen Vorlesungen und Büchern füllen müssen, um seine Prüfung mit gutem Ergebnis zu bestehen.

Der Stoff dieses Buches umfasst volkswirtschaftliches Wissen, das, über Generationen erarbeitet, zum anerkannten, gesetzten Bestand gehört, den man in zahlreichen Lehrbüchern studieren kann. Mein Versuch ist eben, einen roten Faden vom ersten bis zum achten Semester zu liefern.

Da es sich also um weitverbreiteten Stoff handelt, muss man als Wurzeln zunächst die Klassiker des ökonomischen Denkens von Francois Quesnay über Adam Smith und Alfred Marshall bis hin zu J.M. Keynes nennen. Auch Keynes möchte ich zu diesen Vätern rechnen. Wie Friedman würde ich gerne sagen: Wir sind alle Keynesianer.

Vermittelt wurden mir diese Lehren natürlich durch zahlreiche zeitgenössische Wissenschaftler und Lehrer, deren spezielle neue

Beiträge über dieses Buch größtenteils hinausgehen, denen ich aber fast alles verdanke, was ich hier geschrieben habe.

So verdanke ich vieles den Worten und Schriften meiner Lehrer in Tübingen Alfred Ott und Theodor Eschenburg, in München Utta Gruber, Heinz Laufer, Hans Möller, Edwin von Böventer und Knut Borchardt, meinen Vorbildern Erich Preiser, Herbert Giersch, R.G.D.Allen und Alfred Stobbe, aber auch zahlreichen Wissenschaftlern des weiteren Umfeldes wie Wilhelm Krelle, Klaus Rose, Rudolf Richter, Gérard Gäfgen, Emil-Maria Claassen, Milton Friedman, Bernhard Felderer, Stefan Homburg, Wolfgang Schricker, Eberhard Rubin, Elke Thiel, wie auch besonders meinem geschätzten Kollegen Rainer Fischbach und meinen ständigen Diskussionspartnern Ali Mahan, Klaus Friedrich, Rudolf Würmser und Alfred Ochs.

Ich hoffe, dass ich mit meinem Dank niemanden übersehen habe, und ich bitte um Nachsicht, wenn ich im einzelnen nicht stets dargelegt habe, wo ich gewisse Inhalte zum ersten oder n-ten Mal gehört oder gelesen habe, wie sich die Stoffe überlagert, verdichtet oder umgeformt haben.

Ich bitte auch um Nachsicht, dass ich mich nicht auf das Abenteuer einer Bibliografie der Volkswirtschaftslehre eingelassen habe. Denn im Zeitalter des Internet ist es für jeden Studenten ein leichtes, sich die vollständige und stets aktualisierte Liste der fast unübersehbaren volkswirtschaftlichen Literatur ausdrucken zu lassen.

Selbstverständlich bin ich mir der Grenzen eines solchen Buches bewusst und für seine Fehler allein verantwortlich. So werde ich mich über jede Kritik, Anregung und Korrektur freuen. Bei der modernen elektronischen Buchherstellung ist es leicht, Änderungen durchzuführen. Nun hoffe ich, dass die Grundelemente Studenten und anderen Interessierten von Nutzen sein werden.

München, August 2001

Dietrich Scheiffele

Inhalt

1. VOLKSWIRTSCHAFTLICHE GRUNDBEGRIFFE

1.1. Volkswirtschaftslehre – Betriebswirtschaftslehre

Beide Zweige der Wirtschaftswissenschaften haben den Untersuchungsgegenstand „Wirtschaft“ bzw. das „Wirtschaften“. Unter Wirtschaft kann man denjenigen Bereich der menschlichen Gesellschaft verstehen, in dem es um die Produktion, den Tausch, die Übertragung und die Verteilung von Gütern und Dienstleistungen geht. Alle diese Handlungen sollen möglichst vernünftig und, was die Verteilung von Gütern anlangt, möglichst gerecht sein. Insofern hat die Wirtschaftswissenschaft in unserer Sozialen Marktwirtschaft auch ein demokratisches Anliegen.

Wie wir eben gehört haben, soll Wirtschaften vernünftig sein bzw. „rational“. Das ist eine der wesentlichen Grundannahmen der Wirtschaftswissenschaft, vergleichbar einem Axiom in der Mathematik: der Mensch habe die Eigenschaft des vernünftigen, d.h. rationalen Handelns. Vereinfachend sagen viele sogar unbekümmert: der Mensch ist rational. Oder lateinisch: er ist ein homo oeconomicus.

Diese „Rationalitätsannahme“, dieses Menschenbild des homo oeconomicus ist großer Kritik ausgesetzt worden, insbesondere in neuerer Zeit, seit die Sozialpsychologie durch Untersuchungen herausgefunden hat, daß der wirtschaftende wie auch der demokratisch wählende Mensch keineswegs ein rationales, sondern ein sehr oft überwiegend „gefühlsmäßiges“ Wesen ist. Wir mögen nur uns selbst beobachten, wie irrational wir oft im Supermarkt oder bei Kleiderkäufen unsere Entscheidungen treffen.

Dennoch hat die Annahme bzw. die Definition eines Menschenbildes zu Beginn einer Wissenschaft einen Sinn, sie erleichtert die „Sicht der Dinge“, die Theorie. So haben es viele philosophischen Denker gehalten, die sich mit Staat, Gesellschaft, Wirtschaft beschäftigt haben: Platon, Aristoteles, Hobbes, Locke, Montesquieu, Rousseau, Machiavelli, Marx, Max Weber, Adam Smith, Keynes und viele andere. Und die Wirtschaftswissenschaft ist, so sehr sie auch praxisorientiert sein sollte, in den Grundlagen eine geisteswissenschaftliche, ja philosophische Disziplin.

Die Grundannahme des homo oeconomicus hat aber noch einen zweiten, moderneren Sinn. Um den zu verstehen, muß man etwas auf die Aufgaben einer Wissenschaft allgemein, insbesondere der Wirtschaftswissenschaft eingehen. Erstens soll die Wirtschaftswissenschaft wirtschaftliche Tatbestände beschreiben. Dies ist ein Problem von Sprache, Begriffen, Klassifikationen und Ordnungen. Man denke an die Beschreibungen und Klassifikationen der Pflanzenwelt. Bei der Wirtschaftswissenschaft kommt vor allem hinzu das Beobachten, Messen, Zählen und Darstellen. Es sind dies die vielfältigen Methoden der Statistik und der empirischen Sozialforschung. Die Beschreibung wirtschaftlicher Tatbestände entpuppt sich also als ein recht schwieriges Unternehmen. Es ist deshalb nicht verwunderlich, daß die Deutsche Bundesbank und das Statistische Bundesamt Wochen und gar Monate benötigen, um Größen wie Geldmenge, Inflationsrate, Arbeitslosenquote, Sozialprodukt zu ermitteln und zu veröffentlichen. Sehr schwierig ist es auch, ganze Zahlensysteme wie die volkswirtschaftliche Gesamtrechnung oder die Zahlungsbilanz zu erstellen. Probleme sind hier nicht nur das Beobachten, Zählen, Messen, Verarbeiten und Darstellen, sondern auch das Finden und Ausschalten von Fehlern bei der Datenerhebung und -darstellung, schließlich auch das Problem mit der Wahrheit: Sind die Angaben, die die Millionen Menschen der Wirtschaft an die statistischen Ämter, an die Bundesbank und an die Finanzbehörden liefern, tatsächlich der Wahrheit entsprechend? Man denke nur an die Steuererklärungen und die Angaben beim Zoll.

Zweite Aufgabe der Wirtschaftswissenschaft ist die Erklärung wirtschaftlicher Tatbestände, insbesondere des Wirtschaftsprozesses und der Konjunktur. Oft wird diese Aufgabe als die vornehmste Aufgabe der Wirtschaftswissenschaft, aber auch vieler anderer Wissenschaften bezeichnet. Diese Aufgabe hängt nämlich direkt mit der Motivation des ganzen menschlichen Denkens, Philosophierens und wissenschaftlichen Suchens und Fragens zusammen. Der Mensch ist das einzige Wesen, das beständig nach dem Warum, nach Erklärungen, nach Gesetzmäßigkeiten sucht, um sein Dasein zu verbessern. Negativ gewendet könnte man natürlich auch sagen: der Mensch ist das einzige Wesen, das nach grenzenloser Expansion, nach „Fortschritt" strebt. Hier sei bereits an Probleme wie „Verantwortung in der Forschung", „Fortschrittskritik" und „Umwelt" erinnert.

Bei dieser „vornehmsten Aufgabe" geht es also um die Frage: Warum ist ein wirtschaftlicher Tatbestand so und nicht anders? Und: Warum ist etwas geschehen? Warum ist also die Inflation 4 % und warum ist die Arbeitslosenquote 7 % beispielsweise?

Erklären heißt, Ursachen, sog. Einflussfaktoren finden, und Erklären heißt, erklärende Gesetzmäßigkeiten finden. Wenn man solche erklärenden Einflussfaktoren und solche Gesetzmäßigkeiten aufgrund einer Idee oder aufgrund empirischer Beobachtungen vermutet, dann sind dies erst mal Behauptungen, die zunächst bewiesen werden müssen, sog. Hypothesen. Hypothesen sind also zu beweisende Behauptungen über Ursache- Wirkungszusammenhänge bzw. Gesetze zur Erklärung sozialwissenschaftlicher, hier wirtschaftswissenschaftlicher Zusammenhänge.

Nehmen wir einmal das Phänomen Inflation. Die Menschen haben, solange es Münz - oder anderes Geld gibt, also etwa seit 3000 Jahren, schon ziemlich bald vermutet, daß Inflation, also die fortgesetzte Steigerung der Preise, irgendwie mit der Menge der umlaufenden Geldmenge zusammenhängt. Ein wichtiger Einflussfaktor ist also die Geldmenge. Dann drängte es sich förmlich auf, daß zwischen der Geldmenge und dem Preisniveau eine Gesetzmäßigkeit besteht. Die Vermutung, d.h. die Hypothese drängte sich auf: Wenn die Geldmenge mit einem bestimmten Prozentsatz wächst, dann steigen die Preise mit einem bestimmten Prozentsatz. Man hat nun also zwei Hypothesen: Die Geldmenge ist eine wesentliche Ursache von Inflation und: zwischen Wachstum der Geldmenge und Steigerung der Inflationsrate besteht eine bestimmte (mathematische, funktionale) Beziehung.

Damit nun diese Hypothesen das Phänomen Inflation wissenschaftlich erklären können, müssen sie mit wissenschaftlichen Methoden geprüft werden. Und dies unterscheidet die wissenschaftliche Erklärung von der Welterklärung antiker Mythen, etwa der alten griechischen und germanischen Göttergeschichten; dort war zur Erklärung von z.B. Naturphänomenen Glaube notwendig, hier sollten nachprüfbare, rationale Methoden die Erklärungslegitimation bilden.

Und erst wenn diese Hypothesen durch zahlreiche, manchmal hunderte Beobachtungen und Versuche geprüft und für richtig befunden worden sind, von möglichst vielen, voneinander unabhängigen Wissenschaftlern, dann kann man mit ihnen ein wirtschaftliches Phänomen erklären, kann in unserem Beispiel also erklärend ausführen: Weil die Geldmenge 1994 um 7% gewachsen ist, ist das Preisniveau um 3% gestiegen. (Gesondert muß natürlich geprüft werden, warum das Preisniveau um weniger als die Geldmenge gewachsen ist, denn neben der Geldmenge spielen noch andere Einflussfaktoren eine Rolle. Man sieht daran die Vielschichtigkeit bzw. „Komplexität“ solcher ökonomischer Phänomene.)

Hier haben wir also den erklärenden Ursache-Wirkungszusammenhang (oder „Gesetz“ oder „Regelmäßigkeit“ oder „Wenn – Dann - Satz“)

zwischen Geldmenge und Inflation. Ein oder mehrere solcher erklärender Sätze, die dann in einem widerspruchsfreien Zusammenhang stehen müssen, heißen Theorie. Die alten griechischen Philosophen sagten dazu einfach „Sicht der Dinge". Manche modernen messen einer Theorie auch das Attribut „Abstraktion der Wirklichkeit" zu. Jedenfalls haben Theorien das Ziel, etwas zu erklären.

Vom Begriff „Theorie" unterschieden, von vielen leider aber gleichgesetzt, ist der Begriff „Modell". Ein Modell ist ein vereinfachtes Abbild der Wirklichkeit, indem man die Merkmale, die einen interessieren, hervorhebt und die Merkmale, die man bei seiner wissenschaftlichen Zielsetzung für nebensächlich hält, vernachlässigt bzw. ignoriert. Ganz wie beim Haus-Modell eines Architekten: die Oberfläche, die Farben, die Bäume außenrum werden nachgebildet, Einzelheiten wie Türklinken und Inneneinrichtungen bleiben weg. In der Wirtschaftswissenschaft bestehen Modelle oft aus einfachen Gleichungen, die zusammengenommen ein sog. interdependentes (wechselseitig abhängiges) System bilden, um einen Ausschnitt der Wirtschaft oder die Gesamtwirtschaft selbst abzubilden.

So beinhalten ökonomische Lehrbücher, insbesondere die vorwiegend theoretischen, nicht etwa Beschreibungen der ökonomischen Wirklichkeit oder gar der Wahrheit, sondern lediglich Modelle, die dazu dienen sollen, das komplexe, unüberschaubare Phänomen Wirtschaft besser zu verstehen. Dies wird leider in den Vorworten zu wenig zum Ausdruck gebracht, so dass Studenten in den früheren Semestern glauben, in solchen Lehrbüchern Wahrheiten zu lesen. In Wirklichkeit gibt es aber bessere und schlechtere Modelle, und Modelle sind solange brauchbar, solange es keine besseren gibt, um das schwierige Phänomen Wirtschaft zu erklären.

Nach diesen etwas längeren Ausführungen zur „vornehmsten Aufgabe" der Wirtschaftswissenschaft nun zur dritten Aufgabe, der Prognose wirtschaftlicher Tatbestände: Was wird in Zukunft geschehen? Jeder, der wirtschaftet, muß sich diese Frage stellen: Die Hausfrau macht ihren Wochenplan, der Unternehmer muß bei seinen Investitionsüberlegungen die zukünftige Produktion und den zukünftigen Absatz planen, der Staat läßt durch das Parlament den Haushaltsplan verabschieden, das sog. Regierungsprogramm in Zahlen. Wirtschaften heißt also auch Planen.

Und zum Planen ist unbedingt eine Vorausschau in die Zukunft notwendig. Natürlich muß man einwenden, daß ein Blick in die Zukunft prinzipiell unmöglich ist. Dies ist richtig, aber dennoch hat die Wissenschaft zahlreiche gute Prognoseverfahren zur Verfügung gestellt, die die Ungewißheit der Zukunft merklich abmildern und dadurch zukunftsweisende Entscheidungen weit weniger risikoreich werden lassen. Da gibt es Verfahren, die mit mathematischen Gleichungen und Funktionen und Simulationsmodellen arbeiten, aber auch Verfahren der Praktiker, deren Qualität auf Erfahrung und Urteilskraft des Unternehmers beruhen und in der Treffgenauigkeit oft den mathematischen Verfahren kaum nachstehen.

Die Prognose steht logisch mit der Erklärung, also der zweiten Aufgabe, in einem engen Zusammenhang. Hat man dort nämlich eine Ursache-Wirkungsbeziehung bzw. ein Gesetz bzw., wie man in den Sozialwissenschaften gerne vorsichtiger formuliert, ein „Quasigesetz" gefunden, dann kann man nämlich daraus eine begründete Vorhersage in die Zukunft ableiten. Nehmen wir wieder die Beziehung zwischen Geldmenge und Inflation, die als uraltes „ökonomisches Gesetz" „Quantitätsgesetz" genannt wird:

Für eine bestimmte Volkswirtschaft sei durch hinreichend viele empirische Untersuchungen herausgefunden worden, daß 5% Erhöhung der Geldmenge eine 2%ige Erhöhung des Preisniveaus verursacht, mit einer gewissen Wahrscheinlichkeit nur natürlich. Wenn nun tatsächlich eine Erhöhung der Geldmenge festgestellt worden ist, dann kann man mit einer ziemlich sicheren Berechtigung eine entsprechende Erhöhung des Preisniveaus vorhersagen. Natürlich ist das keine Gewißheit, aber immerhin so sicher genug, daß es ratsam erscheint, gegen eine wahrscheinliche Inflation Vorkehrungen zu treffen. Und das ist ja der eigentliche Sinn der Prognose: Man kann seine Aktionen, Planungen und Vorkehrungen auf zukünftige Eventualitäten einrichten, so daß man nicht unvorbereitet überrascht wird.

Prognosen haben natürlich nicht nur das Ziel, zukünftigen Schaden abzuwehren oder zu mildern, sondern sie machen auch zukünftige Chancen sichtbar: günstige Verkaufs- bzw. Gewinnchancen oder günstige Kaufs- oder Spekulationschancen. Und weil die Prognosen nie ganz gewiß sein können, sind natürlich auch die darauf aufgebauten Gewinnchancen nie ganz sicher, also mit Risiko behaftet. Aber eine solche Risikofreude gehört geradezu zu den notwendigen Eigenschaften eines Unternehmers.

Oft beruht der Erfolg eines Unternehmers gar nicht sosehr auf seiner Risikofreude, sondern eben auf der Qualität seiner Prognosen. Diese wiederum müssen gar nicht unbedingt mit Hilfe viele Gleichungen umfassender Simulationsmodelle erstellt worden sein, sondern können, wie erwähnt, auf Methoden der Praktiker beruhen. Und hier ist Urteilskraft gefragt, eine zweite notwendige Eigenschaft eines erfolgreichen Unternehmers.

Schließlich noch kurz zur vierten Aufgabe der Wirtschaftswissenschaft: Beratung der wirtschaftlichen Entscheidungsträger, also der Geschäftsleitungen und der Wirtschaftspolitik.

Der Wirtschaftswissenschaftler berät den Entscheidungsträger im Finden von Zielen; in welcher Beziehung die einzelnen Ziele zueinander stehen; welche Mittel in welcher Dosierung und in welchem Zeitrahmen eingesetzt werden können. Große Unternehmen und Ministerien beschäftigen ganze Stäbe von Wirtschaftswissenschaftlern. Kleinen Unternehmern ist eine wirtschaftswissenschaftliche Ausbildung anzuraten oder das Hinzuziehen eines professionellen Wirtschaftsberaters.

Beraten kann aber auch einfach darin bestehen, die einschlägigen wirtschaftswissenschaftlichen Verfahren zu beherrschen und anzubieten oder die notwendigen Daten herzuführen oder computergestützte Berechnungen anzustellen.

Hier sei noch kurz etwas zur Ethik des beratenden Wirtschaftswissenschaftlers gesagt: Wer berät, der übernimmt Verantwortung. Er kann sich keinesfalls in den „Elfenbeinturm“ zurückziehen und sagen: „Ich berate ja nur, entscheiden und Verantwortung tragen mußt Du, Unternehmer".

Zu diesen Ausführungen über die Aufgaben der Wirtschaftswissenschaft wurden wir angeregt durch den homo oeconomicus, dieser wichtigen Grundannahme der Wirtschaftswissenschaft. Also der Annahme, der Mensch sei rational, wisse immer, was er will, sammle stets schlau alle Informationen, um vernünftige Entscheidungen zu treffen, tue stets das, was ihn seinen Zielen näher bringt.

Nun, wir hatten gesagt, die Wirtschaftswissenschaft benötige wie jede geisteswissenschaftliche Disziplin ein bestimmtes Menschenbild, darin sei sie in guter Gesellschaft der abendländischen Philosophie. Weiter hatten wir gesagt, das oft kritisierte Menschenbild des homo oeconomicus hätte noch einen zweiten Sinn, der erst klar würde, wenn man über wissenschaftliche Aufgaben gesprochen habe.

Nun wird klar, warum das Bild des homo oeconomicus einen Sinn hat. Zur „vornehmsten“ Aufgabe, also zur Erklärung wirtschaftlicher Tatbestände, benötigt man Gesetze bzw. Quasi-Gesetze bzw. Ursache-Wirkungsbeziehungen und zwar solche, die man in mathematischen Gleichungen und Funktionen ausdrücken, die man mit statistischen Verfahren “abschätzen“ kann. Solche Gesetze stellen also etwas berechenbares, kalkulierbares dar, oder: sie „gießen“ das wirtschaftliche Verhalten von Menschen oder Gruppen von Menschen in feste mathematische Relationen. Beispiel "Konsumfunktion": $C = C^a + cY$. Dies bedeutet: Die Konsumausgabe eines Haushaltes setzt sich zusammen aus dem Existenzminimum C^a und einem bestimmten Teil c des Einkommens Y. Eine solche Konsumfunktion kann „empirisch abgeschätzt" lauten: C = 800 + 0,7 Y.

Diese Konsumfunktion bildet also eine Regelmäßigkeit, ein Quasi-Gesetz menschlichen Verhaltens ab: der untersuchte Haushalt gestaltet seinen Konsum nach der Regel C = 800 + 0,7 Y. Verdient er DM 1000, dann konsumiert er für DM 1500, also mehr als er verdient in diesem Fall. Die restlichen DM 500 muß er eben vom Sparkonto nehmen oder mit Kredit finanzieren.

Was hat dies aber mit dem angeblich notwendigen Menschenbild des homo oeconomicus zu tun?

Ganz einfach. Solche Gesetze oder Regelmäßigkeiten im menschlichen Verhalten kann man nur aufstellen, wenn der Mensch ein regelmäßiges, rationales, kalkulierbares Verhalten an den Tag legt. Würde man den Menschen als irrationales, völlig sprunghaftes, unkalkulierbares Wesen annehmen, dann würde er sich jeder mathematischen, theoretischen Behandlung und Erforschung entziehen.

Nun kann man natürlich einwenden, der Mensch sei doch zumindest teilweise irrational, unkalkulierbar, Gesetze aufzustellen sei also von vornherein sinnlos. Dieser Einwand ist nach den Erkenntnissen der modernen Sozialpsychologie sehr berechtigt. Nur, wenn man resignierend einräumt, der Mensch sei nun mal unkalkulierbar, dann wäre jede wissenschaftliche Untersuchung des wirtschaftlichen Verhaltens überflüssig. Aber um überhaupt wenigstens teilweise brauchbare, das Leben erleichternde Erkenntnisse zu gewinnen, macht man eben die notwendige, wenn auch oft etwas realitätsferne Annahme, der Mensch sei ein homo oeconomicus.

Ganz verkehrt ist die Rationalitätsannahme, der homo oeconomicus, tatsächlich auch wieder nicht. Mehr oder weniger steckt in jedem Menschen auch ein rationaler, vernünftiger Teil. Dieser Teil ist bei Berufs-Rationalisten wie bei Unternehmern natürlich vergleichsweise groß. Es gibt auch rationale, Preis und Qualität sorgfältig abwägende Konsumenten. Und mit solchen Menschen hat die Wirtschaftswissenschaft vergleichsweise viel zu tun. Hinzu kommt noch das sog. Gesetz der großen Zahl: In einer Großgruppe von Menschen gleichen sich die Besonderheiten der einzelnen Individuen einigermaßen aus, und die Gesamtgruppe legt ein erstaunlich beharrliches, gleichmäßiges, kalkulierbares Verhalten an den Tag. Der Mensch ist eben, vor allem in der großen Gruppe, ein „Gewohnheitstier". Solche Großgruppen sind die Konsumenten, die Unternehmer, die Investoren u.a.

Bleibt noch eines zu überlegen: Ist denn der Mensch gerne ein homo oeconomicus? Nehmen wir an, ein Bergsteiger steht vor einer Gebirgswand, die zudem noch mit Schneefeldern durchsetzt ist. Er muß diese Wand übersteigen, um zu einer Hütte zu gelangen, die jenseits in einem Talkessel liegt. Da er nicht weiß, wie sehr er nach Überschreiten des Grats im Schnee einsinken, also welche Kraftreserven er noch benötigen wird, wird er beim Aufstieg sehr seine Kräfte schonen bzw. mit ihnen haushalten, also seine Mittel möglichst ökonomisch einsetzen. Hat er aber den Grat überschritten und kann seinen Kraftbedarf überblicken, da die Schneefelder sich als gut begehbar und die Felsen sich als relativ harmlos erwiesen haben, wird er beim Abstieg freudig und verschwenderisch mit seinen Energien umgehen und sorglos die Hänge hinabhüpfen.

Also: Wenn er könnte, würde der Mensch viel lieber verschwenderisch mit seinen Mitteln umgehen. Nicht umsonst gibt es die Träume vom Paradies und vom Schlaraffenland. Aber er kann es nicht, da seine Mittel begrenzt und, das muß man hinzufügen, seine Bedürfnisse unbegrenzt sind. Er wird also durch die Umstände des Lebens gezwungen, ein homo oeconomicus zu sein.

Es ist also nicht die Frage, ob der Mensch ein homo oeconomicus ist oder es mehr oder weniger ist, sondern er wird, um zu überleben, zum rationalen Verhalten gezwungen. Und da er es eben mehr oder weniger ist, ist die wirtschaftliche Lage der Menschen, natürlich neben vielen anderen Gründen auch so verschieden. Am liebsten würde der Mensch aber wohl im Überfluß leben, also auf jedes ökonomische Verhalten verzichten.

Schließlich muß noch darauf hingewiesen werden, daß der Mensch natürlich nicht nur homo oeconomicus ist. Denn der Mensch lebt bekanntlich nicht vom Brot allein. Hört man hier auf die klassische griechische Philosophie und die Religion, dann strebt der Mensch nach Glück und dem guten Leben, nach der Entwicklung bzw. Bildung von Tugenden, nach Entfaltung seiner Persönlichkeit und Kultur, nach sozialen Kompetenzen. Wirtschaft und Wirtschaften kann also nicht alles sein, sondern die ökonomische Seite des Menschen und die Wirtschaft müssen eine dienende Rolle einnehmen. Zugespitzt: der Mensch ist nicht für die Wirtschaft da, sondern die Wirtschaft für den Menschen, damit dieser ein möglichst gutes Leben führen kann.

Wir haben bisher den Begriff Wirtschaft, den homo oeconomicus und die Aufgaben der Wirtschaftswissenschaften kennengelernt. Diese Aufgaben bzw. diese Fragen können einzelwirtschaftlich, teilwirtschaftlich oder auch gesamtwirtschaftlich angegangen werden (sog. Totalanalyse). Und, entsprechend der Erkenntnis, daß der Mensch nicht vom

Brot allein lebt: Der wirtschaftliche Bereich wird keineswegs nur von den Wirtschaftswissenschaften untersucht. Auch Psychologie, Soziologie, Politikwissenschaft, Umweltforschung, Medizin, Jura, Ingenieurwissenschaften bemühen sich um diesen Untersuchungsgegenstand, ja, alle sollten in einem interdisziplinären Ansatz zusammenwirken.

Es gibt Hochschulen, die Volkswirtschaftslehre und Betriebswirtschaftslehre zu Wirtschaftswissenschaften zusammen fassen und den Grad Diplomökonom vergeben, Die meisten Hochschulen haben allerdings Volkswirtschaftslehre (altertümlich: Nationalökonomie) und Betriebswirtschaftslehre in getrennten Fakultäten bzw. Studiengängen organisiert: Diplomvolkswirt und Diplomkaufmann. Sie tun dies aus der Erkenntnis heraus, dass beide Gebiete zwar den gleichen Untersuchungsgegenstand Wirtschaft haben, jedoch mit verschiedenen, jeweils sehr umfangreichen Schwerpunkten.

Die Volkswirtschaftslehre analysiert die Gesamtwirtschaft, insbesondere Gesamtgrößen wie Volkseinkommen, Gesamtkonsum, Gesamtinvestition, Gesamtnachfrage, Export, Import, Geldmenge. Sie befaßt sich mit Konjunktur und Wirtschaftspolitik, mit Rohstoffversorgung und Außenhandel, mit Staatshaushalt und Umweltpolitik.

Die Betriebswirtschaftslehre untersucht die einzelne Unternehmung. So die betrieblichen Funktionen wie Beschaffung, Produktion, Absatz, betriebliches Rechnungswesen, betriebliche Informationssysteme, Führung, Finanzierung. Immer mehr sind Informations- und Entscheidungstheorien in den Vordergrund getreten, um den optimalen Einsatz von Produktionsfaktoren und optimales Marketing zu erreichen.

Etwas Schwierigkeiten bereiten die Begriffe Mikro- und Makroökonomie. Makroökonomie bedeutet „Wirtschaft im Großen" und ist logischerweise der Volkswirtschaftslehre zugeordnet. Mikroökonomie (Wirtschaft im Kleinen) sollte eigentlich, da sie den Einzelhaushalt und den Einzelunternehmer untersucht, der Betriebswirtschaftslehre zugeordnet werden. Allerdings hat die Tradition der Volkswirtschaftslehre (Nationalökonomie), beginnend im 19. Jahrhundert, zuerst mit Haushalts- und Produktionstheorie, also Mikroökonomie, angefangen und ihre bis heute bedeutsamen wissenschaftlichen Instrumente entwickelt, so daß sich heute Volkswirtschaftslehre und Betriebswirtschaftslehre um die Mikroökonomie streiten, bzw. hier vertrauensvoll zusammenarbeiten.

Mehrheitlich sind also Volkswirtschaftslehre und Betriebswirtschaftslehre getrennte Studiengänge und wissenschaftliche Institute. Jeder der beiden Studiengänge umfaßt aber als eines seiner Hauptfächer auch das andere Studiengebiet, eben um der Tatsache

Rechnung zu tragen, daß es sich um den einen Untersuchungsgegenstand Wirtschaft handelt.

So gibt es im Fach Volkswirtschaftslehre gewöhnlich die Hauptfächer: Wirtschaftstheorie mit den Gebieten: Mikroökonomie; Makroökonomie; Geld, Kredit und Währung; Verteilungstheorie (Wie werden Güter, Einkommen, Vermögen vernünftig und gerecht verteilt?); Konjunkturtheorie, Wachstumstheorie, Umweltökonomik, Außenwirtschaft. Dann das Hauptfach Wirtschaftspolitik. Drittens Finanzwissenschaft, was Steuern und Staatsausgaben, Staatshaushalt und Finanzpolitik umfaßt. Viertens eben das Hauptfach Allgemeine Betriebswirtschaftslehre, um den interdisziplinären Ansatz sicherzustellen. Schließlich ein Pflichtwahlfach, das aus einer mehr oder weniger großen Palette gewählt werden kann, z.B. Politikwissenschaft, Statistik, Soziologie, Jura, Publizistik.

Entsprechend umfaßt die Betriebswirtschaftslehre Allgemeine Betriebswirtschaftslehre und eine Reihe von speziellen Betriebswirtschaftslehren wie z.B. Bankbetriebslehre und Versicherungsbetriebslehre. Dann kommt als Hauptfach aber auch dazu Volkswirtschaftslehre.

1.2. Wirtschaften

Wirtschaften sei hier definiert: Wirtschaften ist die Bereitstellung und Verteilung knapper Mittel für die menschliche Bedürfnisbefriedigung.

Diese betont kurzgehaltene Definition könnte bzw. müßte vielleicht ergänzt werden durch das Problem der Zielfindung, das nur angedeutet ist durch den Hinweis auf die menschliche Bedürfnisbefriedigung. Immerhin wird Wert darauf gelegt, daß Zweck allen Wirtschaftens der Mensch und seine Bedürfnisbefriedigung ist, nicht etwa umgekehrt der Mensch für die Wirtschaft da ist. Dann ist weiter betont, daß Mittel gewöhnlich knapp sind, weil eben auch die Bedürfnisse des Menschen unbegrenzt sind.

Zu einer solch knappen Definition müssen natürlich weitere Anmerkungen zum „Wie“, zur Art und Weise, zu den Methoden des Wirtschaftens gemacht werden.

Das „Wie“ wird weitgehend mit dem berühmten „ökonomischen Prinzip“ beantwortet, das drei Ausformulierungen gefunden hat:

a. mit gegebenen Mitteln den größtmöglichen Erfolg zu erzielen (Maximalprinzip);

b. einen bestimmten Erfolg mit dem geringsten Mitteleinsatz zu erzielen (Minimalprinzip);
c. mit möglichst geringem Mitteleinsatz ein möglichst gutes Ergebnis zu erzielen.

Während die Ausformungen a. und b. für sich selbst sprechen, ist c. problematisch. Manche lehnen diese Version sogar ab mit dem Hinweis, sie sei nur eine Kombination aus a. und b. Man könne gar nicht gleichzeitig das Ergebnis maximieren und die Mittel minimieren, in Wirklichkeit würde man abwechselnd das eine oder das andere tun. Wir glauben, daß man die Ausformung c. durchaus vertreten kann. So kann man durch ökonomisches Gasgeben beim Autofahren gleichzeitig die gefahrene Kilometerzahl maximieren und den Benzinverbrauch minimieren.

Das ökonomische Prinzip wird gerne auch als Rationalprinzip bezeichnet; allerdings muß man dann hinzufügen, daß dieses Prinzip keinesfalls auf die Wirtschaftswissenschaft beschränkt ist.

Ein Mensch verhält sich rational bzw. vernünftig, wenn er dadurch seinen Zielen bzw. seinem Vorteil näher kommt. Er verhält sich subjektiv rational, wenn er vernünftig handelt gemäß den Informationen, die er besitzt: er verhält sich objektiv rational, wenn er vernünftig handelt im Besitz vollständiger Information. Also: ein Magenkranker, der von Krankheit nichts weiß, handelt subjektiv rational, wenn er eine schwere Mahlzeit ißt, die ihm zunächst gut schmeckt. Wenn er aber von seiner Krankheit weiß und dennoch den schweren Braten isst, dann handelt er irrational.

Im Zusammenhang mit dem Begriff Wirtschaften hört man oft den Begriff Wirtschaftsprozeß. Dieses Modewort meint einfach die Summe aller wirtschaftlichen Vorgänge in einer Gesellschaft. Diese Summe umfaßt natürlich eine verwirrende und unübersichtliche Vielfalt, und der Begriff „Prozeß" zielt auf Vorgänge, Bewegungen, Veränderungen, Verflechtung vieler Vorgänge. Sie sind das Ergebnis der Entscheidungen von unzähligen Menschen in Haushalten, Unternehmungen und Ämtern. Eigentlich müßte man alle wirtschaftlichen Vorgänge aufzählen: Produktion, Lagerung, Transport, Kauf und Verkauf, Kreditaufnahme, Unternehmensgründung, die Bildung von Preisen, Exportieren, Importieren, Spekulieren, Verhandeln, Einrichten von Währungssystemen usw. Da eine solche Aufzählung unmöglich und wohl auch sinnlos ist, verwendet man eben das Allerweltswort „Wirtschaftsprozeß".

Die Wirtschaft verändert sich immer, es gibt also immer einen Wirtschaftsprozeß. Man sagt, die Wirtschaft sei evolutionär oder, einzelne Größen der Wirtschaft seien evolutionäre Größen, das heißt die Größen wie z.B. das Sozialprodukt verändern sich im Zeitablauf.

Aus analytischen Gründen kann es aber vorkommen, daß man in einem Modell annimmt, die Wirtschaft oder bestimmte Größen in ihr blieben im Zeitablauf konstant. Dann spricht man von einer "stationären Wirtschaft“ oder von „stationären Größen“. Wenn wir gerade bei solchen methodischen Begriffen sind, dann gleich noch drei weitere. Sie beschreiben die Art der Analyse, mit der man den Wirtschaftsprozeß untersucht: es gibt eine statische, eine komparativ-statische und eine dynamische Analyse.

Bei der statischen Analyse untersucht man die Wirtschaft zu einem bestimmten Zeitpunkt. Man spricht auch von Zustandsanalyse. Die Zeit und die Veränderungen in der Zeit spielen hier keine Rolle. Die komparativ-statische Analyse ist in der Wirtschaftswissenschaft sehr beliebt und stellt den Vergleich an zwischen den Zuständen einer Wirtschaft zu verschiedenen Zeitpunkten, z B. zwischen dem Zustand zu Jahresanfang und Jahresende. Bei dieser Analyse spielt die Entwicklung oder der Weg von einem Zustand zu einem anderen keine Rolle, er ist nicht Gegenstand der Untersuchung.

Dies ist anders bei der dynamischen Analyse. Hier spielt die Zeit eine Rolle, hier wird geradezu die Entwicklung oder der Weg von einem Zustand zum anderen untersucht. Dynamik bedeutet ja Bewegung und Kraft. Nehmen wir wieder die Konsumfunktion als Beispiel: eine dynamische Konsumfunktion würde bedeuten, daß der Konsum nicht vom gegenwärtigen Einkommen, sondern vom Einkommen des Vorjahres abhängt: $C = C^a + cY_{t-1}$ wobei der Index bei Y das Jahr vor dem gegenwärtigen Zeitpunkt bedeute.

1.3. Bedürfnisse-Bedarf-Nachfrage

Wirtschaft und Wirtschaften sind für den Menschen, genauer: für dessen Bedürfnisse da. Eigentlich befindet man sich hier im Grenzgebiet zwischen Wirtschaftswissenschaft und Sozialpsychologie bzw. Psychologie, weshalb auch viele Ergebnisse aus diesen Wissenschaften übernommen worden sind, aber vielleicht auch noch mehr übernommen werden müßten.

Ein Bedürfnis ist eine Mangelempfindung, die man zu beheben bestrebt ist. Bedürfnisse bringen den Menschen zum Handeln. Uns interessiert, inwieweit sie Antriebe bzw. Motive abgeben zum wirtschaftlichen Handeln.

Obwohl inzwischen etwas veraltet, bringt man in der Lehre immer auch gerne die Analyse der Bedürfnisstruktur von A. H. Maslow (1954;

Motivation and Personality). Er errichtet eine Hierarchie von Bedürfnissen:

Die Bedürfnispyramide nach A.H.Maslow

Die Bedürfnisse der untersten Ebene müssen befriedigt werden, um die nackte Existenz zu sichern: Essen, Trinken, Schlaf, Kleidung, Wohnung, Wärme. Maslow sagt, die nun nach oben folgenden Bedürfnisse treten erst auf bzw. können befriedigt werden, wenn die unterste Ebene befriedigt ist. Dies trifft für die anderen Ebenen auch zu: Bedürfnisse in einer Ebene können erst befriedigt werden, wenn die unteren Ebenen befriedigt sind. Die zweite Ebene von unten wird gebildet von den Sicherheitsbedürfnissen: materielle Sicherheit, Zukunftsvorsorge, Sicherheit vor Arbeitslosigkeit usw., diese Bedürfnisse werden in einer Sozialen Marktwirtschaft gewöhnlich durch das „Soziale Netz" befriedigt.

Dann folgt die Ebene der sozialen Bedürfnisse: Kommunikation, Kontakt, Freundschaft, Zuneigung, Geborgenheit, Liebe. Die Ebene der Ich-Bedürfnisse umfaßt das Streben nach sozialem Ansehen, Status, Prestige und Macht. Die Spitze der Pyramide schließlich bezieht sich auf die höchste Entfaltung des Menschen.

Die Ebenen können noch zu zwei Gruppen zusammengefaßt werden: die unteren vier Ebenen sind dann sog. Defizitbedürfnisse, man hat das Bedürfnis, Defizite zu beseitigen. Die oberste Ebene aber umfasst sog. Wachstumsbedürfnisse: indem der Mensch diese Bedürfnisse wie Bildung, Kunst, Philosophie befriedigt, wächst er zu einem höheren Menschsein.

Diese Bedürfnispyramide von Maslow wird wohl deshalb noch so oft in der Lehre verwendet, weil sie ein griffiges, anschauliches und zu Überlegungen anregendes Modell bietet. Die beiden Hauptthesen lauten: Erstens: es gibt eine Rangfolge, eine Hierarchie von Bedürfnissen. Und zweitens: das „höhere" Bedürfnis kommt dann zum Tragen, wenn die „niedrigeren" erfüllt sind.

Beide Thesen sind interessant und können gewiß immer wieder beobachtet werden. Als feste Regel sind sie aber einer starken Kritik ausgesetzt worden. Daß eine Hierarchie von Bedürfnissen besteht, kann wohl jeder bei sich selbst beobachten. Umstritten ist aber die Reihenfolge der Rangstufen. Es gibt Menschen, die lieber auf Essen und Schlaf verzichten als auf einen Theaterbesuch. Und der arme Poet ist ja sprichwörtlich. Sicher gibt es auch Menschen, die nach den Existenzbedürfnissen sofort soziale Bedürfnisse befriedigen wollen, bevor sie Zukunftsvorsorge betreiben, oder andere, die vor beiden zunächst Ich-Bedürfnisse, also soziales Ansehen ansteuern.

Auch die zweite These, die „höheren" Bedürfnisse kämen erst zum Tragen, wenn die „niedrigeren" befriedigt sind, löst zunächst zwar einen Aha-Effekt aus, ist beim zweiten Hinsehen jedoch zumindest in einer Allgemeingültigkeit, so nicht zu halten. Bei zahlreichen Menschen entstehen Bedürfnisse nach Status und Selbstverwirklichung lange bevor ihre sozialen und Sicherheitsbedürfnisse befriedigt sind.

Aus allen diesen Gründen ging man nach Maslow wieder einfachere Wege, um die Bedürfnisse zumindest im ökonomischen Sinne einzuteilen. Man suchte nach Einteilungskriterien, mit denen man alle Bedürfnisse ordnen konnte.

So gibt es nach der Dringlichkeit Existenzbedürfnisse, deren Befriedigung lebensnotwendig ist, und andererseits Kultur- und Luxusbedürfnisse, deren Entstehung von der Gesellschaft bzw. Kultur abhängig ist. Die Bedürfnisse der zweiten Gruppe entstehen aus den Rollen, die man in der Gesellschaft einnimmt, oft sogar aus einem Anpassungszwang, weil man etwas gelten will. Viele dieser Bedürfnisse werden gelernt. So ist das Bedürfnis, griechische Tempelruinen anzusehen in der Schule gelernt worden.

Ein anderes Kriterium, die Bedürfnisse einzuteilen, richtet sich nach der Menge der Individuen, die sie empfinden. So gibt es einerseits Individualbedürfnisse, andrerseits Kollektivbedürfnisse wie das Bedürfnis nach öffentlicher Sicherheit, nach Straßen, nach guter Umwelt. Dies klingt plausibel, aber es ist keineswegs unbestritten, daß ein Kollektiv Bedürfnisse haben kann. Gehen denn nicht auch diese Bedürfnisse auf einzelne Menschen zurück? Aber man geht dennoch meist von der Existenz kollektiver Bedürfnisse aus, so wenn man z.B. von sog. öffentlichen Gütern spricht. Das sind solche Güter, von deren Genuß kein Bürger ausgeschlossen werden kann: behördliche Dienstleistungen, der Rechtsweg, Leistungen des sozialen Netzes, die Infrastruktur wie Verkehrswege, Energie- und Kommunikationsnetze, das Gesundheitswesen und das Bildungswesen.

Dann gibt es die klassische Einteilung der Bedürfnisse nach der Persönlichkeitsschicht: körperliche, geistige und seelische Bedürfnisse. Oder die Einteilung danach, ob die Bedürfnisse materielle oder immaterielle sind. Und andere, die hier nicht alle aufgeführt werden sollen. Wichtig ist nur, daß man bei einer brauchbaren Einteilung alle Bedürfnisse unterbringen kann. Es können auch Kombinationen von Einteilungen gebildet werden, z.B. eine Mischung der Kriterien „Dringlichkeit“ und „Menge der Individuen“. Dann gibt es: individuelle und kollektive Existenzbedürfnisse, individuelle und kollektive Kulturbedürfnisse, somit vier Gruppen.

Für die Wirtschaftswissenschaft ist schließlich noch interessant die Einteilung in wirtschaftliche und nicht wirtschaftliche Bedürfnisse. Die wirtschaftlichen Bedürfnisse richten sich auf sog. knappe Güter. Das sind Güter, die prinzipiell immer zuwenig da sind bzw. den stets wachsenden Bedürfnissen der Menschen nicht nachkommen, für die die Menschen deshalb bereit sind, einen Preis zu zahlen. Mit diesen Bedürfnissen und diesen Gütern beschäftigt sich die Wirtschaftswissenschaft. Und sie beschäftigt sich intensiv mit der Bildung eben dieser Preise. Deshalb wird eines der späteren Kapitel „Preistheorie“ heißen.

Die nichtwirtschaftlichen Bedürfnisse sind kaum Gegenstand der Wirtschaftswissenschaft, weil sie sich auf Güter richten, die das Gegenteil von knapp, nämlich “frei“ sind. Diese Güter sind im Überfluß vorhanden. Mit ihnen muß man nicht wirtschaften. An früherer Stelle haben wir ja schon angemerkt, daß der Mensch wohl viel lieber auf all dies Wirtschaften verzichten und lieber im Schlaraffenland leben würde.

Interessant werden solche freien Güter aber wieder für die Wirtschaftswissenschaft, wenn sie von freien plötzlich zu knappen Gütern werden: in den fünfziger Jahren waren überall Parkplätze zu haben, heute ist dies längst vorbei, und man muß Parkgebühren und Strafzettel bezahlen. Ähnlich ging es mit Wasser, Badeplätzen und Müllentsorgung. Mit der frischen Luft wird es wohl bald ebenso gehen.

Kommen wir kurz auf die wirtschaftlichen Bedürfnisse zurück. Werden sie befriedigt, dann entsteht, ökonomisch gesprochen, „Nutzen". Dieser Begriff Nutzen als Maß der erreichten Bedürfnisbefriedigung hat in der Volkswirtschaftslehre, früher Nationalökonomie, eine überragende Rolle gespielt, ganze „Schulen“ haben daher ihren Namen: Nutzenschule und Grenznutzenschule.

Nach dieser ausführlichen Darstellung des Begriffs Bedürfnis können die Folgebegriffe Bedarf und Nachfrage rasch vorgestellt werden. Bedarf entsteht, wenn dem Bedürfnis Kaufkraft, also verfügbares Geld zugesellt wird. Dafür interessiert sich z.B. die Marktforschung, wenn sie herausfinden will, welche Menge eines Gutes in einem bestimmten Stadtviertel abgesetzt werden kann.

Nachfrage schließlich hat zwei Bedeutungen. Sie ist einerseits die Kaufkraft, das Geld, das mit Kaufabsicht auf einen bestimmten Markt fließt. War der Bedarf noch potentiell ‚lockeres‘ Geld, so ist Nachfrage schon fast ausgegebenes Geld. Manche sagen auch, die Nachfrage sei ein auf dem Markt wirksamer Bedarf. Die zweite Bedeutung von Nachfrage ist ein kollektiver Begriff, sie meint dann die eine von zwei Marktseiten, die bekanntlich heißen: Angebot und Nachfrage. Beim Automarkt z.B. meint Nachfrage die Summe aller Menschen, die ein Auto haben wollen, und Angebot die Summe aller Autohändler, die Autos verkaufen wollen. Dies wird wieder zur Sprache kommen, wenn es um Marktformen und das berühmte „Gesetz von Angebot und Nachfrage“ geht.

1.4. Güter

Güter dienen dazu, menschliche Bedürfnisse zu befriedigen. Wie bereits erwähnt, interessiert sich die Wirtschaftswissenschaft vor allem für „wirtschaftliche“, d.h. knappe Güter, für die man einen Preis zu zahlen bereit ist. Gewöhnlich ist ein Gut etwas konkretes, etwas, das man anfassen kann. Daneben gibt es Dienstleistungen, die meistens abstrakt sind, wie z.B. Beratung, Behandlung, Bankgeschäfte, Versicherungsgeschäfte. Je mehr Arbeitsteilung und Technisierung voranschreiten, desto mehr Dienstleistungen und Dienstleistungsberufe gibt es. In modernen Industriekulturen bestehen 40—60% des Sozialprodukts bereits aus Dienstleistungen. Viele Dienstleistungen lassen sich nicht transportieren, wie die ärztliche Behandlung. Andere lassen sich zumindest übertragen, wie Beratung und Geldgeschäfte. Meistens werden beide Begriffe zusammengezogen zu „Güter und Dienstleistungen".

Wir haben es schon gehört: Güter stiften oder sollten einen Nutzen stiften. Die knappen Güter, für die sich die Wirtschaftswissenschaft interessiert, müssen vernünftig bzw. rational produziert, verwaltet und verteilt werden. Man erwirbt sie durch Tausch, d.h. meistens gegen Geld, aber Tausch Gut gegen Gut ist möglich. So definierte v.Stackelberg, einer der namhaften deutschen Nationalökonomen: Wirtschaft „ist die Gesamtheit aller Einrichtungen und Maßnahmen zur planvollen Deckung des menschlichen Bedarfs nach Gütern".

Auch hier stellt sich das Problem, welche Arten von Gütern es gibt, und wie Güter eingeteilt bzw. alle in einem vernünftigen Raster untergebracht werden können. Auch hier gibt es je nach Lehrbuch viele Einteilungen. Ich übernehme gerne das Schema von Gernot Hartmann (Grundlagen der allgemeinen Volkswirtschaft; Rinteln 1970 usw.).

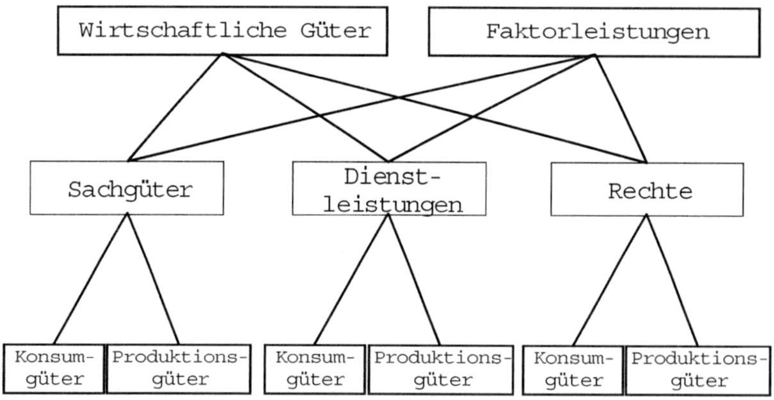

Einteilung der Güter

Bei dieser Einteilung ist interessant, daß auf der Ebene der wirtschaftlichen Güter auch Faktorleistungen der Produktionsfaktoren Arbeit, Boden, Kapital aufgeführt werden. Beide Hauptgruppen können zerfallen in Sachgüter, Dienstleistungen und Rechte, die jeweils wiederum in Konsum- und Produktionsgüter (auch Investitionsgüter genannt) eingeteilt werden können.

Bedeutsam ist, daß manche Güter, je nach Nutzung, Konsumgüter oder Produktionsgüter sein können. So kann ein Auto das Konsumgut eines Privaten, aber auch das Produktionsgut einer Unternehmung sein. Die Beratung eines Rechtsanwalts Konsumgut eines Privaten, aber auch Produktionsgut des Vorstands einer Aktiengesellschaft. Rechte, z.B. Mietverträge, stellen für Privatleute ein Konsumgut, andere, z.B. Patente, für Unternehmen ein Produktionsgut dar.

Von den zahlreichen anderen Einteilungen möchte ich nur einige deshalb erwähnen, weil sie in der ökonomischen Lehre eine gewisse Bedeutung erlangt haben.

Nach der Knappheit kann man, wie schon erwähnt, einteilen in wirtschaftliche und freie Güter. Nach der Nutzung in Verbrauchs- und Gebrauchsgüter, die längere Zeit eine Nutzung abgeben können. Ebenfalls nach der Nutzung teilt man ein in Produktions- bzw. Investitionsgüter und Konsumgüter, wobei zur ersten Gruppe natürlich die Güter zählen, mit denen man produziert.

Dann gibt es die interessante Einteilung in Substitutionsgüter und Komplementärgüter. Dies wird uns in der Wirtschaftswissenschaft immer wieder begegnen. Das Einteilungskriterium ist hier die Austauschbarkeit der Güter. Güter sind Substitutionsgüter, wenn man sie in der Nutzung ganz oder teilweise gegenseitig ersetzen kann, z.B. Butter und Margarine, Kohle und Holz, Zucker und Süßstoff. Komplementärgüter sind solche, die sich in der Nutzung gegenseitig notwendig ergänzen, z.B. Schallplatte und Plattenspieler, Auto und Benzin, Tabak und Pfeife.

Güter können auch eingeteilt werden in homogene, d.h. gleichartige, und inhomogene, ungleichartige Güter. Wobei Gleichartigkeit genau genommen werden muß. Alles: Inhalt, Qualität und Verpackung muß gleich sein. Es gibt also nur wenige echt homogene Güter wie Aktien, Geldscheine, Autos mit genau gleicher Ausstattung und Farbe.

Ökonomisch sehr interessant ist auch die Einteilung nach der Beziehung zum Einkommen: Inferiore und superiore Güter. Inferiore sind solche, die bei steigendem Einkommen weniger nachgefragt, superiore, die bei steigendem Einkommen mehr nachgefragt werden. Zur ersten Gruppe zählen einfache billige Nahrungsmittel wie Malzkaffee, zur zweiten Nahrungsmittel des höheren Lebensstandards wie Sekt und Kaviar, dies sind meistens Luxusgüter, aber nicht unbedingt, oft kommt man ja als Reicher zu einfachen Genüssen zurück.

Dann gibt es noch die Einteilung nach der sozialen Bedeutung: Güter des privaten und des öffentlichen Bedarfs, und verschiedene Einteilungen nach den Produktionsstufen: Güter der ersten, zweiten, dritten usw. Stufe, z.B. Getreide, Mehl, Brot oder Grundstoffe, Halbfabrikate, Endprodukte.

1.5. Ökonomische Transaktionen

Werden Güter, Dienstleistungen oder Forderungen von einem Wirtschaftssubjekt auf ein anderes übertragen, dann haben wir es mit einer ökonomischen Transaktion zu tun. Je arbeitsteiliger eine Wirtschaft ist, desto mehr Transaktionen werden durchgeführt. Da solche Transaktionen so zahlreich und wichtig sind, wäre es geradezu möglich, eine ganze Wirtschaftslehre an ihnen aufzuhängen. Nach Alfred Stobbe gibt es fünf Arten von Transaktionen:

a. Der Realtausch Gut gegen Gut

Dieser Tausch war in früheren Zeiten der Menschheit weitverbreitet, aber auch heute gibt es ihn noch: in der Landwirtschaft und im Kohlebergbau. Manchmal werden auch Teile des Einkommens in Gütern ausbezahlt: Bier für Beschäftigte von Brauereien, Reisen für Beschäftigte von Fluggesellschaften; man könnte sogar die privaten Nutzungsmöglichkeiten von Dienstwagen so auffassen oder auch Dienstwohnungen. In anderen Gebieten der Erde, z.B. im Orient, ist Naturaltausch noch gang und gäbe.

b. Die Übertragung bzw. „Transfer" eines Gutes ohne Gegenleistung

Ein solcher „Realtransfer" ist praktisch ein Geschenk. Man sollte zwar meinen, heutzutage gäbe es nichts mehr geschenkt, aber da irrt man sich: Teile der Sozialhilfe werden als Güter ausgegeben wie Kleidung oder Wohnungseinrichtungen. Auch Entwicklungshilfe besteht oft aus Gütern und Dienstleistungen: Nahrungsmittel, Medikamente, technische Hilfe.

c. Tausch eines Gutes gegen eine Forderung

Hier handelt es sich meist um Kauf und Verkauf, denn Geld wird auch als eine Forderung, nämlich gegen die Zentralbank, betrachtet.

d. Die Übertragung bzw. "Transfer" einer Forderung ohne Gegenleistung

Hier handelt es sich meist um eine Schenkung von Geld. Deshalb nennt man dies auch Transferzahlungen. Das können geldliche Entwicklungshilfe, aber auch Zahlungen des ,,sozialen Netzes“ sein. Man zählt sogar Steuern, Krankenkassenzahlungen und Pensionen hinzu, wobei man natürlich einwenden kann, der Staat tue ja mit den Steuern etwas für den Bürger und die Pensionen würden von den Bürgern das Leben lang einbezahlt. Dennoch zählt man diese Geldströme zu den Transferzahlungen, da die jeweiligen Gegenleistungen nicht genau zurechenbar sind: was der Staat genau mit dem Geld macht, kann man nicht sicher der betreffenden Steuer zuordnen; was man schließlich an Pension bekommt, hängt noch neben der Eigenleistung von anderen gesellschaftlichen Faktoren, z.B. dem „Generationenvertrag“ ab.

e. Tausch einer Forderung gegen eine andere Forderung

Bei einer Forderung hat bekanntlich der Inhaber, der Gläubiger, einen Geldanspruch gegen den Schuldner. Geld gilt, wie bereits erwähnt, auch als Forderung. Ein solcher Tausch Forderung gegen Forderung ist meist auch Kauf oder Verkauf. Beispiele: Man kauft Devisen, Wechsel, Wertpapiere, Schuldtitel.

Diese Auffächerung der Transaktionen klingt etwas wie Haarspalterei, aber es ist in wirtschaftlichen Dingen ganz wichtig, klare Definitionen und Unterscheidungen zu treffen. Das weiß jeder Buchhalter. Aber auch gesamtwirtschaftliche Rechensysteme wie Volkswirtschaftliche Gesamtrechnung und Zahlungsbilanz sind auf präzise Abgrenzungen angewiesen.

1.6. Wirtschaftsubjekte

Alle Menschen sind Wirtschaftssubjekte, aber auch Gruppen von Menschen, wenn sie eine gemeinsame ökonomische Willensbildung haben. Dies meint Haushalte, Unternehmungen, Organisationen. Die Wirtschaftssubjekte sind die Handelnden, Entscheidenden, Verursacher in der Wirtschaft. Gegensatz dazu: Wirtschaftsobjekte, die Gegenstand ökonomischer Transaktionen sind. Das sind Güter, Dienstleistungen, Maschinen, Produktionsanlagen. Mit ihnen wirtschaftet das Wirtschaftssubjekt Mensch.

Auch hier ist es nötig, über die Arten und eine Einteilung von Wirtschaftssubjekten nachzudenken. Und man hat sich hier weitgehend auf folgende Struktur geeinigt.

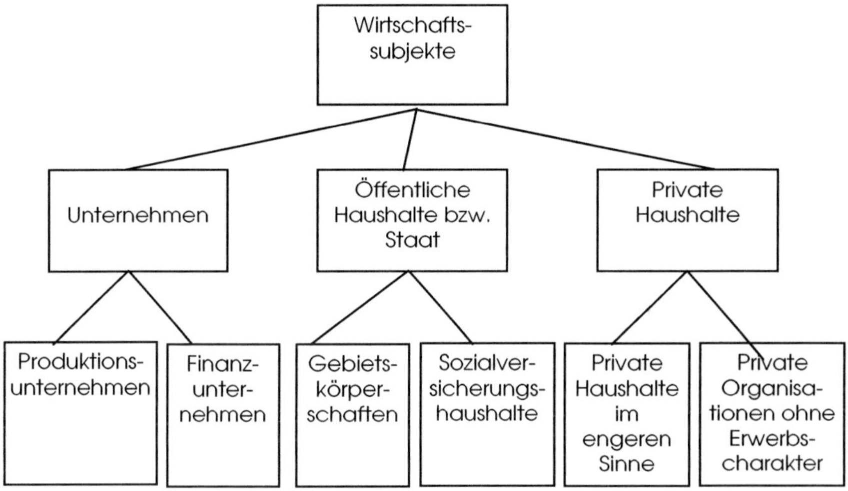

Diese Einteilung spiegelt die klassische Dreiteilung der Wirtschaftssektoren wider: Private, Unternehmen und Staat. Sie spricht eigentlich für sich selbst. Nur einige Anmerkungen:

Unter Finanzunternehmen versteht man die Banken und Versicherungen. Sie und auch die anderen Unternehmungen kann man auf verschiedene Arten weiter unterteilen, je nach Fragestellung: nach der Größe in Groß-, Mittel- und Kleinunternehmen; nach der Rechtsform in Aktiengesellschaften, Gesellschaften mit beschränkter Haftung, Kommanditgesellschaften usw.; nach dem Wirtschaftsbereich in Unternehmen der chemischen, elektrotechnischen, eisenschaffenden Industrie usw.

Unter Gebietskörperschaften versteht man Bund, Länder und Gemeinden, wobei strenggenommen eigentlich nur Bund und Länder zum Staat gehören. Besonders darauf hinweisen muß man, dass Öffentlicher Haushalt bzw. Staat nicht etwa eine Einheit sind, sondern viele tausend Haushalte umfassen. Später, im Bereich Wirtschaftspolitik werden wir vom Problem sprechen müssen, die vielen Öffentlichen Haushalte zu einem koordinierten Verhalten im Sinne einer vernünftigen Wirtschaftspolitik zu bringen.

Die Sozialversicherungshaushalte umfassen das gesamte soziale Netz, auch wenn es tatsächlich in weiten Teilen von privaten oder nur halbstaatlichen Trägern verwaltet wird. Denn über ihnen waltet mindestens die Rechtsaufsicht des Staates. Dazu gehören die Krankenkassen, Rentenversicherungsträger, die Arbeitslosenversicherungen usw.

Private Organisationen ohne Erwerbscharakter sind Kirchen, Parteien, Stiftungen, eingetragene Vereine. Sie erwirtschaften keine Gewinne, sondern decken ihre Finanzen durch Beiträge und Spenden. Dafür genießen sie steuerliche Vorteile und Vergünstigungen. Deshalb strengen sich auch viele gemeinnützigen Organisationen und Vereine an, diesen Status vom Staat eingeräumt zu bekommen.

Der Begriff Wirtschaftssubjekt spielt bei vielen ökonomischen Analysen eine Rolle. Man muß bei ihm stets daran denken, daß er nur einen Ausschnitt aus dem menschlichen Dasein bezeichnet, denn der Mensch entfaltet ja viele andere Aktivitäten als nur wirtschaftliche. Aber mit diesen wirtschaftlichen beschäftigt sich die Wirtschaftswissenschaft. Andrerseits sind alle Tätigkeiten des Menschen miteinander verflochten, und die wirtschaftlichen bilden nun mal eine Vorraussetzung für andere Entfaltungen.

1.7. Arbeitsteilung

Nur ein Einsiedler oder die Romanfigur Robinson kommen ohne Arbeitsteilung aus. Historisch interessant ist auch die sog. selbstversorgende Hauswirtschaft, die alles selbst produziert, was sie zum Leben benötigt. Vor nicht allzu langer Zeit war der Bauernhof, der sich fast ganz selbst versorgte, durchaus keine Seltenheit. Deshalb war selbst bei reichen Bauern kaum Bargeld im Haus.

Man muß sich auch vor Augen führen, daß in vielen Ländern der Erde Eigenproduktion und Selbstversorgung in der Landwirtschaft den Lebensrhythmus bestimmen. Und wenn man in Ländern der Dritten Welt ein erschreckend niedriges Pro-Kopf-Einkommen feststellt, dann hat das neben echter Armut seinen Grund auch darin, daß die weitverbreitete Eigenproduktion bei der Sozialproduktrechnung überhaupt nicht gezählt wird.

In der westlichen Industriekultur aber ist eine weitverzweigte Arbeitsteilung nicht mehr wegzudenken, ja sie ist geradezu eine Grundvoraussetzung gewesen für die Entstehung eben dieser Industriekultur und unserer heutigen luxuriösen Güterversorgung. Arbeitsteilung ist also eines der Hauptkennzeichen moderner Industriegesellschaften.

Jeder von uns weiß, was Arbeitsteilung ist. Deshalb müßte hier eigentlich kein weiteres Wort über sie verloren werden. Aber oft sind es gerade die alltäglichsten Dinge, über die sich das Nachdenken lohnt. So seien einige Merkmale der Arbeitsteilung angedeutet.

Arbeitsteilung bedeutet die Strategie, sich möglichst gut an die Tatsache anzupassen, daß jeder Mensch nur über eine beschränkte Anzahl von Fähigkeiten, Fertigkeiten und Ausbildungen verfügt. Und jeder soll dort arbeiten, wo er die beste Leistung erbringt. Allgemein kann man sagen: Jeder soll möglichst die Güter und Dienstleistungen produzieren, zu denen er fähig und willens ist. Er tauscht bzw. verkauft dann solche Güter und Dienstleistungen gegen andere Güter und Dienstleistungen, die ein anderer besser herstellen kann. Einfach ausgedrückt: eine Organisation ist dann am besten organisiert, wenn jeder an seinem besten Platz arbeitet.

Abgesehen von der Qualifikation hat die Arbeitsteilung auch einen organisatorischen und zeitlichen Aspekt. Stellen wir uns vor, ein Brand soll mit Wassereimern gelöscht werden. Wenn jeder kopflos mit dem Eimer zur Wasserstelle rennt, behindert man sich gegenseitig, und es wird sehr lange dauern. Wenn aber einige die Eimer füllen, einige löschen und der Rest eine Eimerkette bildet, die die vollen und leeren Eimer rasch von Hand zu Hand reicht, wird der Brand wirkungsvoll gelöscht werden können.

Bei Arbeitsteilung kann die Ausbildung oft verkürzt, oft muß sie aber auch verlängert werden. Bei typischer Fließbandarbeit, wie sie Charly Chaplin in seinem Film "Moderne Zeiten" beschreibt, wird die Ausbildung in einer kurzen Einweisung bestehen. Bei einem hochrangigen Spezialisten jedoch, etwa bei einem Facharzt, wird die Ausbildung aber besonders lang sein.

Die Arbeitsteilung bezieht sich keinesfalls nur auf die einzelnen Menschen. Es gibt eine innerbetriebliche, zwischenbetriebliche, volkswirtschaftliche und internationale Arbeitsteilung. So kann ein Betrieb, wenn er sich auf die Produktion von nur wenigen Gütern spezialisiert, die Kostenvorteile der Massenproduktion ausnutzen. Er kann Umrüstkosten sparen, rationeller investieren und die Fixkosten auf mehr gleichartige Produkte umlegen.

Zum Problem wird es aber dann, die vielen arbeitsteilig getrennten Prozesse wieder zusammenzuführen, also zu koordinieren. Je arbeitsteiliger die Wirtschaft ist, desto mehr muß geplant, organisiert, gemanagt, d.h. geleitet werden. Es entsteht ein Netz von Beziehungen, ein vernetztes System: Liefer-, Zahlungs-, Kredit-, Informations- und Leitungsbeziehungen. Solche Netzwerke können grafisch dargestellt werden in sog. Verflechtungs- bzw. Input-Output-Tabellen: wer liefert wem was in welchen Mengen?

Wir haben gesagt, die moderne luxuriöse und ausgiebige Güterversorgung wäre nicht möglich gewesen ohne die Arbeitsteilung, denn durch das Prinzip „jeder Mann am besten Platz“ bzw. „nur bei wenigen Handgriffen kann man Perfektion erlangen“ werden ungeheure Produktivitätsreserven freigesetzt. Aber dennoch wirft die Arbeitsteilung auch Probleme auf, die vor allem darin liegen, daß der Mensch eben keine Maschine ist. Deshalb sollen nun kurz neben den Vorteilen auch die Nachteile bzw. die Probleme der Arbeitsteilung berührt werden.

Wir haben schon genannt das Problem der Koordination und Leitungsbedürftigkeit: Die Entscheidungen, Pläne und Aktivitäten vieler Millionen Wirtschaftssubjekte müssen beständig aufeinander abgestimmt werden. Das bedeutet aber auch, daß alle ökonomischen Erscheinungen gegenseitig immer abhängiger werden. Man spricht dann von wachsender ökonomischer Interdependenz und Komplexität, die die Wirtschaft immer unüberschaubarer machen. Die Probleme des Tausches und der Verteilung werden immer größer.

Verhängnisvoll kann eine solche unendliche ökonomische Interdependenz, sprich gegenseitige Abhängigkeit natürlich werden, wenn irgendwo Störungen auftreten: Lieferengpässe, Arbeitslosigkeit, Auftragseinbrüche, Naturkatastrophen, Streiks. Alles pflanzt sich dann wie eine Lawine unaufhaltsam fort. Man denke nur an die Weltwirtschaftskrise von 1929 und insbesondere an finanzielle Katastrophen.

Schließlich sollen noch die Probleme genannt werden, die eine schlecht eingerichtete Arbeitsteilung über das Individuum, den Menschen bringen kann. Zu gleichförmige Arbeit führt zu schnellerer Ermüdung und Abnutzung, schließlich zu Arbeitsunlust und damit Sinnverlust. Eine einseitige Ausbildung und eine engspurige Berufsausübung führen, zumal bei vorgerücktem Lebensalter, zu einem höheren Berufsrisiko. Schon Karl Marx hat die Phänomene der Entfremdung von der Arbeit analysiert, wenn der Mensch den Zusammenhang und den Sinn seiner Arbeit nicht mehr versteht. Denn der Mensch identifiziert den Sinn seines Lebens mit seiner Arbeit.

Es gilt also, die Probleme der Arbeitsteilung in den Griff zu bekommen, um die eindeutigen Vorteile der Arbeitsteilung weiterhin zu nutzen. Darum bemühen sich verschiedene Zweige der sog. Arbeitswissenschaften. So sind in der Praxis die extremen Formen der Fließbandarbeit weitgehend abgeschafft bzw. Maschinen übertragen worden, und man versucht mehr und mehr, möglichst vielseitig ausgebildete Menschen in Arbeitsgruppen zu organisieren.

1.8. Der Produktionsprozeß

Entsprechend dem Begriff Wirtschaftsprozeß könnte man hier auch formulieren: Der Produktionsprozeß ist die Summe aller Produktionsvorgänge in einer Gesellschaft. Prozeß meint das Voranschreiten, die Bewegung, das Zusammenklingen vieler Vorgänge. Produktionsprozeß meint auch das Produktive, das Schöpferische.

Produzieren ergibt sich logisch aus dem Wirtschaften, zu dem wir die Bereitstellung knapper Güter zur menschlichen Bedürfnisbefriedigung gezählt haben. Produzieren heißt: die Produktionsfaktoren Arbeit, Boden und Kapital in einem (technischen) Herstellungsprozeß einsetzen. Durch diesen Prozeß werden Güter erstellt oder verändert oder auch Dienstleistungen verrichtet.

Die Produktion geschieht in Betrieben, den eigentlichen Produktions- und Arbeitsstätten, den technologischen Einheiten. Beispiele: Werkstätten, Montagehallen, Fertigungsstraßen. Der Begriff Unternehmen hingegen meint die Firma, d.h. die rechtliche und organisatorische Einheit. Hier werden ökonomische, besitzrechtliche und Leitungsentscheidungen getroffen.

Wollte man, um den Wirtschaftsprozeß zu umreissen, tatsächlich die Summe aller Produktionsprozesse auflisten, dann käme man an kein Ende. Dazu gehören nämlich die unterschiedlichsten Vorgänge wie das Bedienen einer Maschine, die Produktion der Betriebe, die Arbeit von Beamten, Händlern, Freiberuflern, Bauern, das Betreiben von Büros, Beratungstätigkeiten, das Veranstalten von Reisen usw.

Etwas Gemeinsames haben alle diese Vorgänge: sie dienen letztlich dazu, Geld zu verdienen, ein Einkommen zu erzielen. Deshalb kann man gleich sagen, was nicht zum Produktionsprozeß gehört: alle unentgeltlichen Arbeiten, mögen sie noch so schweißtreibend sein: Hausfrauenarbeit, Hobbies, Nachbarschaftshilfe usw. Diese fiktive Ausgrenzung hängt damit zusammen, daß man die Ergebnisse der Produktion im Sozialprodukt zusammenzählen will, und hier hat eben nur etwas Platz, was einen Marktpreis erzielt.

Die Produktionsprozesse sind natürlich vielen ökonomischen Analysen unterzogen worden, um möglichst optimale Prozesse zu erreichen. So gibt es eine gut ausgebaute Produktionstheorie, die untersucht, wie man die Produktion derart gestalten kann, d.h. wie man die Produktionsverfahren derart kombinieren kann, um dem ökonomischen Prinzip, also dem Minimierungs- oder Maximierungsprinzip nahezukommen. Ein angestrebtes Produktionsergebnis soll also mit möglichst geringen Kosten hergestellt werden. Oder bei gegebenem

Bestand an Produktionsfaktoren Arbeit, Boden und Kapital: wie erhält man ein möglichst großes und gutes Produktionsergebnis?

Es handelt sich mathematisch gesprochen also um Maximierungs- und Minimierungsaufgaben, die mit zahlreichen Methoden der modernen Mathematik angegangen werden können wie der Differentialrechnung oder der linearen Programmierung. Dazu müssen die Produktionsprozesse in mathematischen Gleichungen und Funktionen dargestellt werden, was nicht schwer fällt im Prinzip, da man es mit quantitativen Größen und Relationen zu tun hat. So besteht ein Auto aus einer festen Zahl von Einzelteilen, die von der Konstruktionszeichnung vorgegeben sind; so sind chemische Verbindungen stets in von den Naturgesetzen vorgegebenen Mengenverhältnissen aus bestimmten Grundelementen zusammengesetzt.

Die Produktionstheorie kennt vor allem zwei wichtige Arten von Funktionen: Produktionsfunktionen und Kostenfunktionen. Hier soll zunächst einmal eine allgemeine Produktionsfunktion vorgestellt werden: Die hergestellte Gütermenge ist eine mathematische Funktion der eingesetzten Faktorleistungen bzw. Produktivleistungen.

$$x = f(v_1, v_2, v_3 \ldots . v_n)$$

Dabei ist x die produzierte Gütermenge bzw. der Output, f ist die Funktion, die näher spezifiziert werden muß, $v_1 \ldots . v_n$ sind die benötigten Mengen an Produktionsfaktoren, z. B. die Mengen an Arbeits- oder Maschinenstunden. Einfach kann man auch sagen: eine Produktionsfunktion ist eine mathematische Beziehung zwischen Input und Output.

Eine Produktionsfunktion gilt für einen bestimmten Zeitraum, meistens ein Jahr, und für ein bestimmtes Unternehmen. Sie leitet sich ab von der Konstruktionszeichnung, d.h. von der technischen Beschreibung eines Produktes, eines Produktionsverfahrens und natürlich von der gewünschten Stückzahl. Man kann die Produktionsfunktion als Beschreibung eines Produktionsprozesses auffassen oder aber auch als eine Vorschrift für einen Produktionsprozeß.

Es gibt Modelle, die den einzelwirtschaftlichen und auch den gesamtwirtschaftlichen Produktionsprozeß darstellen. So z.B. das einfache Input-Output-Modell. Hier stellt man sich den Produktionsprozeß in einer sog. Black-Box vor und untersucht, welche Stoffe in diese Box hineingehen und welche aus ihr herauskommen:

Als Input gehen in die Black-Box hinein: Produktionsfaktoren bzw. Faktorleistungen, das sind die Leistungen der Produktionsfaktoren Arbeit, Boden und Kapital. Man sagt auch Produktivleistungen. Diese Leistungen werden bei der Produktion als „Realkosten" verzehrt.

Es handelt sich dabei zum ersten um Vorleistungen, das sind Rohstoffe, Halbfabrikate, Energie und Dienstleistungen, die das Unternehmen von anderen Unternehmen bezieht, um damit zu produzieren.

Zweitens handelt es sich dabei um die eigentlichen Faktorleistungen, nämlich um die Nutzung von dauerhaften Produktionsmitteln, wie z.B. Maschinen, weiterhin um die Nutzung von Grundstücken und um menschliche Arbeitsleistungen.

Der Output dieser Black-Box, eines bestimmten Unternehmens bzw. eines Betriebes, also das Ergebnis des Produktionsprozesses besteht aus den Erzeugnissen. Diese werden entweder verkauft, bilden damit Absatz oder Umsatz. Oder die Erzeugnisse werden gelagert. Oder sie werden investiert als sog. selbsterstellte Anlagen.

Auch der gesamtwirtschaftliche Produktionsprozeß kann mit einem solchen Black-Box-Modell dargestellt werden. In der Black-Box denkt man sich alle Produktionsstätten zusammengefaßt. Die gesamte Volkswirtschaft bildet so einen einzigen großen Betrieb. Als Input werden dann alle Produktionsfaktoren bzw. Faktorleistungen bzw. Produktivleistungen aus dem Umfeld aufgenommen. Als Output werden die Erzeugnisse an das Umfeld abgegeben. Das Modell wird für einen bestimmten Zeitraum, gewöhnlich ein Jahr, aufgestellt.

Der Input, der in diesen zusammengefaßten gesamtwirtschaftlichen Produktionsapparat einfließt, besteht aus Dingen, die nicht in diesem selbst erzeugt werden, nämlich: Vorleistungen aus dem Ausland, die importiert werden müssen wie Rohstoffe, Halbfabrikate, Hilfs- und Betriebsstoffe. Weiterhin die Nutzung dauerhafter Produktionsmittel, wie Industrieanlagen, Maschinen, Werkzeuge. Weiterhin die Nutzung von

Grundstücken. Und schließlich als wichtigstes die Nutzung menschlicher Arbeitskraft.

Der Output der Black-Box, des gesamtwirtschaftlichen Produktionsprozesses befriedigt die gesamtwirtschaftliche Endnachfrage. Im einzelnen sind dies: Verkäufe an private und öffentliche Haushalte des Inlands; die Erhaltung und Vergrößerung des gesamtwirtschaftlichen Produktionsapparates, d.h. die Ersatzinvestition und die Neu- oder Nettoinvestition; schließlich die Verkäufe an das Ausland, also der Export.

Eine Zwischenstellung nehmen Güter ein, die im Verlauf des Jahres produziert, aber gleich wieder im Produktionsprozeß eingesetzt worden sind, z.B. Verbrauch von Strom des unternehmenseigenen Kraftwerks oder Verbrauch von selbsterzeugtem Papier.

Dieses Modell bietet eine erste Annäherung an einen der wichtigsten und bekanntesten Begriffe der Volkswirtschaftslehre: das Bruttosozialprodukt.

Addiert man nämlich die Output-Seite der Gesamtwirtschaft, also die Verkäufe, die Investitionen und den Export, dann erhält man den Wert aller Güter und Dienstleistungen, die in einem Jahr von der Volkswirtschaft erzeugt worden sind. Allerdings muß man vorher die Importe abziehen vom „Gesamtkuchen", da die ja nicht von der eigenen Volkswirtschaft erzeugt worden sind. Und die produzierten Güter, die aber im gleichen Jahr beim Produktionsprozeß verwendet worden sind, blieben bei der Addition von vornherein ohne Ansatz. Die später noch näher erklärte Formel für das Bruttosozialprodukt lautet somit:

$$Y = C_H + C_{St} + I^b + (X - M)$$

In dieser berühmten Formel bedeuten die international vereinheitlichten Buchstaben: Y Bruttosozialprodukt, C_H Konsum der Haushalte, d.h. Verkäufe an die Haushalte, C_{St} Konsum des Staates, I^b Bruttoinvestition, X Export und M Import.

1.9. Das System der Produktionsfaktoren

Wir hatten gesagt: Produzieren heißt, Produktionsfaktoren in einem (technischen) Produktionsprozeß kombinieren, d.h. gemeinsam einsetzen, um Güter und Dienstleistungen zur menschlichen Bedürfnisbefriedigung herzustellen. Nun soll nachgeholt werden, was Produktionsfaktoren überhaupt sind.

Das Wort Faktor kommt vom lateinischen Verb facere = machen. Ein Produktionsfaktor ist also etwas oder jemand, der etwas tut bzw. produziert. Beim Produktionsfaktor Arbeit ist klar: der Mensch ist Subjekt, er tut etwas. Beim Produktionsfaktor Kapital ist es etwas anderes, da ist der Faktor ein Mittel, mit dem man etwas tut. Der Begriff Produktionsfaktor hat also eine Art Doppelgesichtigkeit.

Produktionsfaktoren wirken also, teils als Subjekt teils als Mittel, zusammen, um etwas zu produzieren. Produktionsfaktoren sind dingliche oder geistige Materien, die möglichst vernünftig zusammenarbeiten.

Zunächst zur volkswirtschaftlichen Systematik der Produktionsfaktoren. Das sind Arbeit, Boden und Kapital, nach der klassischen Einteilung der Nationalökonomie, die erstaunlicherweise bis heute kaum modifiziert worden ist.

Arbeit ist die menschliche Arbeitskraft, sei sie körperliche oder auch geistige oder leitende Tätigkeit. Kapital ist sowohl Finanzkapital als auch Realkapital, d.h. Maschinen, Werkhallen, Werkzeuge. Diese Begriffe sind in der Volkswirtschaftslehre ziemlich allgemein gehalten und im einzelnen ausfüllungsbedürftig, was durchaus ein Vorteil sein kann. Etwas schwieriger ist es beim Produktionsfaktor Boden. Er kann Anbaufaktor sein in der Landwirtschaft, er kann Standortfaktor sein bei der optimalen Auswahl eines Produktionsstandorts; er kann Abbaufaktor sein, wenn Rohstoffe und Bodenschätze eine Rolle spielen. Bevor wir nun auf Einzelheiten dieser Produktionsfaktoren im volkswirtschaftlichen Sinn mehr eingehen, sei noch kurz auf die Einteilung der Produktionsfaktoren in der Betriebswirtschaftslehre eingegangen.

Hier kann man zwei Gruppen einteilen: die erste umfaßt die Produktionsfaktoren, die Erich Gutenberg beschrieben hat: Da ist erst einmal die menschliche Arbeitsleistung, die man in Arbeitsstunden messen kann. Zweitens nennt er den Produktionsfaktor Betriebsmittel. Der umfaßt die ganze technische Apparatur, also Werkzeuge, Maschinen, Werkstätten, aber auch Grundstücke, Gebäude und Büros.

Als dritter Produktionsfaktor gelten nach Gutenberg die Werkstoffe. Dies sind Roh-, Hilfs- und Betriebsstoffe und auch die Halbfabrikate, die von anderen Firmen bezogen und verändert oder eingebaut werden.

Viertens gibt es die sogenannten dispositiven Faktoren, um die sich Gutenberg besonders verdient gemacht hat. Es sind dies die Geschäfts- und Betriebsleitung mit den „wesentlichen Funktionen“ Planung und Organisation, heute würde man als Funktion wohl noch die Information hinzufügen.

Die zweite Gruppe von Produktionsfaktoren umfaßt nach unserer Meinung solche, deren Definition und Einteilung sich noch im Fluß der Diskussion befindet. Da kann man fünftens die Bildung in seinen Formen der Aus- Fort- Weiterbildung nennen. Bildung als Produktionsfaktor bezieht sich auf die Qualität der Arbeit, die eben entsteht durch eine gute Ausbildung gemäß dem wissenschaftlichen und technischen Fortschritt.

Die mögliche Einteilung der Produktionsfaktoren kann dann weitergeführt werden mit sechstens dem Faktor Wissen bzw. know how bzw. Forschung und Entwicklung, einem Faktor, der mehr und mehr über die Zukunft einer Wirtschaft entscheidet.

Siebtens kann man als Produktionsfaktor anführen die Information als „zweckorientiertes Wissen". Damit meint man z.B. Wissen über die Absatz- und Beschaffungsmöglichkeiten, aber auch Information und Informationsverarbeitung innerhalb der Unternehmung. Und als letzter Produktionsfaktor wird immer häufiger genannt die Umwelt. Sie wird immer lebensentscheidender für die Menschen, die Unternehmen und die Gesamtwirtschaft.

1.10. Einige Bemerkungen zu den Produktionsfaktoren

Produktionsfaktoren sind also Mittel, die man gemäß einer Produktionsfunktion einsetzt, um Güter zu produzieren. Die Wirtschaftswissenschaft bemüht sich natürlich darum, diese sog. Kombination der Produktionsfaktoren möglichst rational, also nach dem ökonomischen Prinzip zu gestalten. Der optimale Einsatz der Produktionsfaktoren war ja auch eine Funktion der Unternehmung, um die sich besonders die Betriebswirtschaftslehre kümmert. Die nun folgenden Bemerkungen sollen sich aber vorwiegend auf die volkswirtschaftliche Definition der Produktionsfaktoren beziehen.

Zunächst zum Produktionsfaktor Arbeit. Wir hatten schon einmal festgestellt, daß man in der Wirtschaftswissenschaft unter Arbeit nur die menschliche Tätigkeit versteht, die der unmittelbaren Einkommenserzielung dient. Hobbies, Hausfrauenarbeit und auch Studium gehören also nicht dazu.

Auch hier, wie zuvor bei Bedürfnissen, Gütern, Wirtschaftssubjekten, taucht wieder das Problem der Einteilung bzw. die Frage nach den Arten der Arbeit auf. Nur einige Beispiele von Einteilungsmöglichkeiten: selbständige und unselbständige Arbeit; körperliche und geistige Arbeit; gelernte und ungelernte; ausführende und leitende; dann gibt es auch die sehr differenzierte Einteilung der Tarifpartner in Tarifklassen, also der Gewerkschaften und Arbeitgeberverbände. Diese umfaßt gewöhnlich sieben Klassen mit jeweils wieder vier Unterklassen, die sich allesamt an Ausbildung, Berufserfahrung und Arbeitsbelastung orientieren.

Bei näherem Hinsehen fällt auf, daß die Einteilungen von Arbeit nicht ohne gesellschaftliche Wertungen sind, z.B. die Einteilung in ausführende und leitende Tätigkeit. Hier sollte man sich aber die Ansicht zu eigen machen, das prinzipiell jede Arbeit gleichwertig ist, da es auf die Einstellung zur Arbeit und auf die Befriedigung der Arbeit ankommt. Kein Mensch sollte sich gegebenenfalls für eine Arbeit zu schade sein.

Öfter spielt der Begriff „Struktur der Arbeit“ eine Rolle. Dies ist eine Frage der Arbeitsstatistik, die gesellschaftspolitisch von hoher Bedeutung ist und die hauptsächlich von der Bundesanstalt für Arbeit in Nürnberg erstellt wird. Man versteht darunter Zahlen oder prozentuale Relationen bezüglich Altersaufbau, Geschlechtszugehörigkeit, Bildungsniveau, Führungsebene, Branchenzugehörigkeit usw.

Ein großes Problem bildet die gerechte Arbeitsentlohnung. Ist es gerecht, daß ein ungelernter Montagehelfer nur eine Bruchteil des Einkommens eines spezialisierten Arztes erhält, obwohl er sich acht Stunden am Tag genauso mit voller Kraft einsetzt wie dieser? Entgegen dem Anschein kann man diese Frage, zumal in einem freiheitlichen Wirtschaftssystem, nicht so ohne weiteres beantworten. Zu viele Faktoren spielen bei der Entlohnung eine Rolle: Dauer der Ausbildung, Qualität des Prüfungsabschlusses, Angebot und Nachfrage einer Arbeitskraft, Verantwortung bei der Arbeit, Führungsebene, Betriebszugehörigkeit, soziale Stellung, Gefahren und Belastung bei der Arbeit usw. Natürlich sollte der Arbeitslohn möglichst an der Leistung orientiert sein in einer Gesellschaft, die sich Leistungsgesellschaft nennt. Aber bei den vielen Entlohnungskriterien, die wir oben angedeutet haben, ist es eben sehr schwer, einen gerechten und leistungsorientierten Lohn zu finden. Deshalb müsste sicher an vielen Orten vieles verbessert werden. Jedenfalls sind ganze sog. Arbeitswissenschaften und Organisationen entstanden wie z.B. REFA, die sich neben einer möglichst optimalen Gestaltung der Arbeitsplätze um eine möglichst gerechte Lohnfindung bemühen. Es gibt zudem verschiedene Lohnformen wie der meist übliche Zeitlohn, der Akkordlohn oder der Prämienlohn.

Die Löhne werden in unserer freiheitlichen sozialen Marktwirtschaft in Kollektivverhandlungen zwischen Gewerkschaften und Arbeitgeberverbänden ausgehandelt.

Diese Lohnverhandlungen führen, manchmal über Tarifkämpfe, d.h. Streiks und Aussperrungen, zu einem Tarifvertrag, in dem aber neben Löhnen auch andere Dinge wie Arbeitszeit und Urlaub festgeschrieben sein können. Diese Verhandlungen sind prinzipiell frei von allen Eingriffen der Regierung, weshalb man von Tarifautonomie spricht, die wiederum einen Grundpfeiler unserer freiheitlichen Wirtschaftsordnung darstellt.

Zur Kennzeichnung der Situation einer modernen Volkswirtschaft ist ganz wichtig die Arbeitslosenquote. Sie drückt aus, wie viel Prozent der arbeitsfähigen und arbeitswilligen Bürger eines Landes keinen Arbeitsplatz haben. Die Arbeitslosenquote wird in Deutschland von der Bundesanstalt für Arbeit berechnet und regelmäßig monatlich veröffentlicht. Es ist naheliegend, dass nur die Bürger als arbeitslos gezählt werden, die sich tatsächlich beim Arbeitsamt als arbeitslos gemeldet haben.

Erstrebt wird die Vollbeschäftigung. Theoretisch strenggenommen ist eine Volkswirtschaft erst dann vollbeschäftigt, wenn jeder arbeitsfähige und arbeitswillige Bürger einen der Ausbildung angemessenen Arbeitsplatz hat. Erst dann sind ja die Ausbildungs- und Arbeitskapazitäten voll genutzt. Praktisch ist dieser Maßstab natürlich zu streng. Gewiß ergreifen viele Leute eine falsche Ausbildung oder werden unter ihrem Niveau eingesetzt. Auch formal verlangt man beim Begriff Vollbeschäftigung keineswegs, dass alle einen Job haben. Schon bei weniger als 3% Arbeitslosigkeit spricht man derzeit in Deutschland von Vollbeschäftigung.

Zum Abschluß des Produktionsfaktors Arbeit seien kurz noch die verschiedenen Arten der Arbeitslosigkeit erläutert. Arbeitslosigkeit in einer Volkswirtschaft setzt sich stets aus mehreren Arten zusammen, die gleichzeitig auftreten.

Da gibt es erstens die friktionelle Arbeitslosigkeit. Wenn plötzlich Produktionsstätten aus dem Markt verschwinden, dann entsteht ein Bruch im Arbeitsmarktgefüge. Aber auch die ganz gewöhnliche Fluktuation, d.h. Wanderungsbewegung zwischen den Betrieben lässt diese Form der Arbeitslosigkeit entstehen. Deshalb ist in jeder Volkswirtschaft ein gewisser „Bodensatz" von Arbeitslosen vorhanden und ganz normal. Es dürfte sich in Deutschland wohl um gegen 600 000 Personen handeln.

Folgenschwerer ist die technologische Arbeitslosigkeit, die dadurch entsteht, dass immer mehr Menschen durch Maschinen ersetzt werden. Es handelt sich hier um Automatisierung und Rationalisierung. Aus diesem Phänomen kann man ableiten, warum eine moderne Volkswirtschaft sozusagen zum Wachstum verurteilt ist: die wegrationalisierten Arbeitsplätze müssen durch neue ersetzt werden.

Verwandt mit der technologischen ist die strukturelle Arbeitslosigkeit. Grundlegende Wandlungen des Bedarfs und der Nachfrage, die Erreichung von Sättigungsgrenzen, die Überschwemmung der Märkte mit billigen Importen oder Einbrüche auf den Weltmärkten führen zu Änderungen der Wirtschaftsstruktur, und schwerwiegende Einbrüche in der Beschäftigung können die Folge sein. Wirtschaftspolitisch tritt hier das Problem auf, solche Strukturbrüche rechtzeitig vorherzusehen, und das Entscheidungsproblem, alte Arbeitsplätze durch Subvention zu erhalten oder kranke Industrien nicht doch lieber vom Markt verschwinden zu lassen.

Sodann die saisonale Arbeitslosigkeit. Traditionell werden beim Bau und in der Landwirtschaft im Winter weniger Arbeitskräfte gebraucht. Auch der Tourismus- und Sportbetrieb ist stark saisonabhängig. Gut hat es dabei natürlich der Sportlehrer, der im Winter Ski und im Sommer Tennis unterrichtet.

Schließlich gibt es noch die konjunkturelle Arbeitslosigkeit, die durch das Auf und Ab der Wirtschaftstätigkeit ausgelöst wird. Ganze Theorien haben dieses geheimnisvolle Auf und Ab, also die Konjunkturwellen zu erklären versucht, wir kommen später darauf zurück.

Die Bemerkungen zum Produktionsfaktor Boden sollen etwas kürzer gehalten werden. Hierunter versteht man alle Mittel, die wir aus der Natur für unserer Produktionsprozesse gewinnen. Heute neigt man dazu, die gesamte Umwelt dazu zu rechnen. Wir haben schon von den drei Abteilungen des Produktionsfaktors Boden gesprochen: Boden zum Anbau in Land- und Forstwirtschaft. Dazu zählt man auch die Fischerei; Boden zum Abbau in der Rohstoffgewinnung; Boden als Standort für Häuser, Betriebe, Märkte.

Der letzte Gesichtspunkt ist bei betriebswirtschaftlichen Entscheidungen von höchster Wichtigkeit. Er kann existenzentscheidend sein. Deshalb gibt es ganze Standorttheorien, um eine solche Entscheidung zu optimieren. Besonders Landwirtschaft, Rohstoffgewinnung, Handel, Dienstleistung, Tourismus sind von solchen Überlegungen abhängig. Gesichtspunkte bzw. Kriterien für eine solche Standortwahl können sein: Kosten, Verfügbarkeit von Arbeit und Kapital, die Lohnstruktur der Region, die Absatzmärkte, die Verkehrswege und vor allem steuerliche Gründe; manche Gemeinden und Länder bieten geradezu „Steueroasen“ an.

Der Produktionsfaktor Boden hat einige typische, für das Wirtschaften aber besonders zu beachtende Merkmale. Er ist erstens unvermehrbar, wenn man von einigen Eindeichungen und Bewässerungsprojekten in der Wüste einmal absieht. Dies kann nach den Gesetzen von Angebot und Nachfrage natürlich zu unerschwinglichen Preisen führen. In New York hat diese Eigenschaft zum Bauen in den Himmel geführt.

Außerdem ist der Boden unbeweglich, man kann ihn nicht einfach dorthin transportieren, wo die Produktion wünschenswert wäre. So ist Deutschland auf Rohstofflieferungen aus der ganzen Welt angewiesen und damit vielfältig abhängig. Um dieses Risiko zu minimieren, versucht man, die Rohstoffe von möglichst vielen Lieferanten zu beziehen und zu möglichst vielen Staaten der Erde freundschaftliche Beziehungen zu pflegen.

Zu den Eigenschaften des Produktionsfaktors Boden gehört auch, dass die Rohstoffe letztlich begrenzt sind. Das ganze moderne Umweltproblem ist diesem Produktionsfaktor zugeordnet. Leider erst neuerdings versucht man deshalb, die Rohstoffe zu schonen, sparsamer zu produzieren und vor allem, regenerierbare Rohstoffe zu verwenden.

Schließlich noch einige Bemerkungen zum Produktionsfaktor Kapital. Dieser war ursprünglich auf der Welt nicht vorhanden. Er musste mit den ursprünglichen bzw. „originären" Produktionsfaktoren Arbeit und Boden erst hergestellt werden. Deshalb wird Kapital als abgeleiteter bzw. „derivativer" Produktionsfaktor bezeichnet.

Der Begriff Kapital ist ein Schwammwort, das stets präzisiert werden muß, ganz besonders deshalb, weil er seit Marx auch viele ideologische Schattierungen bekommen hat. Am besten, man unterscheidet drei Arten von Kapital: Realkapital, Geldkapital und Sozialkapital.

Der Nationalökonom Böhm-Bawerk bezeichnete Realkapital treffend als „produzierte Produktionsmittel". Realkapital ist etwas Technisches, etwas zum Anfassen. Mit ihm wird, im Verbund mit Arbeit und Boden, etwas Konkretes produziert. Es gehören dazu: Werkzeuge, Maschinen, Produktionsanlagen, Gebäude, aber auch Hilfsstoffe, Halb- und Fertigfabrikate und Gütervorräte.

Unter Geldkapital oder Finanzkapital versteht man die finanziellen Mittel, die für Investitionen eingesetzt werden. Es ist also Geld, das zu Realkapital werden kann. Man sagt auch: Geldkapital ist die Vorstufe zu Realkapital, und dazwischen ist eingeschaltet die Investition, als „Motor" der Volkswirtschaft.

Sozialkapital schließlich besteht aus allen öffentlichen Einrichtungen einer Gesellschaft, zum größten Teil also aus der sog. Infrastruktur: Verkehrswege, Freizeit- und Bildungseinrichtungen, Krankenanstalten,

Energieversorgung, Hafenanlagen, Abfallbeseitigung, Kommunikationssysteme usw.

Der hier vorgestellte Kapitalbegriff gehört zur Volkswirtschaftslehre; wenn man zum Vergleich Punkt 1.9. heranzieht, wird man feststellen, dass in der Betriebswirtschaftslehre der Begriff Kapital als Produktionsfaktor eigentlich gar nicht vorkommt, es heißt dort nämlich Betriebsmittel und Werkstoffe. In der Betriebswirtschaftslehre ist Kapital eher ein finanz- bzw. bilanztechnischer Begriff. Die Passivseite der Bilanz führt auf, wo das Geld, das Kapital herkommt. Ist es Eigenkapital oder Fremdkapital, in welchen Fristen steht es zur Verfügung?

Die Aktivseite führt auf, in was dieses Geld, dieses Kapital gebunden ist: in Grundstücken, Anlagen, Gebäuden, Waren, Einkommenszahlungen, Rechtstiteln, also in Anlage- und Umlaufkapital.

Zum Schluß noch die wichtige Frage, aus welchen Quellen das Geldkapital einer Volkswirtschaft sprudelt. Denn es ist natürlich, dass das Wohl und Wehe einer Wirtschaft und damit die Güterversorgung und der Wohlstand einer Gesellschaft von diesen Quellen abhängen. Nach Rainer Fischbach gibt es prinzipiell folgende Quellen des Geldkapitals:

Die größte Quelle für die volkswirtschaftliche Geldkapitalbildung ist das Sparen der privaten Haushalte. Und dies ist auch die gesündeste Quelle für die inländische Kapitalbildung und damit die Investition, da sie unabhängig macht von ausländischem Kapital. Eine hohe Sparquote, also ein hoher Anteil der Ersparnisse am Sozialprodukt ermöglicht auch hohe Investitionen und damit hohes Wachstum. So gehören auch die Sparquoten Deutschlands und Japans, der beiden erfolgreichsten Industrienationen nach dem Zweiten Weltkrieg, zu den höchsten der Welt. Hohe Sparquote bedeutet, dass die Bürger auf Konsum verzichten und viel Geld auf die hohe Kante legen. Das gesparte Geld fließt zu den Banken und von diesen als Kredite in die Wirtschaft, die damit investiert.

Auch die Unternehmungen sparen, indem sie Gewinnanteile in den Firmen für neue Investitionen belassen und indem sie kalkulatorische Abschreibungen vornehmen und diese für neue Investitionen ansammeln. Dies beides wird „Selbstfinanzierung" genannt.

Man spricht auch von einem Zwangssparen der Verbraucher, wenn diese bereit sind, überhöhte Preise zu bezahlen. Denn dieses Mehr-Geld geben sie nicht für andere Güter aus, sie üben mehr oder weniger gewollt Konsumverzicht.

Sogar der Staat spart. Von seinen Einnahmen, die da sind Steuern, Gebühren und Beiträge, kann er Teile auf die hohe Kante legen, um sie zu anderen Zeiten zur Verfügung zu haben, etwa zur Ankurbelung der

Konjunktur. Da die Bürger bei diesem Sparen ebenfalls nicht gefragt werden, wird es auch als fiskalisches Zwangssparen bezeichnet.

Schließlich wird Geldkapital durch die Kreditschöpfung bzw. Giralgeldschöpfung der Banken gebildet. Dabei können die Banken mehr Geld schaffen als sie an Einlagen der Bürger bekommen haben. Dies geschieht gemäß einer mathematischen Formel, die an späterer Stelle als „Geldschöpfungsmultiplikator" abgeleitet wird.

Dieses aus den eben beschriebenen Quellen fließende Geldkapital steht für Investitionen zur Verfügung. Die Investition, die dem Ersatz von abgenutzten Produktionsanlagen dient, also den Reparaturen und dem Ersatz ausgedienter Anlagen, wird als Ersatz- bzw. Reinvestition bezeichnet. Dafür werden in die Verkaufspreise der produzierten Güter Abschreibungen einkalkuliert. Sollte der Markt diese Abschreibungen nicht herein spielen, dann verrottet der Maschinenpark, da keine Ersatzinvestitionen durchgeführt werden können, die Industrie veraltet und ist in höchster Gefahr.

Können über die Ersatzinvestitionen hinaus Investitionen getätigt werden, dann wächst das Produktionspotential. Dies wird Neuinvestition genannt oder auch Nettoinvestition. Addiert man die Ersatzinvestition bzw. die Abschreibungen und die Nettoinvestition bzw. Neuinvestition zusammen, dann spricht man von Bruttoinvestition einer Volkswirtschaft.

2. Theorie des Haushalts

2.1. Vorbemerkungen

Diese Theorie gehört zu den ältesten Bausteinen der Volkswirtschaftslehre, obwohl sie gerade wenig gesamtwirtschaftliches an sich hat. Heute wird sie neben der Theorie der Unternehmung gerne zur Mikroökonomie gerechnet, die insgesamt die wohl engsten Verbindungen zur Betriebswirtschaftslehre aufweist. Öfters findet man statt „Theorie des Haushalts“ auch die Bezeichnung „Nachfragetheorie“, weil mit ihr letztendlich die Nachfragekurve abgeleitet wird.

Ganz einfach gilt die Regel: Haushalte wirtschaften, um die Bedürfnisse ihrer Mitglieder zu befriedigen. Der etwas altmodisch anmutende Ausdruck Haushalt stammt aus der Zeit des 19. Jahrhunderts, als die Familien noch größer waren und man wegen des allgemein geringen Wohlstands sorgfältig wirtschaften mußte. Heute im Zeitalter der Singles sollte man vielleicht von Wirtschaftssubjekt oder Wirtschaftsbürger sprechen, aber die Ökonomen pflegen gerne ihre Tradition.

Oder man sagt auch: der Haushalt ist die Wirtschaftseinheit des Verbrauchs. Er hat Bedürfnisse, die, wie wir im ersten Kapitel gehört haben, von vielen Faktoren wie soziales Umfeld, Kultur, Bildung, Gruppenzugehörigkeit, Einkommen oder auch Werbung bestimmt werden. Tritt zu den Bedürfnissen Kaufkraft und Kaufwille, dann entstehen Bedarf und tatsächliche Nachfrage. Und wenn alles gut geht, dann werden die Bedürfnisse des Haushalts schließlich befriedigt durch die gekauften Güter und Dienstleistungen, deren zahlreiche Arten und Einteilungen wir ebenfalls im ersten Kapitel gehört haben.

In der Theorie spielt der Haushalt eine ganz bestimmte Rolle, es wird ein vereinfachtes Bild des Menschen gefertigt, ein Modell. Der Mensch hat natürlich noch ganz andere Lebensbereiche und Funktionen als sie die Ökonomie beschreibt: er tanzt, lacht, geht ins Theater usw., aber unser „homo oeconomicus“ tut folgendes:

- er erzielt Einkommen, indem er auf dem „Faktormarkt“ seine Produktionsfaktoren Arbeit, Boden oder Kapital anbietet; über 90% des Einkommens der Menschen wird durch Arbeit erzielt.

- er kauft auf dem Gütermarkt Güter und Dienste und verbraucht sie.
- er spart Teile seines Geldes, das er nicht ausgibt. Er übt dann sog. Konsumverzicht.

Sparen ist gesamtwirtschaftlich wichtig, denn es bildet Kapital für Investitionen. In der Kreislauftheorie werden wir sehen, daß ex post immer gilt : S = I. Das Sparen darf aber auch nicht zu groß sein, da sonst die Nachfrage nach Konsumgütern zu klein wäre. Zwischen Sparen und Investition und Konsum sollte also stets eine gesunde, gleichgewichtige Relation herrschen.

Die bisherigen drei Funktionen des Haushalts, Einkommenserzielung, Kauf und Sparen spielen sich auf privaten Märkten ab, sie entsprechen ganz der Marktwirtschaft, sie entsprechen "ökonomischen Gesetzen“, dem Spiel von Angebot und Nachfrage. Durch die nun folgenden drei Funktionen wird der Bürger der politischen Gemeinschaft unterworfen, dem „Leistungszusammenhang" des Staates:

- der Haushalt empfängt Leistungen aus dem „sozialen Netz". Er genießt die „Transfers“ des Daseinsvorsorgestaates (Vgl. Art.20 und 28 GG): Krankheitsleistungen, Kindergeld, Arbeitslosengeld und -hilfe, Sozialhilfe, Renten, Stipendien usw. Die Renten sind z.B. über den „Generationenvertrag“ an das Arbeitsentgelt der Berufstätigen gekoppelt.
- er ist Steuerzahler, da der Staat aufgrund seiner hoheitlichen Gewalt Zwangsleistungen für die Finanzierung seiner öffentlichen Aufgaben fordert.
- der Haushalt ist schließlich Konsument dieser öffentlichen Leistungen, wie z.B. Sicherheit, Bildung, Verwaltung, Verkehr.

Nachdem nun die Rolle dieses homo oeconomicus beschrieben wurde, geht es nun darum, was er tut, um „die Bedürfnisse seiner Mitglieder zu befriedigen". Er stellt einen Konsum- bzw. Einkaufsplan auf. Dieser wird durch folgende Faktoren bzw. Variablen bestimmt (in Klammern stehen gleich die dafür üblichen Abkürzungen).

- seine Bedürfnisse

  (werden sie befriedigt, entsteht ihm der Nutzen u)
- sein Einkommen (Y)
- die Preisstruktur (P)
- sein Vermögen (W)

Diese Faktoren bestimmen also den Konsumplan des Haushalts. Wenn man zwischen ihnen und der Nachfrage des Haushalts mathematische Beziehungen ermittelt, dann kann man eine allgemeine Nachfragefunktion aufstellen:.

$$x_i = f\,(p_i, p_1 \ldots . p_n, Y, u, W)$$

Die nachgefragte Menge nach Gut x hängt also funktional ab vom Preis des Gutes selbst, aber auch von allen anderen Preisen, außerdem vom Einkommen des Haushalts, den Bedürfnissen bzw. ihrem Nutzen und vom Vermögen. Wie die Funktion genau aussieht, ist ein Problem der empirischen Sozial- bzw. Verbrauchsforschung. Die Statistik stellt dazu die Methoden bereit.

Für die Ökonomen ist nun vor allem folgende Frage interessant: Wie kann der Haushalt seinen optimalen Konsumplan, d.h. seine optimal nachgefragten Gütermengen bestimmen ?

Die Hauhaltstheorie nimmt dazu Anleihe bei den Naturwissenschaften in Form der „Ceteris-Paribus-Methode“: um die Wirkung der einzelnen Einflußfaktoren der Nachfragefunktion auf die nachgefragte Menge zu untersuchen, hält man die jeweils anderen Faktoren konstant und variiert nur den jeweils untersuchten Faktor. Untersucht man also z.B. die Wirkung des Preises des Gutes auf seine Nachfrage, dann variiert man diesen, läßt aber in einer Art Versuchssituation die anderen Faktoren: Einkommen, Preise der anderen Güter, Vermögen konstant. Denn Ceteris Paribus heißt: wobei die anderen Dinge gleich bleiben.

Die ökonomische Theorie hat traditionell vor allem den Einfluß des Preises auf die nachgefragte Menge untersucht, wodurch obige allgemeine Nachfragefunktion verkürzt wird zu:

$$x_i = f\,(p_i)$$

Die nachgefragte Menge des Gutes i ist eine Funktion ihres Preises.

2.2. Nutzentheorien

Weite Teile der Haushaltstheorie wurden im 19. Jahrhundert entwickelt. Damals gab es an bestimmten Orten sog. Schulen, die von namhaften Wissenschaftlern angeführt wurden; so die Wiener Schule, die Londoner Schule, die Lausanner Schule. Man sprach auch von Nutzenschule und Grenznutzenschule.

Insbesondere von folgenden Wissenschaftlern, die auch Zentren von „Schulen“ waren, wurde die Nutzentheorie bzw. Grenznutzentheorie entwickelt:

Carl Menger	1840 - 1921	Wien
Stanley Jevons	1835 - 1882	London
Leon Walras	1834 - 1910	
Heinrich Gossen	1810 - 1858	
F.Y. Edgeworth	1845 - 1926	
Vilfredo Pareto	1848 - 1923	

Diese Ökonomen gingen den Fragen nach:

Welche Menge eines Gutes bzw. welche Mengen einer Güterkombination (eines Güterbündels) fragt ein Haushalt nach, wenn er nach dem ökonomischen Prinzip verfährt und seinen Nutzen maximieren will? Heute würde man eher sagen: wie erreicht der Haushalt seinen optimalen Konsumplan?

Oder: es soll die Nachfragefunktion des Haushaltes bestimmt, erklärt und prognostiziert werden.

Zugrunde liegt natürlich wieder das Menschenbild des homo oeconomicus mit der Hypothese, der Mensch sei rational und strebe die Nutzenmaximierung an, indem er sein Einkommen optimal auf die zu kaufenden Güter aufteilt. Dabei ist der Nutzen die Befriedigung, die ein Gut beim Konsum stiftet. Voraussetzung für solche Überlegung ist natürlich die prinzipielle Fähigkeit des Menschen, jedem Gut, jeder Gütermenge und jeder Güterkombination einen Nutzen zuzuordnen, d.h. stets zu wissen, was er will. Inwieweit dies zutrifft, mag jeder bei sich selbst überprüfen.

Hinzu kommen die Probleme: Ist der Nutzen exakt meßbar? Und: ist der Nutzen zwischen Personen vergleichbar (übertragbar)? Darüber streiten sich die Ökonomen bis heute. So wird die Theorie, die den Nutzen als meßbar annimmt, als kardinale Nutzentheorie bezeichnet. Die ersten Vertreter der Nutzentheorie dachten so, aber auch sehr moderne Richtungen, wie die mathematische und auf die Wirtschaft angewandte Spieltheorie, gehen davon aus.

Die entgegengesetzte Theorie, die die exakte Meßbarkeit des Nutzens ablehnt und behauptet, man könne die Nutzen der Güter bzw. Gütermengen nur in Rangfolgen angeben, die wird als ordinale Nutzentheorie bezeichnet. Es heißt dann zum Beispiel:

Auto > Fahrrad > Rollschuhe

d.h.: das Auto habe ich am liebsten, dann folgt das Fahrrad und schließlich folgen in meiner Nutzenskala die Rollschuhe.

Wichtig für die Nutzentheorien ist der Begriff des „Grenznutzens". Definition: Der Grenznutzen ist der Nutzenzuwachs zum bisherigen Gesamtnutzen, der sich durch die Verwendung einer weiteren „letzten" Gütereinheit ergibt.

Dadurch hatte die Wirtschaftswissenschaft eine Möglichkeit, sich Zugang zum traditionellen Kriterium von Wissenschaftlichkeit zu verschaffen, nämlich zur Anwendung der Differentialrechnung, mit der man in den Naturwissenschaften so große Erfolge errungen hatte.

Denn den Grenznutzen kann man als Differenzenquotient und sogar als Differentialquotient darstellen:

$$\text{Grenznutzen} = \frac{\Delta u}{\Delta x} \text{ oder } \frac{du}{dx}$$

wobei u Nutzen und x die Menge des betrachteten Gutes bedeutet.

2.3. Drei grundlegende ökonomische Gesetze und das Indifferenzkurvensystem bzw. die Präferenzordnung

Als erstes der drei ökonomischen Gesetze aus der Frühzeit der Nationalökonomie, die viel menschliche Wahrheit enthalten, sei hier beschrieben das

1. Gossensche Gesetz, so genannt zu Ehren des Nationalökonomen Heinrich Gossen (1810 – 1858):

Der Grenznutzen jeder weiteren konsumierten Einheit eines Gutes wird kleiner. Ist der Grenznutzen schließlich Null, dann ist Sättigung erreicht.

Dieses durch Beobachtung gewonnene Gesetz, daß auch Sättigungsgesetz genannt wird, hat als Grundlage die Annahme, der Nutzen sei messbar.

Die Versuchsanordnung sieht vor, daß einer Versuchsperson nacheinander Kuchenstücke verabreicht werden. Diese muß nach dem jeweiligen Verzehr auf einer Skalentafel mit nummerierter Einteilung angeben, welchen Nutzen sie dabei erfahren hat. So ergibt sich beispielweise folgende Tabelle, wobei man den Grenznutzen durch einfache Differenzbildung ermitteln kann:

Kuchen (Stück)	Gesamtnutzen (u)	Grenznutzen $\frac{du}{dx} = u'$
0	0	
1	10	10
2	18	8
3	24	6
4	28	4
5	30	2
6	30	0
7	28	-2

Das Ergebnis dieser Befragungen kann in ein Koordinatensystem übertragen werden:

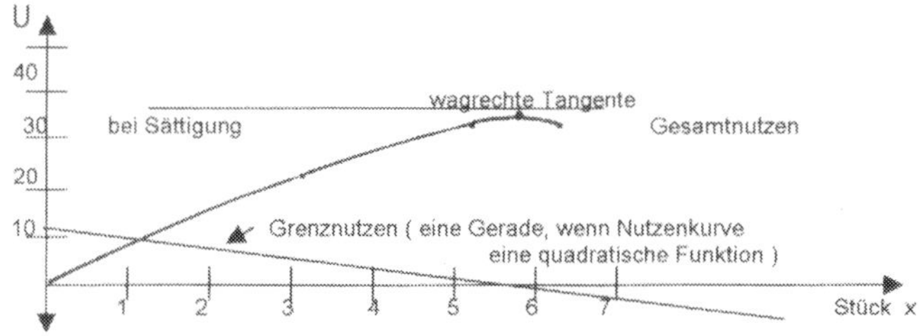

Grenznutzen = $\frac{du}{dx}$ = Anstieg der Tangenten an die Grenznutzenkurve

Sättigung am Gipfelpunkt der Nutzenkurve, wenn Grenznutzen gleich Null.

Dieses jedem Menschen vertraute „Gesetz“, nach dem bei allen Gütern die Lust nach häufigem Genuß nachlässt, ist plausibel. Gossen hat es präzise gefasst, und im folgenden werden wir sehen, daß dieses Gesetz bei Argumentationen der Ökonomie eine große Rolle spielt.

<u>2. Gossensche Gesetz</u> (Genussausgleichsgesetz oder auch Gesetz vom Ausgleich der Grenznutzen)

Auch dieses Gesetz bildet grundsätzliches menschliches Verhalten ab. Auch hier wird vorausgesetzt, Nutzen und Grenznutzen seien exakt messbar.

Dabei geht es nicht um ein Gut, sondern um die Wahl eines „Güterbündels“. Mehrere Güter sollen in der Zusammensetzung derart gewählt werden, daß der Gesamtnutzen maximiert wird, der Haushalt also seinen optimalen Konsumplan verwirklicht.

Das Gesetz lautet:

“Ein Konsument erreicht sein Nutzenmaximum, wenn im Güterbündel bei jedem Gut der Grenznutzen jeder konsumierten letzten Gütereinheit gleich groß ist”.

Dieses Gesetz ist durch Überlegung und empirische Beobachtung gewonnen und durch Zahlenbeispiele und mathematische Ableitungen "bewiesen" worden. Darauf soll aber hier verzichtet und nur eine plausible Erklärung dieses menschlichen Verhaltens geboten werden.

Stellen wir uns vor, wir gingen mit einem festen Geldbetrag an einen Obststand und füllen unseren Korb .mit einzelnen Äpfeln, Birnen und Orangen, bis unser Geldbetrag erschöpft ist. Jede letzte Einheit der

Früchte hat nun einen Grenznutzen. Nehmen wir an, bei diesem Endbestand hätten die Orangen einen höheren Grenznutzen als die beiden anderen Früchte. Das hieße aber: die Orangen machen uns vergleichsweise die größte Freude. Ist es dann nicht normal, daß wir noch weitere Orangen in unseren Korb und dafür einige Äpfel und Birnen zurücklegen? Nach dem Welt- und Menschenbild der Ökonomen schichten wir nun solange die Früchte um, bis sich der Grenznutzen aller Früchte ausgeglichen hat. Denn dann ist unsere Lage optimal, sie kann nicht mehr durch Umverteilung verbessert werden, später in der Wissenschaftsgeschichte wird dies ein Pareto-Optimum genannt werden.

Betrachten wir dieses “Gesetz“, dann fällt auf, daß wir uns bei Abwägprozessen tatsächlich so verhalten. Wir wollen unsere Lebenssituation insgesamt möglichst optimieren. Praktische Probleme tauchen allerdings bei der Grundannahme auf, daß der Nutzen meßbar ist und wir uns stets sicher sind, was wir eigentlich wollen.

Bevor wir nun das dritte Gesetz angehen, müssen wir das Indifferenzkurvensystem bzw. die Präferenzordnung behandeln.

Dazu verlassen wir die Kardinale Nutzentheorie, in der der Nutzen als meßbar angenommen wird, und wenden uns der ordinalen Nutzentheorie zu. Nach dieser, von F. Y. Edgeworth (1845 - 1926) und V. Pareto (1848 - 1923) fortentwickelten Lehre ist der Nutzen nicht exakt in Zahlen meßbar, sondern für Güter bzw. Gütermengen kann man nur eine Rangfolge angeben. Wobei der genaue Abstand der einzelnen Nutzenniveaus dem Haushalt (Konsumenten) unbekannt ist.

So gilt z.B. für die Einschätzung von Fahrrad (x_1), Auto (x_2) und Rollschuhe (x_3) als Rangfolge (Präferenzordnung):

$$x_2 > x_1 > x_3$$ (vgl. S.41)

Wie groß der Abstand zwischen diesen Rängen ist, das kann der Konsument (in Zahlen) nicht angeben.

Bei der Ableitung der Indifferenzkurven, der wir uns nun zuwenden, geht es ebenfalls um Güterbündel, also eine “Güterkombination”; gewöhnlich dargestellt am “Zwei-Güter-Fall“, da man diesen gut in zwei Dimensionen darstellen kann.

Stellen wir uns wieder eine Versuchsanordnung vor:

An einem Kiosk in einem Wandergebiet werden Wurstsemmel und Käsesemmel angeboten. Ankommende Versuchspersonen werden über ihre Vorlieben bzw. Präferenzen hinsichtlich möglicher Kombinationen Wurstsemmel/Käsesemmel befragt; sie müssen also jeder Kombination einen Rang zuordnen. Eine bestimmte Versuchsperson gebe folgende Ränge an:

Rang (Nutzenniveau)	Konsumplan (= verschiedene Kombinationen von Semmelmengen)
1	4/4
2	3/4; 4/3; 2/7
3	1/2; 2/1

Am liebsten hat die Versuchsperson also vier Stück von jeder Semmelart. Auf Platz zwei stehen drei Kombinationen, die ihr gleich angenehm sind. Die beiden ersteren sind leicht plausibel, die dritte überrascht etwas. Aber man kann es sich so erklären: auf eine Semmel verzichten zu müssen, mag ja noch angehen; muß man aber auf noch eine verzichten, dann muß dieser schmerzende Verlust durch eine extrem hohe Menge der anderen Semmelart ausgeglichen werden, hier durch sieben Stück, um das gleiche Nutzenniveau wie 3/4 oder 4/3 zu erreichen. Solche drei Kombinationen auf demselben Nutzenniveau heißen indifferente Güterkombinationen, weil es der Versuchsperson egal ist, welche er davon bekommt. Auf Rang drei schließlich stehen auch zwei indifferente Kombinationen.

Die ganze Rangfolge ist natürlich wiederum nur möglich, wenn wir das erwähnte Bild des homo oeconomicus voraussetzen: der Konsument ist in der Lage, allen angebotenen möglichen Kombinationen einen solchen Rang zuzuweisen. Er hat die Fähigkeit zu einer "Präferenzordnung"; er weiß, was er will. Das Ergebnis des Versuchs wird nun in eine Grafik übertragen:

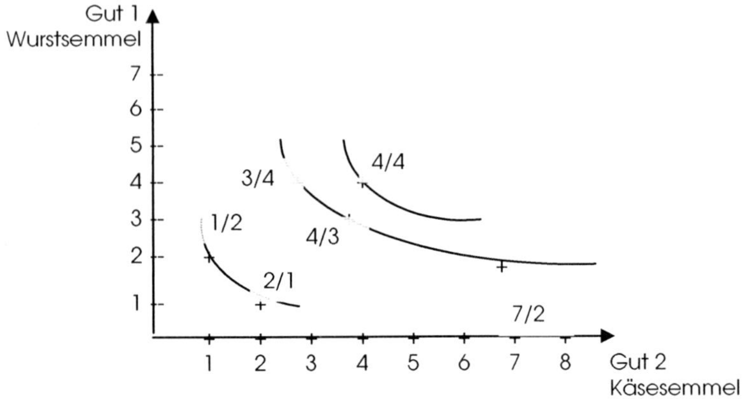

Verbindet man die Punkte gleichen Nutzenniveaus, dann erhält man die sog. Indifferenzkurven.

Der kritische Leser wird einwenden: wie kommen aufgrund der wenigen Punkte solche runden zwiebelschalengleichen Kurven zustande; einfach deshalb: wenn man die beiden Güter immer feiner stückelt, also viel mehr Kombinationen anbietet und den Versuch entsprechend oft wiederholt, dann werden aus Punkten allmählich Linien. Und daß sich die Kurven längs beider Achsen rund zurückbiegen, liegt an dem erwähnten Phänomen, daß man sich den weiteren schmerzlichen Verlust einer Art Semmel durch umso mehr Stück der anderen Art ausgleichen läßt. Die runden Kurven werden Indifferenzkurven genannt, weil sie "geometrische Orte" aller Güterkombinationen sind, die dem Konsumenten denselben Nutzen stiften.

Die Indifferenzkurven kann man sich noch durch ein anderes Modell deutlich machen, nämlich durch das sog. Nutzengebirge. Die von den beiden Gütermengen abhängige Nutzenfunktion wird im dreidimensionalen Raum dargestellt. Dazu wird auf der U/x_1- und der U/x_2-Ebene je eine zweidimensionale Nutzenkurve gezeichnet und dazwischen die Oberfläche der Gesamtnutzenkurve "aufgespannt", bzw. aus dem "Gebirge" ein Kuchenstück herausgeschnitten. Dann führt man durch das Nutzengebirge verschiedene Horizontalschnitte, die an der Oberfläche runde Schnittlinien bilden. Diese werden wie die Höhenschichtlinien einer Wanderkarte auf die Fußfläche gelotet, so daß das System der Indifferenzkurven entsteht.

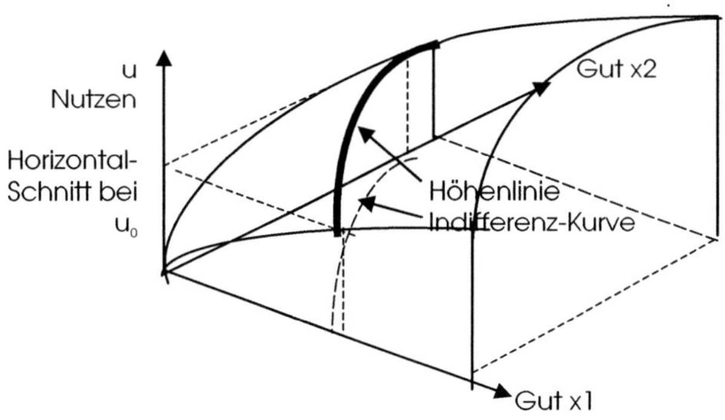

Nutzengebirge

Nun zu den Eigenschaften von Indifferenzkurven:

1. Eine Indifferenzkurve repräsentiert ein umso höheres Nutzenniveau, je weiter sie vom Ursprung entfernt ist. (Begründung: Situation am Kiosk, Nutzengebirge)
2. Gegenüber den Güterbündeln (Güterkombinationen) auf einer Indifferenzkurve ist der Haushalt indifferent, d.h. sie stiften ihm denselben Nutzen. (Kiosk, Nutzengebirge)
3. Alle Indifferenzkurven verlaufen im 1. Quadranten. (es gibt keine negativen Gütermengen)
4. Die Indifferenzkurven sind fallende Kurven bzw. sie verlaufen von links oben nach rechts unten. (vgl. Nutzengebirge)
5. Zwei Indifferenzkurven können sich nicht schneiden.

   Dazu indirekter Beweis; man nimmt an, sie würden sich schneiden und zeigt die Unlogik dieser Annahme:

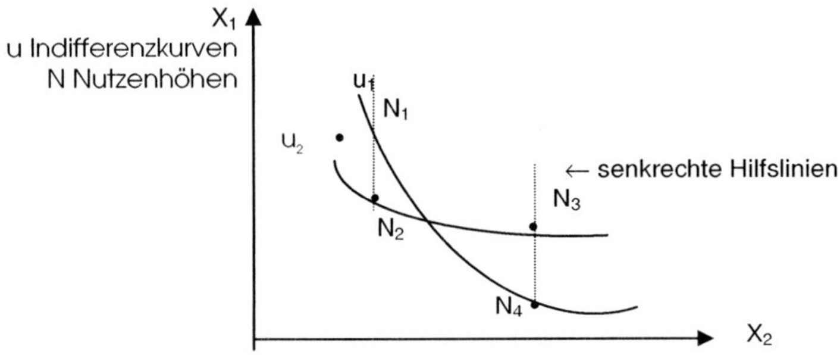

$N_1 > N_2$ $N_3 > N_4$	da weiter vom Ursprung entfernt

aber da

$N_2 = N_3$ $N_1 = N_4$	wegen gleicher Indifferenzkurve

muß gelten $N_1 > N_2 > N_1$ (die rechten Gleichungen werden in die zweite der linken Ungleichungen eingesetzt.) Dies ist aber offensichtlich falsch! q.e.d.

6. Indifferenzkurven verlaufen konvex. (vgl. Nutzengebirge)
7. Bei beschränkt substitutiven Gütern (von denen die Haushaltstheorie gewöhnlich ausgeht) können die Indifferenzkurven die Achsen nicht schneiden (da bei der gegenseitigen Ersetzung der beiden Güter immer noch ein kleiner Rest des anderen Gutes erhalten bleibt).

Nachdem wir nun die Indifferenzkurven besprochen haben, können wir zum dritten der erwähnten ökonomischen Gesetze schreiten, dem

Gesetz von der abnehmenden Grenzrate der Substitution

Zunächst die Definition "Grenzrate der Substitution":

Die Menge des Gutes, die man hergeben muß, um eine zusätzliche Mengeneinheit des anderen Gutes zu erhalten (bei gleichbleibendem Nutzenniveau), nennt man die Grenzrate der Substitution.

Dies kann man wieder durch den Differenzenquotienten $\frac{\Delta x_1}{\Delta x_2}$ oder den Differenzialquotienten $\frac{dx_1}{dx_2}$ ausdrücken.

Das Gesetz von der abnehmenden Grenzrate der Substitution lautet nun:

"Wird ein Gut x_1 fortwährend bei gleichbleibendem Nutzenniveau durch ein anderes Gut x_2 ersetzt, dann nimmt die Grenzrate der Substitution ständig ab".

Im folgenden Modell werden eine Indifferenzkurve, eine Skalierung der Achsen und senkrechte Hilfslinien über den ganzen Zahlenwerten der Abszisse eingetragen.

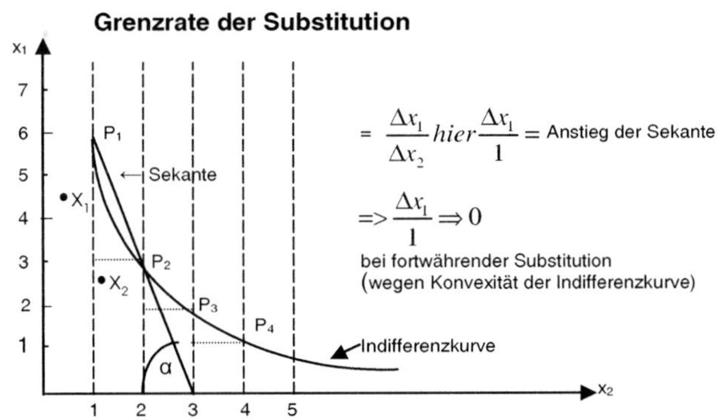

Man sieht, dass bei den Hilfsdreiecken, die jeweils aus Δx_1 und Δx_2 und dem entsprechenden Bogen der Indifferenzkurve gebildet werden, die senkrechte Seite Δx_1 immer kleiner wird, wenn man sich von Punkt P_1 über P_2 nach P_3 usw. bewegt, also immer das gleiche Nutzenniveau beibehält. Diese Höhe des jeweiligen Δx_1 ist aber genau die Grenzrate der Substitution, da der Nenner stets die Größe 1 hat; womit das Gesetz demonstriert wäre.

Die Grenzrate der Substitution ist auch der Anstieg der Sekanten durch die Punkte P_1 und P_2 und damit auch gleich dem Tangens des Winkels Alpha. Unterstellt man nun infinitesimal kleine Substitutionsmengen, dann geht der Differenzenquotient Δx_1 / Δx_2 über in den Differenzialquotienten bzw. geht die Sekante P_1 P_2 in eine Tangente an die Indifferenzkurve über. Der Anstieg dieser Tangente ist gleichzeitig die erste Ableitung der Indifferenzkurve. Beide streben bei fortwährend der Substitution von x_1 durch x_2 gegen Null, d.h. die Tangente nähert sich der Waagerechten.

Um zu demonstrieren, welche hohe praktische Erklärungskraft dieses Gesetz hat, soll es abschließend angewandt werden auf die Erklärung des "bilateralen Tauschverhaltens".

Angenommen, der Konsument bewegt sich auf der Indifferenzkurve von P_1 nach P_4. Bei P_1 hat er viel von x_1 und wenig von x_2, d.h. der Grenznutzen von x_1 ist niedrig, der von x_2 ist hoch. Hier ist er also bereit, für den Erhalt einer weiteren Einheit von x_2 relativ viel des Gutes x_1 herzugeben, bei Beibehaltung des Nutzenniveaus.

Im Verlauf des weiteren Austauschprozesses in Richtung auf P_4 (Substitution) kehrt sich die Relation um: x_1 im Vorrat des Konsumenten wird weniger, dafür wertvoller. x_2 wird mehr, dafür sinkt dessen Grenznutzen, es wird also relativ wertloser. Schließlich ist der Konsument nur noch bereit, für eine weitere Einheit von x_2 ganz wenig von x_1 herzugeben.

2.4. Die Bilanzgerade (die Einkommensbeschränkung)

Im durch die beiden Güter x_1 und x_2 aufgespannten Koordinatensystem sind alle möglichen Güterkombinationen enthalten, denen sich der Haushalt, beispielsweise in einem Supermarkt, gegenüber sieht. Gemäß dem Menschenbild des homo oeconomicus ist er in der Lage, alle diese Güterkombinationen in eine Präferenzordnung zu bringen, je nach seinen Bedürfnissen und Wertvorstellungen.

Nun aber taucht das Problem auf: Welche Güterkombination ist für den Haushalt finanziell realisierbar? Mathematisch gesehen handelt es sich hierbei um die Mengenbeschränkung in Form des verfügbaren Einkommens.

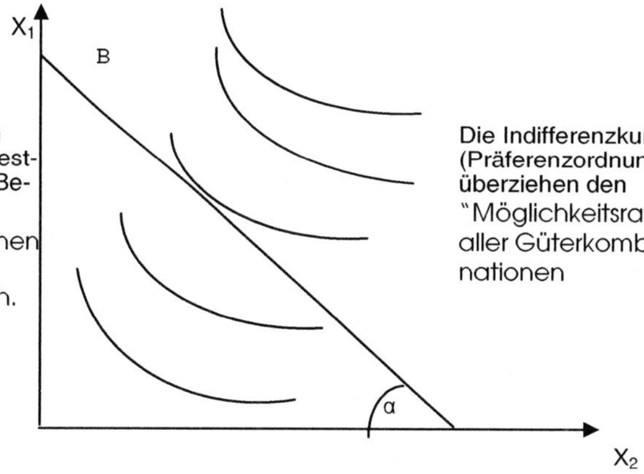

Die Mengenbeschränkung B wird Bilanzgerade oder Budgetlinie genannt. Sie wird folgendermaßen abgeleitet:

Das Einkommen bzw. der zur Verfügung stehende Betrag sei Y.

Dann muß für die Obergrenze der Konsumausgaben des Haushalts gelten:

$$Y = p_1x_1 + p_2x_2$$

Die Summe aus den Ausgaben für Gut 1 und den Ausgaben für Gut 2 kann höchstens den Betrag Y erreichen, wobei p_1 und p_2 die Preise der beiden Güter sind. Löst man nun nach x_1 auf, dann erhält man die mathematische Funktion der oben eingezeichneten Beschränkungslinie, der Bilanzgeraden:

$$x_1 = \frac{Y}{P_1} - \frac{P_2}{P_1} x$$

Es handelt sich um eine Gerade mit dem Anstieg = tanα = $\frac{P_2}{P_1}$ und dem

Ordinaten-Achsenabschnitt $\frac{Y}{P_1}$ und dem Abszissen – Achsenabschnitt $\frac{Y}{P_2}$:

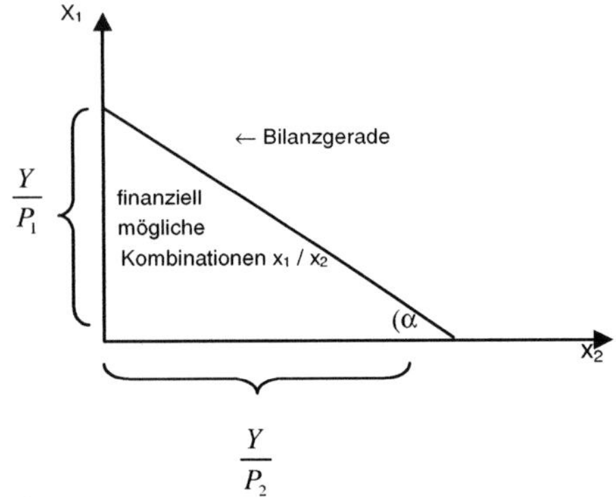

Die Bilanzgerade ist der geometrische Ort aller Güterkombinationen, die der Haushalt bei gegebenem Einkommen und gegebenen Preisen der beiden Güter maximal kaufen kann.

2.5. Der optimale Konsumplan

Nun erreichen wir das erste bedeutende Ziel unserer Bemühungen um die Haushaltstheorie, das in der Literatur auch als "Haushalts-gleichgewicht" oder "optimale Gütermenge" bezeichnet wird. Dazu nimmt man an, daß der Haushalt sein erreichbares Nutzenmaximum anstrebt. Dazu stellt er seine möglichen Güterkombinationen, von denen er natürlich gerne möglichst viele hätte, den finanziellen Realisierungsmöglichkeiten gegenüber. Und als Nutzenmaximierer nimmt er natürlich die Güterkombination, die die höchst mögliche Indifferenzkurve erreicht. Und das ist der Fall im Tangentialpunkt mit der gerade noch erreichbaren Indifferenzkurve.

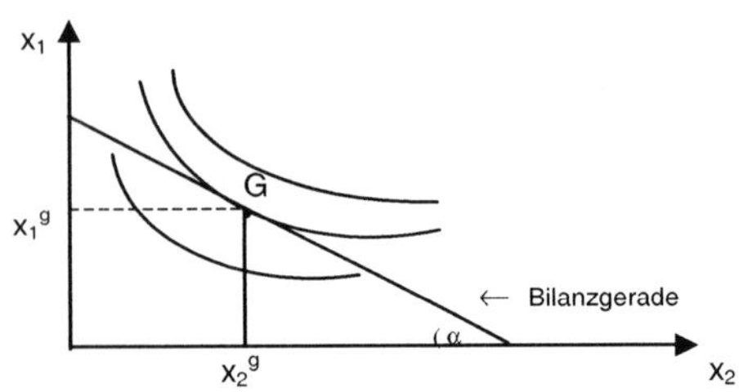

Der optimale Konsumplan (die optimale Gütermenge) ergibt sich also im Tangentialpunkt G von Bilanzgerade und entsprechender Indifferenzkurve.

Mathematische Formulierung

Für den Tangentialpunkt, also den optimalen Konsumplan gilt:

$$\tan \alpha = \frac{dx_1}{dx_2} = -\frac{p_2}{p_1} = \frac{u'_2}{u'_1}$$

Grenzrate der Substitution = Anstieg der Indifferenzkurve	Anstieg der Bilanzgeraden	Grenznutzenverhältnis

d.h. die Grenzrate der Substitution ist gleich dem reziproken Preisverhältnis der beiden Güter und gleich dem reziproken Grenznutzenverhältnis. Der erste Teil der Gleichung ist evident, der zweite soll hier kurz bewiesen werden:

Entlang der Indifferenzkurve gilt:

Die Nutzenfunktion = f (x_1, x_2) ist konstant (u_{const}).

Dann muß das totale Differential der Nutzenfunktion null sein. Also:

$$du = \frac{\delta u}{\delta x_1} \cdot dx_1 + \frac{\delta u}{\delta x_2} dx_2 = 0 \qquad \frac{\delta u}{\delta x_1} = \textit{partielle}\ \text{Ableitung}$$

$$=> \frac{dx_1}{dx_2} = -\frac{\frac{\delta u}{\delta x_2}}{\frac{\delta u}{\delta x_1}} \qquad \text{q.e.d.}$$

Verbal könnte man diese Mathematik so erläutern: die tendenziellen Nutzenabweichungen vom Pfad der Indifferenzkurve aufgrund der Gütermengenveränderungen müssen sich zu null ergänzen, wenn das Nutzenniveau stets konstant bleiben soll.

2.6. Zur individuellen Nachfragefunktion des Haushalts

Mit dem Modell des optimalen Konsumplans (Vgl. 2.5.) kann nun experimentiert werden, indem die Parameter verändert werden und dann geprüft wird, was herauskommt. So kann sich z.B. die Präferenzordnung, d.h. das Indifferenzkurvensystem ändern, wenn die Bedürfnisstruktur des Haushalts sich verändert. Es ist einsichtig, daß sich dann auch die Lage des optimalen Konsumplans verändert. Genauso wie das Indifferenzkurvensystem selbst ist auch diese Änderung des optimalen Konsumplans ein empirisch äußerst kompliziertes Problem, das auch theoretisch nicht sehr viel hergibt. Wohl deswegen wurde dieses Problem von der Haushaltstheorie kaum weiter verfolgt.

Eindringlicher wurde untersucht der Fall, daß sich das Einkommen des Haushalts ändert.

2.6.1. Änderung des Einkommens

Nehmen wir an, der Haushalt erfreut sich eines in Sprüngen wachsenden Einkommens, so daß

$$Y_1 < Y_2 < Y_3$$

Die drei entsprechenden Bilanzgeraden lauten dann:

I $$x_1 = \frac{y_1}{p_1} - \frac{p_2}{p_1} x_2$$

II $$x_1 = \frac{y_2}{p_1} - \frac{p_2}{p_1} x_2$$

III $$x_1 = \frac{y_3}{p_1} - \frac{p_2}{p_1} x_2$$

Man sieht: alle Geraden haben den gleichen Anstieg, allerdings wachsen die Achsenabschnitte auf der Ordinate:

$$\frac{Y_1}{P_1} < \frac{Y_2}{P_1} < \frac{Y_3}{P_1}$$

Beides bedeutet: bei wachsendem Einkommen werden die Bilanzgeraden parallel vom Ursprung weg verschoben, bei sinkendem Einkommen umgekehrt.

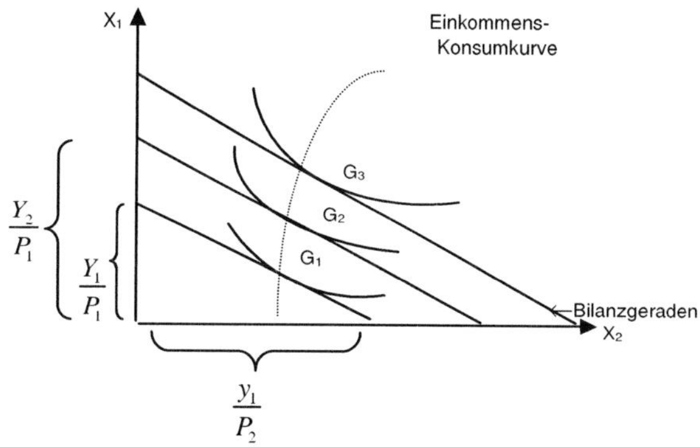

Läßt man das Einkommen kontinuierlich in kleinen Mengen wachsen, dann ergeben sich viele Tangentialpunkte, d.h. viele optimale Konsumpläne. Verbindet man alle diese Punkte, dann ergibt sich die sog. Einkommens-Konsumkurve als geometrischer Ort aller Konsumpläne bei variierendem Einkommen. Man kann aus dieser Kurve ersehen, wie der Haushalt bezüglich seines Konsums auf Veränderungen seines Einkommens reagiert.

Dieses Modell kann gut zur Charakterisierung von Gütern herangezogen werden. So heißt ein Gut "normal" oder "superior", wenn es bei steigendem Einkommen mehr nachgefragt wird. In der letzten Zeichnung sind beide Güter superior.

Ein Gut heißt "inferior", wenn es bei einer Einkommenserhöhung weniger nachgefragt wird, das sieht dann so aus:

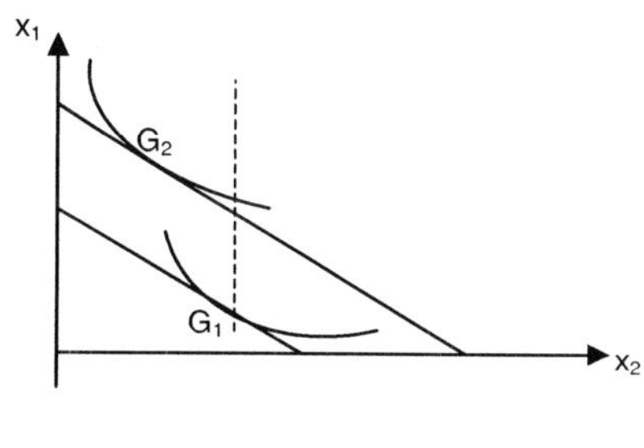

Hier ist bei Einkommenserhöhung Gut 1 ein superiores und Gut 2 ein inferiores Gut, es wird weniger nachgefragt. Beispiel: Margarine als "Butter der amen Leute". Man sieht auch, daß diese Erscheinung vom

Indifferenzkurvensystem abhängt, also von der Situation des Haushalts. Der Nationalökonom Engel hat nun für zahlreiche Güter die Abhängigkeit zwischen Einkommen und verbrauchter Menge untersucht und in sog. Engel-Kurven dargestellt:

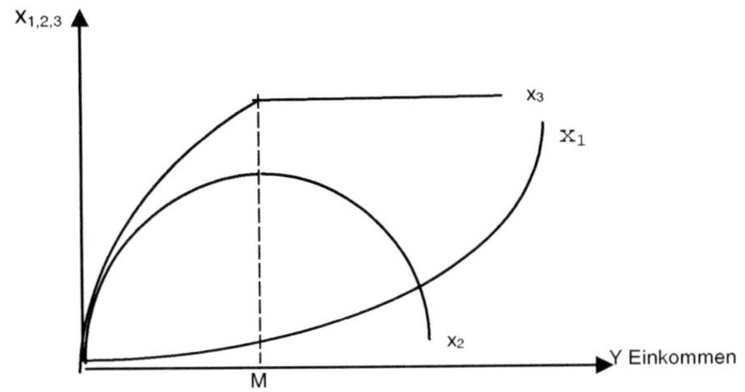

Das Gut x_1 ist ein stets superiores Gut. x_2 ist bis zur Einkommenshöhe M ein superiores Gut, dann wird es inferior. Ein Beispiel ist das Brot für die armen Leute. Am Anfang können sie sich wenig Brot leisten. Bei wachsendem Einkommen steigt der Brotverbrauch. Ab dem Einkommen M müssen sie nicht mehr nur Brot essen, sondern auch Fleisch usw., der Brotverbrauch geht zurück. Gut x_3 schließlich wird zunächst bei steigendem Einkommen mehr verbraucht, dann ist ein gleichbleibendes Niveau erreicht.

2.6.2. Änderung der Güterpreise

Nun verändert man im Modell des Haushaltsgleichgewichts den Preis eines Gutes, läßt dabei aber das Einkommen, die Präferenzordnung und den Preis des anderen Gutes konstant, verhält sich in der Versuchsanordnung also nach der Ceteris-Paribus-Klausel.

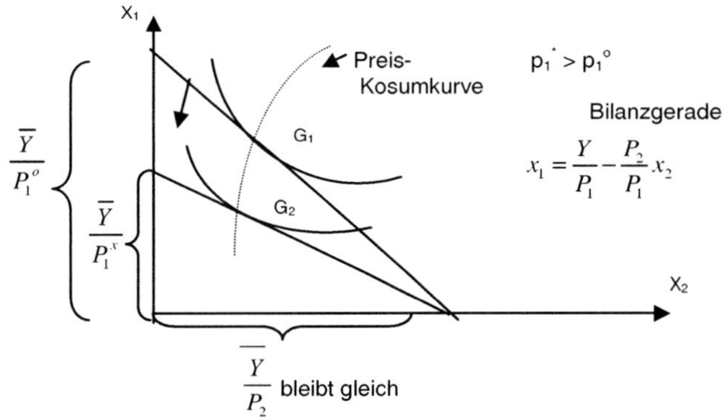

Läßt man den Preis des einen Gutes steigen, dann verkleinert sich einerseits der Ordinaten-Achsenabschnitt, andererseits der Anstieg der Bilanzgeraden. Diese dreht sich also nach links, wobei sie bei jedem neuen Preis einen neuen Tangentialpunkt an eine entsprechende Indifferenzkurve, also einen neuen optimalen Konsumplan findet. Läßt man den Preis viele Werte durchlaufen, dann kann man alle neuen Tangentialpunkte wiederum zu einer Kurve verbinden, die Preis-Konsumkurve genannt wird. Sie gibt an, wie ein Haushalt mit seinem Konsum auf steigende Preise eines Gutes reagiert.

Die Effekte einer Güterpreisänderung können auch auf interessante Weise gedeutet werden: Man begreift eine Preisänderung als eine indirekte Einkommensveränderung. Steigt ein Preis, dann wirkt das nämlich wie eine Einkommenssenkung. Dies hat eine Parallelverschiebung der Bilanzgerade zu Folge. Außerdem substituiert der Haushalt das teurer gewordene Gut durch das andere, so daß schließlich auch der Punkt G_2 erreicht wird.

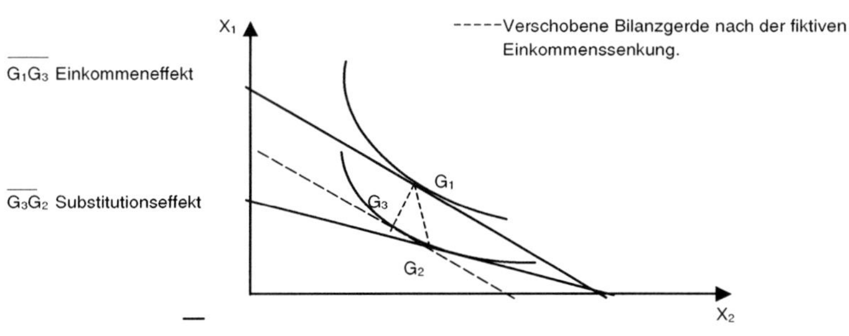

Der direkte Weg von G_1 zu G_2 ist also in zwei fiktive Umwege zerlegt. Der sog. Einkommenseffekt läßt den Punkt G_3 erreichen, der sog. Substitutionseffekt fährt zum Endpunkt: Der Haushalt hat praktisch weniger Kaufkraft und wendet sich andrerseits verstärkt dem zweiten Gut zu. Zu bemerken ist, daß die Punkte G_3 und G_2 den gleichen Nutzen verkörpern, also auf der gleichen Indifferenzkurve liegen.

2.6.3. Ableitung der individuellen und der gesamtwirtschaftlichen Nachfragekurve.

Nun wird im folgenden linken Schaubild das Bild von 2.6.2. übernommen und rechts daneben ein zweites Koordinatensystem mit der Ordinate x_1 und der Abszisse p_1 gezeichnet. Auf der letzteren trägt man verschiedene Preise des Gutes x_1 ab, z.B. DM 1,00, DM 2,00, DM 3,00.... Für jeden dieser Preise ermittelt man die dazugehörige Bilanzgerade, die man in das linke Schaubild einzeichnet und an eine entsprechende Indifferenzkurve tangieren und somit einen optimalen Konsumplan erzeugen läßt. Die jeweilig nachgefragte Menge des Gutes x_1 überträgt man nun auf das rechte Schaubild, wo sie mit dem zugehörigen Preis einen neuen Punkt bildet. Verfährt man so mit vielen Preisen, dann erhält man die individuelle Nachfragekurve nach x_1.

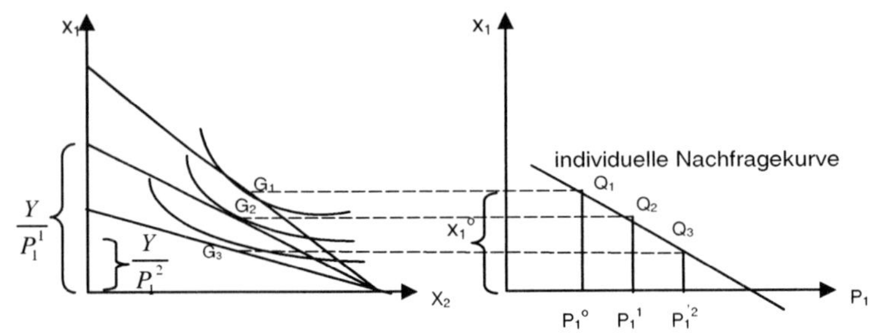

Steigender Preis $p_1^n \rightarrow$ $p_1^0 < p_1^1 < p_1^2$ Bilanzgerade $x_1 = \frac{Y}{P_1^n} - \frac{P_2}{P_1^n} x_2$

Die individuelle Nachfragekurve gibt an, welche Menge eines Gutes der Haushalt bei verschiedenen Preisen dieses Gutes sowie bei konstantem Einkommen und konstantem Preis P_2 nachfragt.

2.6.4. Die gesamtwirtschaftliche Nachfragekurve nach Gut x_1

Diese Kurve erhält man, indem man alle einzelwirtschaftlichen Nachfragekurven einer Volkswirtschaft aggregiert, d.h. zusammenfaßt. Obwohl dieses Verfahren der "horizontalen Addition" methodisch nicht unumstritten ist, muß man doch das Verhalten von Millionen Haushalten zusammenfassen, kann man es sich theoretisch durchaus vorstellen. Wir zeigen es vereinfacht an nur drei Haushalten. Die bei einem bestimmten Preis nachgefragten Mengen der einzelnen Haushalte werden einfach streckenmäßig addiert, auf das rechte Schaubild übertragen.

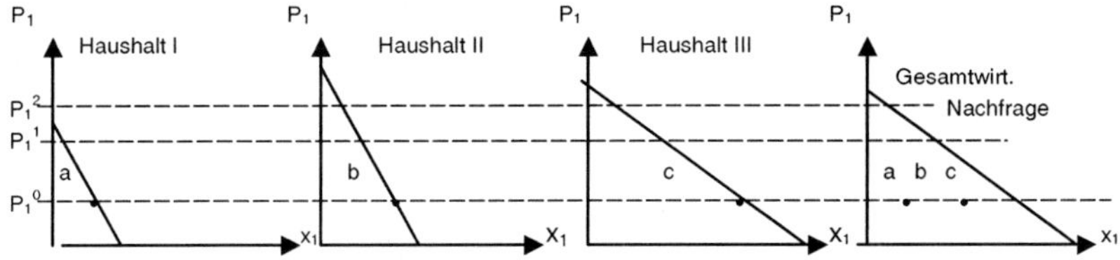

Diesen Vorgang kann man in Symbolen schreiben, wobei X_1 die gesamtwirtschaftlich nachgefragte Menge und I, II, III die zu aggregierenden Haushalte bedeuten.

$$X_1\ (p_1) = [x_1(p_1)]_I + [x_1(p_1)]_{II} + \dots [x_1(p_1)]_N$$

$$X_1\ (p_1) = \sum_{I}^{N} x_1$$

Die gesamtwirtschaftlich bzw. volkswirtschaftlich nachgefragte Menge hängt vom Preis des Gutes ab. Eine "normale" Nachfragekurve ist eine fallende Kurve: je höher der Preis, desto kleiner ist die nachgefragte Menge und umgekehrt.(Gesetz von Angebot und Nachfrage).

Es gibt aber auch sog. unnormale Nachfragekurven, bei denen die nachgefragte Menge trotz oder auch wegen des gestiegenen Preises zunimmt. Dies kann bei bestimmten Luxus- bzw. Prestigegütern der Fall sein, die zu Ehren des gleichnamigen Nationalökonomen als "Giffen-Güter" bezeichnet werden.

3. Preistheorie

Ausgangspunkt für die nun folgende Preistheorie sind die im letzten Kapitel abgeleitete gesamtwirtschaftliche Nachfragefunktion und die gesamtwirtschaftliche Angebotsfunktion. Die im Normalfall ansteigende Angebotsfunktion wird entsprechend der Nachfragefunktion abgeleitet durch eine Theorie des Unternehmens bzw. einer Angebotstheorie oder auch durch die sog. Produktions- und Kostentheorie, die wir aber der Betriebswirtschaftslehre zuordnen und deswegen in diesem volkswirtschaftlichen Buch nicht selbst ableiten. Es sei auf die zahlreiche betriebswirtschaftliche Lehrbuchliteratur verwiesen.

Zeichnen wir eine Angebots- und eine Nachfragekurve in ein gemeinsames Koordinatensystem, so sieht das für die zunächst beispielhaft ausgewählte Marktform des Polypol folgendermaßen aus:

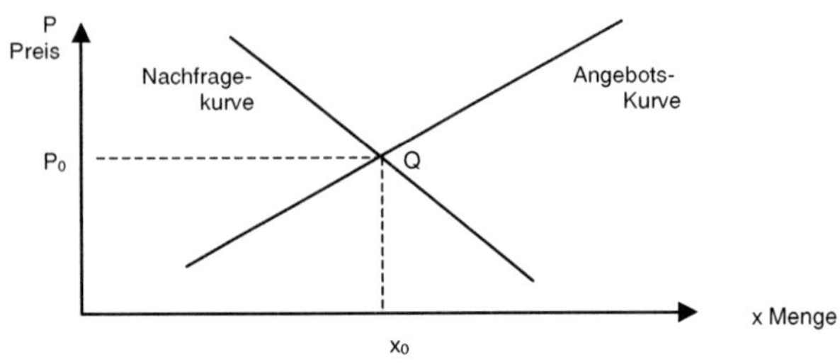

Der Schnittpunkt Q stellt das sog. Marktgleichgewicht dar mit den Koordinaten x_0 (Gleichgewichtsmenge) und p_0 (Gleichgewichtspreis). Im Gleichgewicht wird zu einem bestimmten Preis p_0 genau die Menge angeboten, die zu diesem Preis nachgefragt wird. Deshalb wird Marktgleichgewicht auch dadurch charakterisiert, dass hier die angebotene Menge gleich der nachgefragten Menge ist. Oder auch: Im Marktgleichgewicht gehen die Pläne von Anbietern und Nachfragern in Erfüllung. Oder auch: Im Marktgleichgewicht hat keine der beiden Marktparteien Veranlassung, ihre Dispositionen zu ändern.

Es wurde gesagt, dieses Marktbild gelte speziell für die Marktform Polypol, also für die Marktform, bei der es viele Anbieter und viele Nachfrager gibt. Viele Erscheinungen von Marktprozessen werden mit diesem einfachen Modell abgehandelt, obwohl in Wirklichkeit diese Marktform gar nicht häufig auftritt.

Generell muß man nämlich festhalten, daß jede der zahlreichen Marktformen eine ihr eigentümliche Preisbildung hat, der Gleichgewichtspunkt also immer anders konstruiert wird. Deshalb muß zunächst untersucht werden, welche Marktformen es gibt.

3.1. Marktformenlehre

Es gibt zahlreiche Marktformenlehren. Es sollen hier beispielhaft die sog. Marktmorphologie und die Einteilung in vollkommene und unvollkommene Märkte vorgestellt werden.

Die Marktmorphologie baut ein Marktformenschema auf nach der Struktur des Marktes. Das Kriterium lautet : wie viele und wie große bzw. mächtige Teilnehmer treten auf dem Markt auf? So kommt man in Ähnlichkeit zur antiken Staatsformenlehre auf folgende Matrix:

Nachfrage / Anbieter	einer (großer)	wenige (große)	viele (kleine)
einer (großer)	Bilaterales Monopol	Beschränktes Monopol	Monopol
wenige (große)	Beschränktes Monopson (beschr. Nachfrage-monopol)	bilaterales Oligopol	Oligopol
viele (kleine)	Monopson (Nachfragemonopol)	Oligopson (Nachfrageoligopol)	(Bilaterales) Polypol ↑ oder auch: vollständige oder atomistische Konkurrenz

Dieses Marktformenschema spricht, von den griechischen Ausdrücken einmal abgesehen, für sich selbst. In verschiedenen Lehrbüchern weichen die einzelnen Bezeichnungen auch etwas voneinander ab, deshalb wurden in Klammern und rechts unten Beispiele für alternative

Bezeichnungen angefügt. In Deutschland müßte man von einer gemischten Marktform sprechen: Es gibt einige wenige Monopole wie die Bahn-AG oder die Telekom, wenn auch die bei näherem Hinsehen gar nicht so ganz Monopole sind. Daneben gibt es wohl gegen 1000 Großbetriebe, so daß man von Oligopol sprechen könnte, man denke an die wenigen Auto-Produzenten. Schließlich gibt es aber hunderttausende Klein- und Mittelbetriebe, die die Bezeichnung Polypol nahelegen.

Als zweite hier vorgestellte Marktformenlehre sei die Einteilung in vollkommene und unvollkommene Märkte genannt. Märkte, die die anspruchsvollen, idealisierten Merkmale der Vollkommenheit erfüllen, heißen eben vollkommene Märkte, und Märkte, die eines oder mehrere Merkmale nicht erfüllen, heißen unvollkommene Märkte. So entsteht, unter Auflistung dieser Merkmale, folgendes Schema:

Vollkommene Märkte	Unvollkommene Märkte
1) Sachliche Gleichartigkeit der Güter (streng auszulegen, bis zur Qualität und Verpackung) „Homogenitätsbedingung“ 2) Nichtvorhandensein persönlicher Präferenzen (Bevorzugungen) von Verkäufern bzw. Käufern, z. B. keine Stammkunden 3) Nichtvorhandensein von räumlichen Präferenzen (Differenzierungen) von Verkäufern und Käufern. (Standort spielt keine Rolle) 4) Nichtvorhandensein zeitlicher Präferenzen (Differenzierungen) von Verkäufern und Käufern (Lieferfristen spielen keine Rolle) 5) vollständige Markttransparenz (Information)	Wenn eines oder mehrere der links aufgeführten Merkmale nicht erfüllt ist.

Diese Merkmale brauchen wohl nicht näher erläutert zu werden, lediglich ein Wort zur Markttransparenz: darunter versteht man die idealistische Annahme, daß jeder Marktteilnehmer jederzeit über alles bescheid weiß: die Preise, Qualitäten und Orte aller Güter, die Bedingungen des Tausches usw.

Es ist klar, daß nur wenige Märkte die Bedingungen der Vollkommenheit erfüllen, wahrscheinlich nur Aktienmärkte und Devisenmärkte. Allerdings hat die Unterscheidung in vollkommene und unvollkommene Märkte erhebliche theoretische Bedeutung. Denn ökonomische Analysen werden gerne erst am Modell eines vollkommenen Marktes erprobt, bevor man auf die unvollkommenen Märkte der Realität übergeht.

Eine wichtige Eigenschaft des vollkommenen Marktes muß noch erwähnt werden: es kann hier nur einen einheitlichen Preis für ein Gut geben, denn jedem Kaufmann, der einen höheren Preis zu nehmen wagt, werden bei der vollkommenen Markttransparenz die Kunden davonlaufen. Das hat der Nationalökonom Jevons sogar als Gesetz formuliert.

Beim unvollkommenen Markt jedoch gibt es für den Kaufmann einen Spielraum der Preisgestaltung, hier werden die Kunden nicht sofort davon laufen, weil es ihnen an Informationen mangelt und weil sie irgendwie an ihren Kaufmann gebunden sind.

Schließlich können beide Marktformenschemata, und noch weitere hier nicht behandelte, miteinander kombiniert werden. So gibt es das Polypol auf dem vollkommenen und auf dem unvollkommenen Markt, ebenso das Monopol auf dem vollkommenen und auf dem unvollkommenen Markt usw.

3.2. Die Preisbildung beim Polypol auf dem vollkommenen Markt

Hier gibt es, wie schon erwähnt, viele kleine Anbieter, die logischerweise wenig Macht haben, und viele kleine Nachfrager. Die Folge ist, daß der einzelne die Preise nicht bestimmen kann, er muß sie vom Markt nehmen, er ist sog. Mengenanpasser d.h. er muß seine verkaufte Menge derart bestimmen, daß er einen Gewinn erzielt.

Das Modell haben wir bereits als pars pro toto gezeigt. Im Schnittpunkt von Angebots- und Nachfragekurve liegt das Marktgleichgewicht mit dem Gleichgewichtspreis und der Gleichgewichtsmenge:

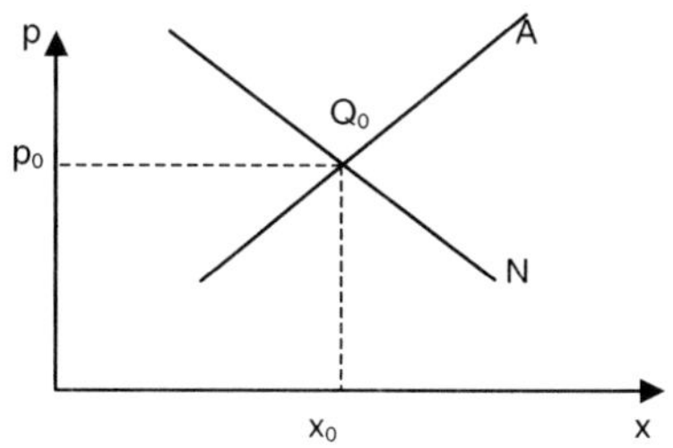

Im Marktgleichgewicht Q_0 (x_0, p_0) wird der Markt geräumt, niemand hat Veranlassung, seine Dispositionen zu ändern, die Pläne von Anbietern und Nachfragern gehen in Erfüllung.

Die Existenz des Marktgleichgewichts ist keineswegs immer garantiert; nur wenn beide Kurven im ersten Quadranten des Koordinatensystems einen Schnittpunkt haben. Das Gleichgewicht muß auch nicht unbedingt eindeutig sein, wenn man gekrümmte Nachfragekurven vorfindet: es kann zwei Schnittpunkte geben. Dieses Phänomen wird dem Arbeitsmarkt nachgesagt.

Ein Problem ist auch die Stabilität des Gleichgewichts. Stabilität bedeutet: der Preis pendelt zum Gleichgewichtspreis zurück, wenn er durch irgendwelche Kräfte einmal entfernt worden ist. Dies kann man sich durch die physikalische Metapher klarmachen. Im linken Bild rollt die Kugel zurück, wenn sie aus dem Ruhepunkt gestoßen wird, im rechten Bild nicht.

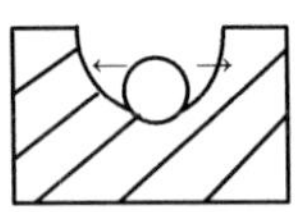

stabil

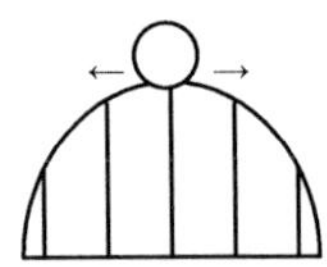

labil

Dies läßt sich auf das Marktmodell übertragen. Bei normalen Nachfrage- und Angebotskurven bewegt sich der Preis aufgrund von Marktmechanismen zurück, nachdem er durch irgendeinen Schock aus dem Gleichgewicht gebracht wurde. Die Marktmechanismen bestehen darin, daß ein Angebotsüberschuß eine Preissenkung und ein Nachfrageüberschuß eine Preissteigerung hervorruft. Wir haben also ein stabiles Gleichgewicht.

stabil

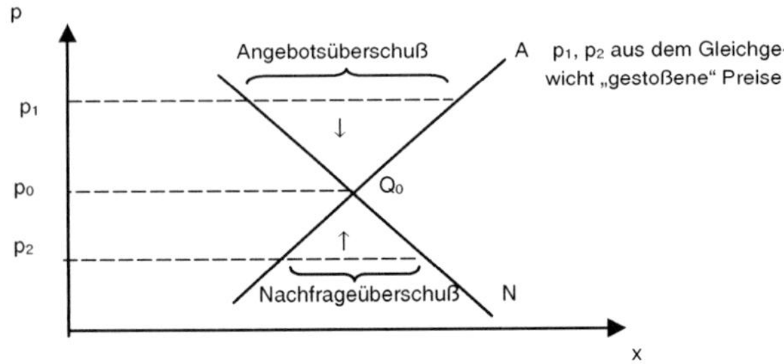

Umgekehrt ist es bei unnormalen Kurven wie z.B. bei Giffen-Gütern, die trotz eines höheren Preises mehr nachgefragt werden. Hier pendelt der Preis aus denselben Marktmechanismen nicht zurück, er entfernt sich vielmehr immer mehr vom Gleichgewicht. Es ist instabil.

instabil

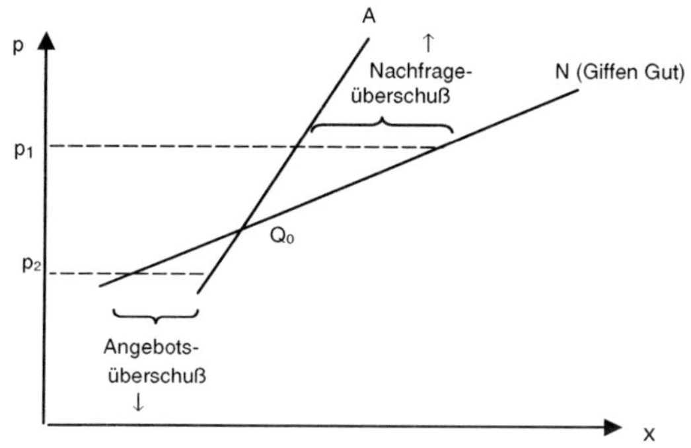

Hier bietet sich an, gleich die Preisfestsetzungen des Staates zu besprechen. Dieser kann entweder einen Preis festsetzen, der über dem Marktpreis liegt, um etwa den Verkäufern ein Einkommen zu sichern. Oder er kann, um die sozial Schwachen mit erschwinglichen Gütern zu versorgen, einen Höchstpreis festlegen.

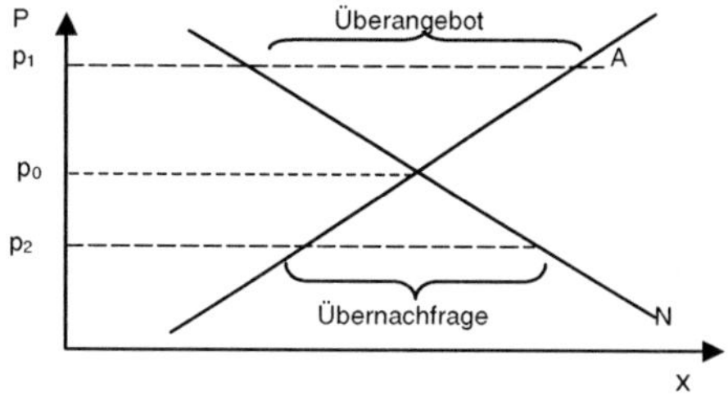

Beim Mindestpreis p_1 ergibt sich ein Überangebot, da die Kunden zu diesem überhöhten Preis weniger kaufen wollen. Ein Beispiel ist der europäische Agrarmarkt mit seinen Interventionspreisen. Der Staat bzw. die Europäischen Gemeinschaften müssen nun das Überangebot aufkaufen, einlagern (Butterberge, Milchseen usw.) und verschleudern bzw. vernichten oder zu qualitativ niederwertige Gütern verarbeiten.

Beim Höchstpreis ergibt sich eine Übernachfrage, da die Unternehmer zu diesem unter dem Marktgleichgewicht liegenden Preis zu wenig anbieten. Nun muß der Staat die knappen Güter rationieren und zuteilen. Mit diesen Maßnahmen handelt der Staat entgegen den Marktkräften, was aus sozialen Gründen hin und wieder durchaus angezeigt sein kann; langfristig wird er diese Politik nicht durchhalten können, da die zwangsläufig entstehenden Schwarzen Märkte seine Ziele zunichte machen werden.

Gleichgewichtspreis bei Nachfrage- und Angebotsänderung

Erhöhen sich Angebot und Nachfrage, dann verschieben sich die Kurven nach rechts, weil bei dieser Einstellungsänderung der Marktparteien zu jedem Preis mehr als vorher angeboten bzw. nachgefragt wird. Sinken Angebot und Nachfrage, dann verschieben sich die Kurven nach links. Die Auswirkungen auf Preis und Menge sind aus den folgenden Zeichnungen leicht zu entnehmen.

a. Veränderung des Angebots

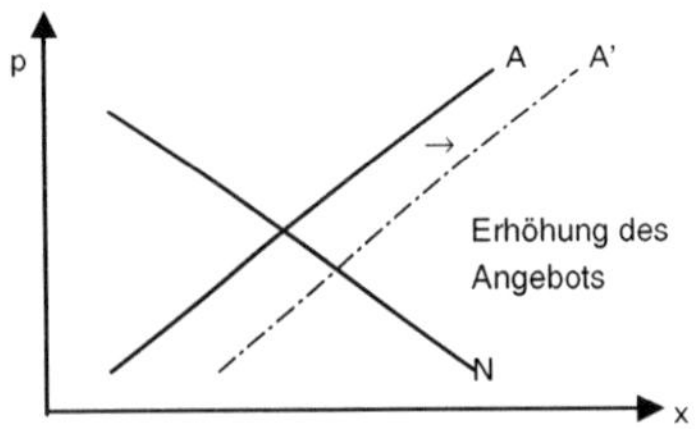

Folge: Preissenkung, Mengenerhöhung

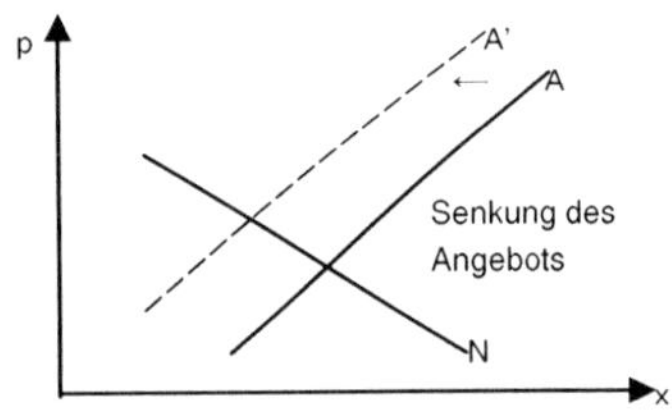

Folge: Preiserhöhung, Mengensenkung

b. Veränderung der Nachfrage

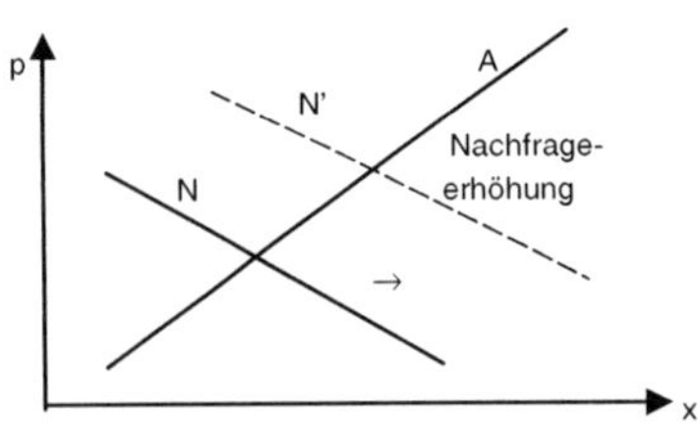

Folge: Preiserhöhung, Mengenerhöhung

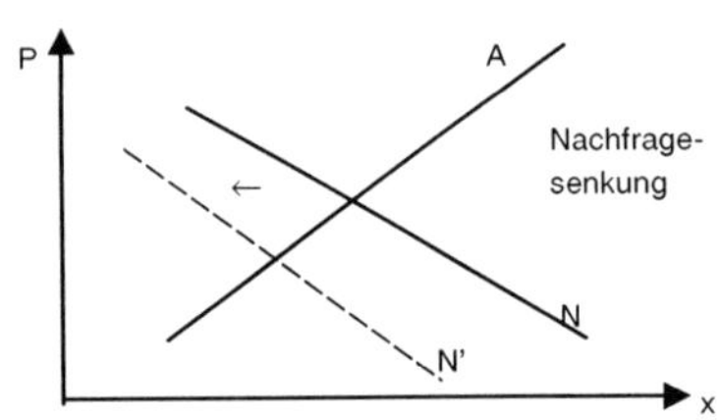

Folge: Preissenkung, Mengensenkung

c. Kombination von a. und b.

Das Gesetz von Angebot und Nachfrage

Dieses Gesetz kann von zwei Seiten betrachtet werden:

Erste Seite: Angebot und Nachfrage hängen vom Preis ab derart, daß gilt: Je höher der Preis, desto geringer ist die Nachfrage und desto höher das Angebot. Und: je geringer der Preis, desto höher ist die Nachfrage und desto geringer das Angebot.

Zweite Seite: Angebot und Nachfrage bestimmen den Preis derart, daß gilt: Steigt die Nachfrage bei gleichem Angebot, dann steigt der Preis; steigt jedoch das Angebot bei gleicher Nachfrage, dann sinkt der Preis. Andererseits: sinkt die Nachfrage bei gleichem Angebot, dann sinkt der Preis; sinkt aber das Angebot bei gleicher Nachfrage, dann steigt der Preis.

Im ersten Fall bestimmt also der Preis Angebot und Nachfrage, im zweiten Fall bestimmen Angebot und Nachfrage den Preis. Ist dies nicht ein Widerspruch?

Nein, denn im ersten Fall betrachtet man je eine einzige Kurve. Die verschiedenen Punkte auf z.B. der Nachfragekurve erfüllen tatsächlich die erste Eigenschaft. Man spricht deshalb von einer Betrachtung im Punktsinn.

Im zweiten Fall aber ist das Zusammenwirken von zwei Kurven, also der Nachfrage- und der Angebotskurve notwendig. Dann wird tatsächlich die zweite Eigenschaft sichtbar. Und beide Eigenschaften zusammen machen das Gesetz von Angebot und Nachfrage aus, ein Gesetz, das ohne Eingreifen des Staates oder einzelner anderer Akteure als quasi Mechanismus bzw. Automatismus wirkt. Nach der Idee von Adam Smith wird die Wirtschaft wie von einer unsichtbaren Hand gelenkt.

3.3. Das analytische Instrument der Elastizitäten

Im letzten Punkt haben wir gesehen, daß die Änderungen, d.h. die Verschiebungen von Angebot und Nachfrage den Preis bestimmen, aber auch die dabei umgesetzten Mengen. Wie sehr aber Preis und Menge verändert werden, hängt von der Steilheit der Kurven ab. Dies soll zunächst verdeutlicht werden bei den Überlegungen eines Unternehmers, ob es sich lohnt, den Preis zu erhöhen.

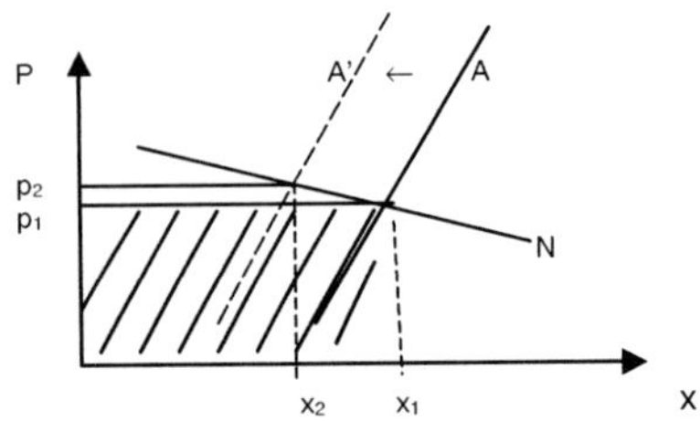

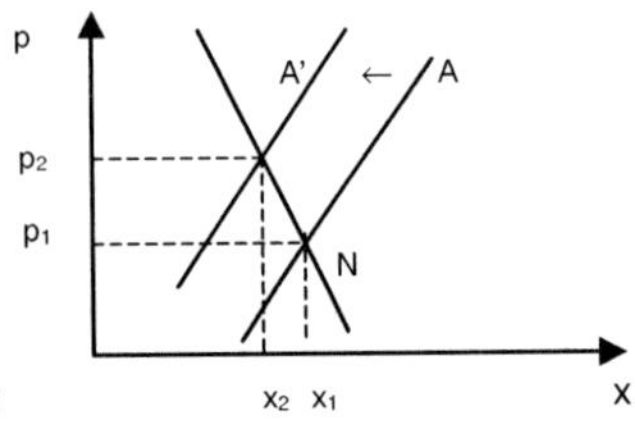

Beim linken Bild haben wir eine flache, eine „elastische“ Nachfrage, d.h. die Kunden reagieren auf eine kleine Preisänderung mit einer großen Kaufänderung; heute würde man sagen, sie reagieren sensibel auf eine Preisänderung.

In diesem Fall wird nach der geringen Preiserhöhung die verkaufte Menge gleich sehr viel kleiner. Und der Umsatz, das gestrichelte Rechteck p•x schrumpft. Bei einer flachen Nachfragekurve wird sich also der Unternehmer hüten, seinen Preis zu erhöhen.

Im rechten Bild sieht es ganz anders aus. Steigt jetzt der Preis auf p_2, dann sinkt die Menge nur um einen kleinen Betrag, und der Umsatz p•x, also das Rechteck, wird größer. Die steile Nachfragekurve, die eine geringe Preissensibilität verkörpert bzw. ein „Angewiesensein" der Käufer auf das Gut, hat dafür gesorgt, daß der Umatz des Verkäufers steigt; für ihn hat sich die Preiserhöhung also gelohnt.

Nun zur formalen Darstellung der Elastizitäten, genauer der „Preiselastizitäten der Nachfrage und des Angebots“. Es handelt sich um mathematische Brüche, bei denen die verursachende Veränderung im Nenner und die daraus folgende Veränderung im Zähler stehen.

Drei verbale Definitionen:

Die Preiselastizität der Nachfrage bzw. des Angebots ist

- die prozentuale (relative) Veränderung der nachgefragten bzw.angebotenen Menge (Bruchstrich)
  die prozentuale (relative) Veränderung des Preises

oder:

- das Ausmaß der Reaktion der Nachfrage (des Angebots) auf eine Preisänderung

oder:

- das Maß für die Steilheit bzw. Flachheit der Kurven.

Je flacher die Kurven, desto sensibler reagieren also die Kunden auf eine Preisänderung.

Nun zum einzelnen in mathematischer Form:

a. Preiselastizität der Nachfrage (Nachfrageelastizität)

$$\varepsilon = (-)\frac{\frac{dx_N}{x_N}}{\frac{dp}{p}}$$

prozentuale Änderung der Nachfrage / prozentuale Änderung des Preises

ε = gewöhnlich negativ

$|\varepsilon|$ = umso größer, je flacher die N-Kurve

oder Umformung:

$$= (-)\frac{dx_N}{dp} \cdot \frac{p}{x_N}$$

b. Preiselastizität des Angebots (Angebotselastizität)

$$\eta = (+)\frac{\frac{dx_A}{x_A}}{\frac{dp}{p}}$$

η ist gewöhnlich positiv

c. Bezeichnungen

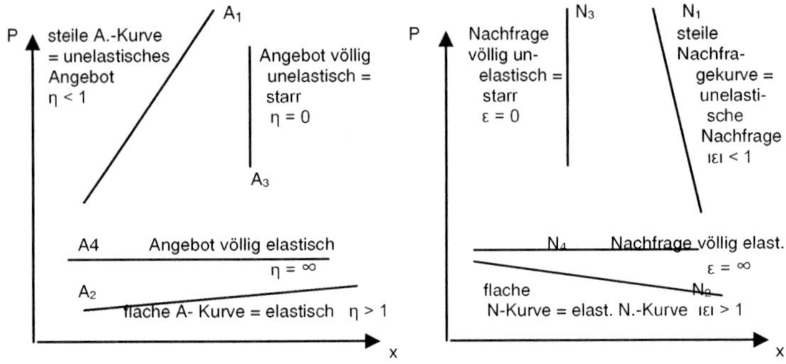

d. Die Kreuzpreiselastizität

In der Praxis stellt man fest, daß die Preisänderung eines Gutes x_2 eine Wirkung auf die Nachfrage eines anderen Gutes x_1 hat. Steigen beispielsweise die Preise für Flugreisen, dann steigt die Nachfrage für Bahnreisen. Dafür gibt es auch einen Elastizitätsbegriff:

$$\varepsilon^* = \frac{\text{prozentuale Mengenänderung des Gutes } x_1}{\text{prozentuale Preisänderung des Gutes } x_2}$$

$$\varepsilon^* = \frac{\frac{dx_1}{x_1}}{\frac{dp_2}{p_2}} \quad \text{oder} \quad = \frac{dx_1}{dp_2} \cdot \frac{p_2}{x_1}$$

Dieses Meßinstrument kann in der Marktforschung gute Dienste leisten bei der Gestaltung des Sortiments. Es dient auch zur Charakterisierung von Gütern, nämlich:

ε^* = negativ bei komplementären Gütern, d.h. solchen, die sich notwendig ergänzen. $\varepsilon^* < 0$

ε^* = positiv bei substitutiven Gütern, d.h. solchen, die man in der Nutzung gegenseitig austauschen kann. $\varepsilon^* > 0$

ε^* = 0 bei "unabhängigen" Gütern, d.h. solchen, die in keiner Beziehung zueinander stehen.

e. Die Einkommenselastizität

Als letztes Beispiel der keinesfalls vollständigen Reihe von Elastizitätsbegriffen sei noch dieser angeführt. Man fragt hier nach der prozentualen Änderung der nachgefragten Menge eines Gutes x aufgrund einer prozentualen Änderung des Haushaltseinkommens:

$$\alpha = \frac{\frac{dx_N}{x_N}}{\frac{dy}{y}}$$

Auch dieses Instrument kann zur Charakterisierung von Gütern herangezogen werden:

- $\alpha < 1$ heißt "unelastisch", $\alpha > 1$ heißt "elastisch"
- $\alpha > 0$ bei superioren Gütern, d.h. solchen, die bei steigendem Einkommen mehr nachgefragt werden.
- $\alpha < 0$ bei inferioren Gütern, d.h. solchen, die bei steigendem Einkommen weniger nachgefragt werden.

f. Ein Beispiel für die fruchtbaren Einsatzmöglichkeiten des Instruments Elastizität: Weltwirtschaftsordnung.

Wir haben gesehen: hohe Elastizität bedeutet hohe Preissensibilität bzw. geringes Angewiesensein; niedrige Elastizität bedeutet Angewiesensein bzw. Abhängigkeit von einem Gut. Entwicklungsländer sind nun gewöhnlich auf der Nachfrage- und auf der Angebotsseite abhängig von den Gütern. Beim Import, z.B. Öl, müssen sie sich den

Preis diktieren lassen, da sie auf Öl angewiesen sind. Die Nachfragekurve ist also steil. Beim Export, oft bestehend aus wenig weiterverarbeiteten Monokulturgütern, müssen sie auch anbieten, wenn der Weltmarktpreis gesunken ist, da sie auf Deviseneinnahmen angewiesen sind. Also ist auch die Angebotskurve steil.

Die Industriestaaten hingegen haben eine flache Angebots- und eine flache Nachfragekurve, da sie auf keiner Seite abhängig sind. Sie können ihre intelligenten Produkte auch in anderen Ländern verkaufen, wenn ihnen in einem Land die Preise nicht gezahlt werden, denn weltweit reißt man sich um die statusbringenden Industrieprodukte. Während die Industriestaaten auf der Nachfrageseite nicht auf die Güter des Entwicklungslandes angewiesen sind. Denn sie können auf einen Ersatzlieferanten ausweichen bzw. können aufgrund ihrer überlegenen Technologie auf Ersatzgüter umsteigen oder zu Einsparungsstrategien übergehen.

Durch diese Schere in der Abhängigkeit der Entwicklungsländer von den Industrieländern vergrößert sich der Abstand zwischen Arm und Reich.

3.4. Preisbildung beim Polypol auf dem unvollkommenen Markt

Ein Polypol heißt unvollkommen, wenn eines oder mehrere der in 3.1. aufgelisteten Merkmale der Vollkommenheit nicht erfüllt sind. Für jede der zahlreichen Varianten der Unvollkommenheit müßte die Preisbildung analysiert werden.

Wir beschränken uns hier auf den Fall, daß Anpassungsverzögerungen bei Angebot oder Nachfrage auftreten. Waren beim Polypol auf dem vollkommenen Markt die Reaktions- bzw. Anpassungsgeschwindigkeiten wegen der vollkommenen Markttransparenz und den anderen Merkmalen als unendlich schnell unterstellt worden, so treten bei dem hier untersuchten Fall von Unvollkommenheit wegen Irrtümern, Fehleinschätzungen und Entscheidungsfehlern der Marktpartner Anpassungsverzögerungen auf. Das ganze ist unter dem Namen "Cob-Web-Theorem" analysiert worden.

Die Preisbildung vollzieht sich hier also nicht unendlich schnell, sondern zeitverzögert, teilweise um Jahre, während dessen eine Marktinstabilität herrscht. Dieses Phänomen ist auch unter dem Namen “Schweinezyklus” berühmt geworden, aber es ist bei allen Gütern zu beobachten, deren Herstellung einige Jahre in Anspruch nimmt, so z.B. auch bei Kaffee.

Wenn zu Beginn des Schweinezyklus sich die Nachfrage überraschend erhöht, dann kann das Angebot nicht sofort angepaßt werden, da die Aufzucht von Schweinen drei Jahre dauert. Es steigen also die Preise, aber die Landwirte werden ermutigt, ihre Schweinezucht zu erhöhen. Während der folgenden drei Aufzuchtjahre bleibt die Nachfrage unbefriedigt und versiegt wahrscheinlich wieder. Dann aber kommt plötzlich das höhere Angebot auf den Markt und trifft auf eine geringere Nachfrage, die Preise sinken wieder und mit ihnen wieder die Produktion, woraufhin bald wieder wegen Knappheit die Preise steigen usw. usw. Die Phasen des "ungleichgewichtigen" Marktes werden fortdauern bis zu einem endgültigen Gleichgewichtspreis oder auch nicht.

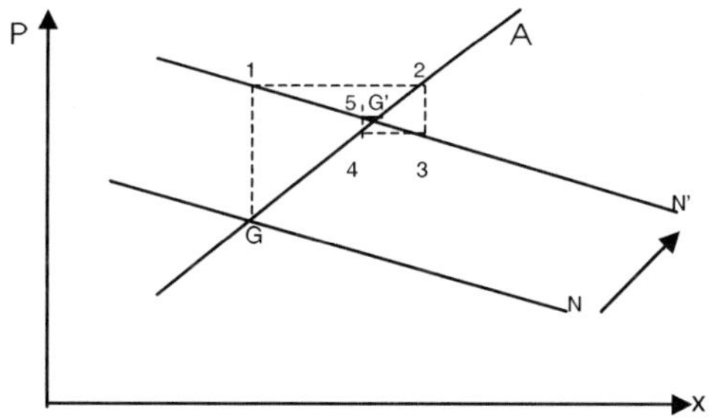

Nachfrage steigt N → N'

Angebot nicht sofort steigerbar (dauert beim Schweinezyklus 3 Jahre).

- Folge: Preis steigt auf "1" .

Nach drei Jahren: Angebot gemäß Angebotskurve beträgt Menge bei Punkt "2".

Bei diesem Preis herrscht aber Angebotsüberschuß $\overline{\text{“1” “2”}}$.

- Folge: Preisverfall auf "3".

Nach dieser Erfahrung schränken die Landwirte ihr Angebot ein gemäß Punkt "4".

Hier herrscht aber wieder Nachfrageüberschuß $\overline{\text{“3” “4”}}$.

- Folge: Preisanstieg auf "5" usw.

Schließlich wird nach mehreren Perioden der Gleichgewichtspunkt G' erreicht mit seinem Gleichgewichtspreis.

Dieses langfristige Marktgleichgewicht G´ wird im gezeichneten “stabilen” bzw. “gedämpften” Gleichgewichtsmodell bzw. stabilen Cob-web-Theorem erreicht. Die Anpassungsverzögerung ist entstanden durch die Fehleinschätzung des Nachfrageverhaltens durch die Unternehmer. Auch die Nachfrager rechneten nicht mit den Produktionsänderungen der Züchter. Erst nach Jahren des Tastens kommt es zum Gleichgewicht. Modelltechnisch funktioniert die Annäherung jedoch nur, wenn die Nachfragekurve flacher, d.h. elastischer ist als die Angebotskurve. Wenn also die Nachfrager preissensibler sind als die Anbieter.

Ist aber die Angebotskurve elastischer als die Nachfragekurve, dann sitzen die Anbieter quasi am längeren Hebel der Marktmacht, dann richtet sich die Spirale der Spinnwebe nach außen, und ein langfristiges Gleichgewicht wird nicht erreicht. Man spricht dann von einem explosiven Cob-web-Theorem.

Sind schließlich die Elastizitäten der beiden Kurven gleich, dann verlaufen die Anpassungen stets entlang einem immer gleichbleibenden Rechteck, und auch hier wird ein langfristiges Gleichgewicht nie erreicht. Man spricht von einem indifferenten Cob-web-Theorem.

3.5. Die Preisbildung beim Monopol auf dem vollkommenen Markt

Beim Monopol ist die Marktsituation eine völlig andere als beim Polypol. Waren dort Anbieter und Nachfrager zahlreich und klein und hatten als Mengenanpasser keinen Einfluß auf den Preis, so gibt es beim Monopol nur einen einzigen Anbieter eines konkurrenzlosen Gutes. Im strengsten Fall gibt es auch kein Substitut für dieses Gut, so daß die Nachfrager auf den Monopolisten angewiesen sind.

Mag es in Wirklichkeit nur wenige Monopole geben wie Post, Bahn, Elektrizität (regional), Landesverteidigung und mögen auch diese im strengen Sinne kaum richtige Monopole sein, so spielt die Monopolpreisbildung als Modell eine große Rolle, stellt sie doch den extremen Gegenpart zur Polypolpreisbildung dar, so daß die Wirklichkeit zwischen beiden Extremen zu suchen sein wird. In der Tat werden beide Modelle immer wieder vereinfachend pars pro toto herangezogen, um einerseits Marktprozesse, andrerseits ökonomische Macht zu erklären.

Der Monopolist ist also kein Mengenanpasser, er kann den Preis gestalten, um seinen Gewinn zu maximieren. Die Nachfrageseite besteht aus zahlreichen Nachfragern als Mengenanpasser.

So ganz frei ist der Monopolist allerdings auch nicht. Er muß nämlich die Gesamtnachfragefunktion befriedigen, die hier aus historischen Gründen "Preis-Absatz-Funktion" genannt wird. Diese fallende Kurve sagt aus, welche Produktmenge der Monopolist absetzen kann bei alternativen Preisen. Also kann er nur eines von beiden, Preis oder Menge, frei variieren, um seinen Gewinn zu maximieren, das andere wird ihm durch die Preis-Absatzfunktion vorgeschrieben.

Nun soll abgeleitet werden, welche die gewinnmaximale Ausbringungs- (Absatz-) menge und der gewinnmaximale Preis des Monopolisten sind. Dieses Verfahren geht auf den französischen Mathematiker Cournot (1801—1877) zurück.

		Beispiel:
(1) Preis-Absatz-Funktion	$p = f(x),\ \frac{dp}{dx} < 0.$	$p = 4 - 2x$
(2) Erlös des Monopolisten	$E = p \cdot x$	
(3) Erlösfunktion (quadratisch)	$E = f(x) \cdot x$	$E = (4 - 2x)x$ $= -2x^2 + 4x$
(4) Grenzerlösfunktion (Ableitung von (3) nach der "Produktregel")	$\frac{dE}{dx} = p + \frac{dp}{dx}x$	$E' = -4x + 4$

Dabei ist der Grenzerlös der Mehrerlös durch die zuletzt produzierte (und verkaufte) Einheit des Gutes.

Die Grenzerlösfunktion ist eine fallende Gerade, da $\frac{dp}{dx} < 0$. Sie wird Null beim Erlös-Maximum, da bei der Erlösfunktion dort die waagerechte Tangente liegt (1. Ableitung = 0).

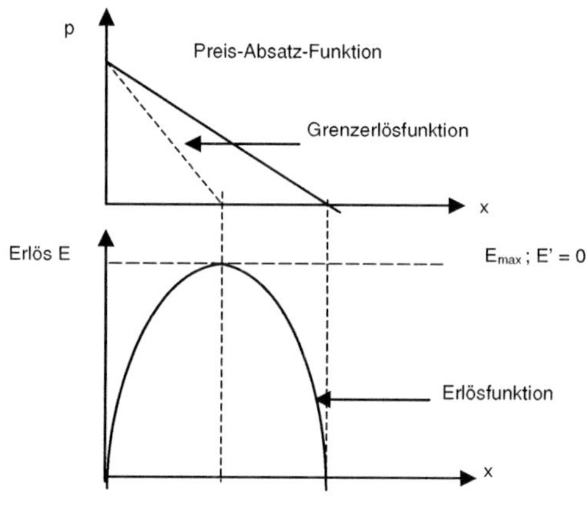

Nun zum “optimalen Produktionsplan” des Monopolisten.
(auch “Output–Regel” des Monopolisten genannt)

(1) Preis-Absatz-Funktion	$p = f(x)$	$p = 4 - 2x$
(2) Produktionsfunktion	$x = f_1(v_1, v_2)$	

wobei v_1, v_2 die Produktionsfaktor - Einsatzmengen sind.
Die Preise der Produktionsfaktoren q_1, q_2 seien konstant.

(3) Erlösfunktion	$E = f(x) \cdot x$	$E = (4 - 2x).x$ $= -2x^2 + 4x$
(4) Kostenfunktion	$K = F(x)$	$K = x^2 + 2$
(5) Gewinnfunktion (Gewinn ist Erlös minus Kosten)	$G = E - K$ $G = f(x).x - F(x)$	

Das Gewinnmaximum ist dort, wo die erste Ableitung der Gewinnfunktion Null wird.

(6) $$\frac{dG}{dx} = p + \frac{dp}{dx}x - \frac{dK}{dx} \overset{!}{=} 0$$ (vgl. (4))

oder:

$$p + \frac{dp}{dx} \cdot x = \frac{dK}{dx}$$ $K' = 2x$

Da die linke Seite der Grenzerlös ist, gilt für die gewinnmaximale Ausbringungsmenge des Monopolisten:

Grenzerlös = Grenzkosten

$-4x + 4 = 2x$

Um seinen Gewinn zu maximieren, muß der Monopolist also die Menge des Gutes produzieren (und verkaufen), bei der der Grenzerlös gleich den Grenzkosten ist.

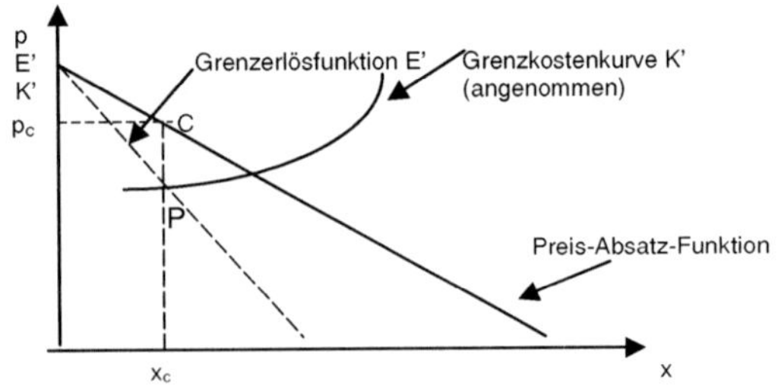

Bei P gilt: Grenzerlös = Grenzkosten.

C (über P auf der Preis-Absatz-Funktion) ist der "Cournot'sche Punkt". Seine Koordinaten p_c, x_c stellen den gewinnmaximalen Preis und die gewinnmaximale Menge dar.

3.6. Zur Preisbildung beim Oligopol

Die Oligopolpreisbildung gehört zu den schwierigsten Problemen der Preistheorie und ist trotz verdienstvoller Bemühungen von Cournot, Stackelberg und in neuerer Zeit Wilhelm Krelle keineswegs befriedigend erforscht. Sie wird deshalb in der Lehre auch nur marginal behandelt. So sollen auch hier nur einige Andeutungen genügen.

Das Oligopol, d.h. eine kleine Gruppe von mächtigen Anbietern, ist heute in der modernen Industriekultur überall anzutreffen, insbesondere, da viele Konzerne weltweit operieren. In den nationalen Volkswirtschaften tritt das Oligopol neben zahlreichen kleinen polypolistischen Betrieben auf, weshalb man auch von einer gemischten Marktform spricht.

Im Modell sieht man aber einige wenige mächtige Anbieter, die der Vielzahl von Nachfragern gegenüber stehen. Zur Durchdringung der Problematik beschränkt man sich oft sogar auf nur zwei große Anbieter, d.h. auf das Modell des Dyopol. Die typische, schwer lösbare Situation des Oligopolisten (Dyopolisten) besteht nun darin:

Da seine Mitkonkurrenz in der Lage ist, durch Senkung der Preise einen Großteil der Nachfrage auf sich zu ziehen und ihn somit zu vernichten, muß er selbst natürlich bei seinen Planungen neben den Reaktionen der Nachfrager auch die Aktionen seiner Konkurrenten berücksichtigen. Beim Polypol mußte dies der einzelne Anbieter nicht, da seine Konkurrenz nur aus kleinen Unternehmern bestand, die nur einen minimalen Teil des Marktes beschicken konnten, also relativ ungefährlich waren.

Die Oligopolisten unterliegen dagegen einem starken und gefährlichen gegenseitigen Einfluß, einer verhängnisvollen "Interdependenz-situation". So kommt es, daß sie sich gegenseitig wie Tiger umlauern, stets versuchen, die Strategie des Konkurrenten herauszubekommen, dabei aber die eigenen Absichten zu verschleiern und zu bluffen versuchen. Möglich ist natürlich auch, daß beide den Kampf meiden, indem sie sich bei der Preisbildung absprechen. Dies führt natürlich zum Kartell bzw. Monopol, was wiederum für den Wettbewerbsmarkt gefährlich ist.

Mathematisch stellt sich das Problem des Oligipol, hier am verkürzten Beispiel des Dyopol, folgendermaßen dar:

Gesamte Nachfragefunktion, wobei x_1 und x_2 die Absatzmengen beider Dyopolisten seien: $p = f(x_1 + x_2)$

Der Gewinn des ersten Oligopolisten ist dann: $G_1 = f(x_1 + x_2) \,.\, x_1 - K_1(x_1)$

Dabei ist K die Kostenfunktion des ersten Dyopolisten

Oder allgemein: $G_1 = G_1(x_1, x_2)$

Der Gewinn eines Dyopolisten (Oligopolisten) hängt also von der eigenen Absatzmenge, aber auch von der Absatzmenge des Konkurrenten ab.

Sein Gewinnmaximum liegt da, wo die erste Ableitung der Gewinnfunktion Null wird:

$$\frac{dG_1}{dx_1} = \frac{\delta G_1}{\delta x_1} + \frac{\delta G_1}{\delta x_2} \cdot \frac{dx_2}{dx_1} - \frac{dK_1}{dx_1} = 0$$

$\frac{dx_2}{dx_1}$ spielt beim Gewinn des ersten Dyopolisten eine verhängnisvolle Rolle und wird „Reaktionskoeffizient" genannt.

Er mißt die Mengenreaktion des zweiten Dyopolisten auf eine Mengenänderung des ersten. Und diese Reaktion ist dem ersten und wechselseitig dem zweiten nicht bekannt. Deshalb ist das Gewinnmaximierungsproblem auch theoretisch nicht lösbar, es sei denn, man kann eine plausible Reaktionshypothese bzw. Reaktionsfunktion gewinnen, die Aussagen über den Reaktionskoeffizienten erlaubt. Dies ist aber wie beim Poker bzw. wie an der Börse. A.Ott nennt dies auch das „Kernproblem der Oligopolpreistheorie".

Zusammenfassend kann man also festhalten: Die Gewinne der Oligopolisten hängen von den Aktionen und Reaktionen der Konkurrenten ab, die prinzipiell unbekannt bzw. durch ein Pokerspiel verschleiert werden. Es handelt sich um eine labile, gefährliche Marktsituation.

Es gibt nun mehrere Möglichkeiten. Es kann zum Preiskampf kommen. Die Oligopolisten unterbieten sich gegenseitig, um die Masse der Nachfrager an sich zu ziehen. Der bleibt übrig, der noch am besten seine Kosten decken kann bzw. die größere finanzielle Rücklage hat. Dies wird auch ruinöser Wettbewerb genannt.

Oder es kommt zur Preisstarrheit: alle halten den Preis aus Angst vor dem Gegner auf etwa der gleichen Höhe. In einem kleinen Bereich sind zwar Preisspielräume möglich, die können aber nicht überschritten werden, da dann der offene Krieg ausbricht.

Es kann auch zu einer „Preisführerschaft" kommen: Der stärkste Oligopolist gibt den Preis vor, die anderen passen sich um des Friedens willen an.

Schließlich gibt es noch die Abstimmung der Oligopolisten in einem Kartell, wie oben schon erwähnt. Man setzt den gemeinsamen Preis derart fest, daß der Gesamtgewinn maximiert wird, und hat es dann praktisch mit einer Monopolpreisbildung zu tun. Dies ist nach dem Gesetz gegen Wettbewerbsbeschränkung aber verboten, da dadurch Konkurrenz als Grundprinzip der Marktwirtschaft ausgeschaltet wird. Wer kann aber mündliche Absprachen beweisen?

4. Kreislauftheorie

4.1. Zur Idee des Kreislaufs

Wenn wir unser Leben betrachten, werden wir feststellen, daß wir täglich und das ganze Jahr über viele, wenn nicht gar die meisten Dinge regelmäßig wiederholen. Wir stehen morgens auf, gehen unter die Dusche, frühstücken, setzen uns an den Schreibtisch, eilen abends in die Geschäfte und sinken nach einem oft mit den gleichen Gewohnheiten ausgefüllten Feierabend müde ins Bett usw. usw.

Solche Wiederholvorgänge fallen einem besonders bei wirtschaftlichen Tätigkeiten auf: Materialbeschaffung, Produktion und Verkauf, regelmäßige Geldeingänge und regelmäßige Zahlpflichten wie Miete, Steuern, Versicherungsbeiträge. Alles fließt, alles kommt irgendwann zum Ausgangspunkt zurück.

Schon bei den alten griechischen Philosophen Platon und Aristoteles kann man solche ökonomischen Gedankengänge ausmachen. Als einer der Gründer der neuzeitlichen Volkswirtschaftslehre, oder wie man früher sagte: Nationalökonomie, gilt aber der Arzt am französischen Königshof Francois Quesnay. Und er gilt als Vater der Kreislauftheorie. Das ist die Theorie, die sich der Analyse solcher erwähnten ökonomischen Wiederholvorgänge annimmt.

Francois Quesnay (1694 – 1774) stellte die Ähnlichkeit zwischen dem erst kurz zuvor entdeckten Blutkreislauf und dem Kreislauf des Geldes fest und entwarf in seinem Buch „Tableau économique" einen Kreislauf der französischen Volkswirtschaft. Er teilte die Gesellschaft in die drei Sektoren: Grundeigentümer, Landwirte und Manufakturen und stellte grafisch die zwischen diesen Sektoren fließenden Geld- und Güterströme dar, die sich tatsächlich auf kreislaufähnlichen Bahnen bewegten.

Die Kreislauftheorie ist später von vielen namhaften Wirtschaftswissenschaftlern, so auch von Marx, weiterentwickelt worden und stellt heute einen wesentlichen Baustein der Volkswirtschaftslehre dar. Auch das betriebliche und auch das volkswirtschaftliche Rechnungswesen mit dem Prinzip der doppelten Buchführung gehen weitgehend auf die bahnbrechende Kreislaufidee zurück. Heute werden Kreisläufe grafisch oder mathematisch, tabellarisch oder in Kontenform dargestellt. Alle diese Darstellungsformen sollen aber zeigen, daß sich Geld und Güter in einer Wirtschaft in „kreisförmigen Bahnen“ bewegen.

4.2. Das einfache geschlossene Kreislaufmodell

Kreislaufströme fließen zwischen gedachten Sektoren bzw. Polen. Das sind zusammengefaßte Gruppen gleichartiger Wirtschaftssubjekte. In der Gesamtwirtschaft sind das sog. Makrogruppen, d.h. die jeweils gleichartigen Wirtschaftssubjekte der gesamten Wirtschaft werden zu einem Sektor zusammengefaßt. Das Kreislaufmodell, also ein bestimmtes vereinfachtes Bild der Wirklichkeit, besteht aus den definierten Sektoren und den zwischen ihnen fließenden Geld- und Güterströmen.

Beim einfachen geschlossenen Kreislaufmodell wird von Beziehungen zum Ausland abgesehen, deshalb: geschlossenes Modell. Und hier werden nur zwei Sektoren definiert: der Sektor Haushalte und der Sektor Unternehmungen.

Dem Sektor Haushalte werden folgende Funktionen bzw. Ströme zugesprochen, die man im Modell darstellen will: Er stellt die ihm gehörenden Produktionsfaktoren Arbeit, Boden und Kapital dem Sektor Unternehmen zur Nutzung zur Verfügung. Das ist ein Güterstrom. Außerdem kauft dieser Sektor vom Sektor Unternehmen Güter und Dienstleistungen. Das ist ein Geldstrom.

Der Sektor Unternehmungen andrerseits produziert Güter und Dienstleistungen, indem er die angelieferten Produktionsfaktoren kombiniert. Dafür gibt er im Gegenzug Einkommen an die Haushalte. Das ist ein Geldstrom. Schließlich verkauft der Sektor Unternehmen die produzierten Güter und Dienste an den Sektor Haushalte. Und dies ist wiederum ein Güterstrom.

Somit haben wir zwei geschlossene Kreisläufe, die entgegengesetzt zueinander fließen: einen Güter- und einen Geldkreislauf, wie man leicht grafisch darstellen kann:

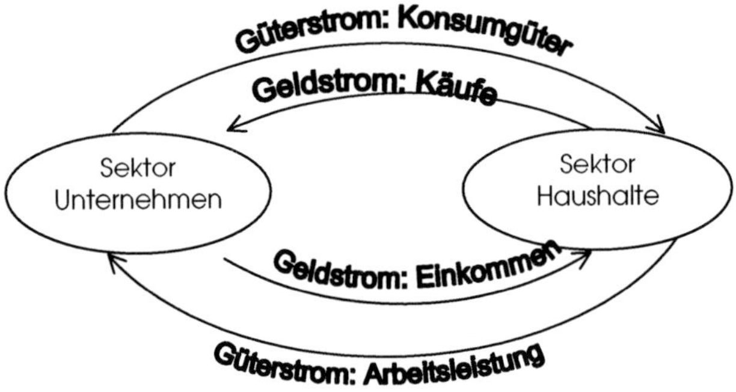

4.3. Das erweiterte offene Kreislaufmodell

Um der komplexen wirtschaftlichen Wirklichkeit näherzukommen, kann man immer verfeinertere und komplexere Kreislaufmodelle konstruieren. So können vor allem neue Sektoren definiert werden, so vernünftigerweise die Sektoren Staat, Banken und Ausland.

Wir nehmen modellhaft an, diese Sektoren hätten folgende Eigenschaften, von den möglichen anderen Funktionen wird im Modell abgesehen: Der Sektor Staat tritt einmal wie jeder andere auf Märkten auf. Aus dem Faktormarkt bezieht er Arbeitskräfte, Kapital und Grundstücke, also Produktionsfaktoren. Auf dem Gütermarkt kauft er Materialien für seine Büros, Sicherheitseinrichtungen und Infrastrukturen.

Andererseits führt er aber auch besondere Transaktionen durch, die nicht auf Märkten abgewickelt werden. Er erhebt Steuern, er zahlt Subventionen an notleidende Betriebe in Industrie und Landwirtschaft, er zahlt im Rahmen des sozialen Netzes an Bedürftige bzw. Anspruchsberechtigte (Transferzahlungen).

Nun zum Sektor Banken. Er tritt ebenfalls auf Märkten auf. Auf dem Faktormarkt, wenn er Arbeitskräfte, Kapital und Boden bezieht; auf dem Gütermarkt, wenn er Material für seine Büros benötigt; auf dem Dienstleistungsmarkt, wenn er berät und Konten führt, Zahlungsverkehr abwickelt oder mit Wertpapieren und Devisen handelt; schließlich auf dem Geld- und Kapitalmarkt.

Eine Besonderheit des Bankensektors stellt die Deutsche Bundesbank, d.h. die Zentralbank bzw. Notenbank dar. Sie versorgt den Kreislauf und die gesamte Wirtschaft mit dem notwendigen Geld. Man könnte sie mit dem Herz des Blutkreislaufs vergleichen, oder mit einer Pumpe. Später werden wir uns mit der wohl wichtigsten Aufgabe der Zentralbank beschäftigen: für die Stabilität des Geldwerts zu sorgen. In manchen Modellen wird die Zentralbank auch als eigenständiger Sektor gezeichnet, das hängt davon ab, welche Phänomene man gezielt darstellen möchte.

Schließlich noch zum neueingeführten Sektor Ausland. Hier werden alle Transaktionen mit dem Ausland zusammengefaßt, nämlich alle Importe und Exporte. Insofern könnte man diesen Sektor mit der Zahlungsbilanz in Verbindung bringen. Selbstverständlich werden hier auch die Dienstleistungen und die Spar- und Kreditströme mit dem Ausland grafisch dargestellt. Den realen Güterströmen fließen auch hier die Geldströme entgegen. Der Saldo zwischen den Export- und Importströmen ist der Handelsbilanzüberschuß oder das -defizit.

Nun haben wir die Sektoren definiert und die zwischen ihnen fließenden Ströme beschrieben. Somit können wir den Kreislauf darstellen, indem wir zusätzlich die zwischen den Sektoren stehenden Märkte bezeichnen. Wieder fließen den realen Strömen die Geldströme entgegen.

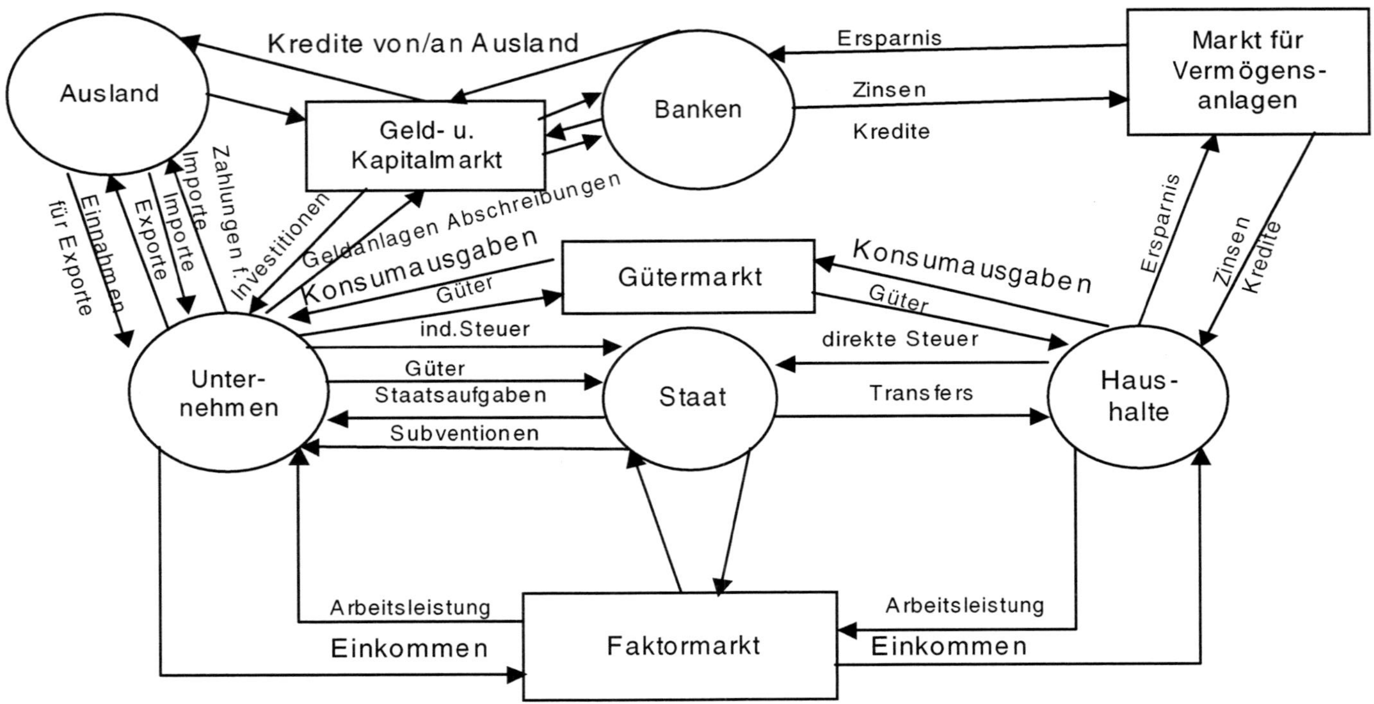

Ausland
Kredite von/an Ausland
Geld- u. Kapitalmarkt
Banken
Ersparnis
Zinsen
Kredite
Markt für Vermögens-anlagen
Einnahmen für Exporte
Exporte
Importe
Zahlungen f. Importe
Investitionen
Geldanlagen Abschreibungen
Konsumausgaben
Güter
Gütermarkt
ind.Steuer
Unter-nehmen
Güter
Staatsaufgaben
Subventionen
Staat
direkte Steuer
Transfers
Haus-halte
Arbeitsleistung
Einkommen
Faktormarkt

4.4. Ableitung von Gleichungen aus dem Kreislauf

Die ausführliche Darstellung von Kreisläufen dient der Veranschaulichung und Verdeutlichung wirtschaftlicher Zusammenhänge. Nun können, wie wir wissen, Kreisläufe auch in mathematischen Gleichungen beschrieben werden, bzw. es können aus Kreisläufen mathematische Zusammenhänge abgeleitet werden. Damit bewegt man sich von der anschaulichen Darstellung weg zur abstrakten mathematischen Symbolik. Dabei begnügt man sich damit, die puren Geldströme zu erfassen, läßt also die realen Güterströme und auch etwaige Darstellungen von Märkten weg.

So erhält man einen geschlossenen Geldkreislauf mit den Sektoren Unternehmen, Haushalte und Banken, wobei man das Sparen nur den Haushalten, das Investieren nur den Unternehmen zuordnet. Man sieht daran, und das muß immer wieder betont werden, den Modellcharakter solcher Kreislaufbilder.

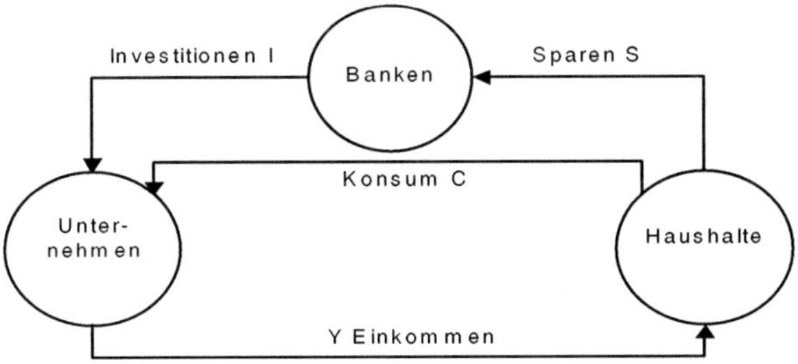

Nun wird es Zeit, etwas zum Wörtchen „geschlossen" bei Kreislaufdarstellungen zu sagen. Wir haben es schon kennen gelernt in der Bedeutung: Vom Ausland wird abgesehen, die eigene Volkswirtschaft ist wie von Mauern umschlossen. Nun hat das Wörtchen aber eine Doppelgesichtigkeit. Es meint auch: die Ströme fließen vollständig im Kreis herum, es geht nichts unterwegs verloren. Das bedeutet aber für jeden Sektor: alles was hereinfließt, muß wieder hinausfließen. Oder: die Summe der hereinfließenden Ströme ist bei jedem Sektor gleich der Summe der hinausfließenden Ströme. Diese Regel wird auch als „Kreislaufaxiom“ bezeichnet und kann mathematisch günstig eingesetzt werden.

So kann man aus obigem Kreislaufmodell sofort herauslesen, daß gelten muß:

Ersparnis ist gleich Investition

$$S = I$$

Man kann den Sachverhalt auch beim Sektor Unternehmen betrachten, dann heißt es:

$$Y = C + I$$

oder beim Sektor Haushalte, dann heißt es nach dem Kreislaufaxiom entsprechend:

$$Y = C + S$$

Die Haushalte verwenden ihr Einkommen logischerweise für Konsumausgaben und den Rest für Ersparnisse. Der Sektor Banken nimmt die Sparbeträge auf und gibt sie nach diesem einfachen Modell den Unternehmen weiter für Investitionen, in Form von Krediten. Und wenn man die rechte Seite der beiden Gleichungen gleich setzt, dann kommt wieder die erste Gleichung heraus:

$$S = I$$

Für eine geschlossene Volkswirtschaft gilt also der berühmte Satz: ex-post, d.h. im nachhinein, beträgt die Investition die gleiche Höhe wie die Ersparnis. Ex-post bedeutet hier: selbst wenn die geplante Höhe der Investitionen aller Unternehmen nicht mit der geplanten Höhe der Ersparnisse aller Bürger übereinstimmt, dann sorgen Marktprozesse im Verlaufe des Jahres, teils über Inflationsprozesse, dafür, daß nach Ablauf des Jahres die Gesamtsummen der Ströme sich wieder eingependelt haben. Das erzwingt die Logik des Kreislaufs, der geschlossen ist.

Wenn wir nun den eben behandelten Geldkreislauf im Zuge einer größeren Wirklichkeitsnähe um die Sektoren Ausland und Staat erweitern, dann können wir weitere mathematische Erkenntnisse gewinnen. Wir haben dann einen offenen Fünf-Sektoren-Kreislauf, der zwar zum Ausland „geöffnet" ist, aber selbstverständlich immer noch dem Kreislaufaxiom entspricht, in diesem Sinne also geschlossen ist.

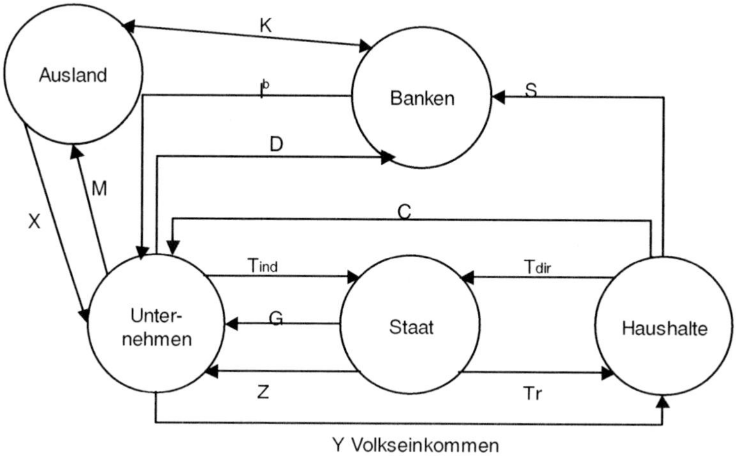

Wie man sieht, entspricht dieser Kreislauf dem in Punkt 4.3., nur daß hier eben die realen Ströme und die Märkte weggelassen sind. Die einzelnen Symbole bedeuten:

T_{dir}	direkte Steuern, d.h. das Wirtschaftssubjekt zahlt die Steuern direkt an den Staat, z.B. Einkommenssteuer.
T_{ind}	indirekte Steuern, d.h. der Konsument zahlt die Steuern über den Preis, der Unternehmer führt sie an den Staat ab, z.B. Mehrwertsteuer.
Tr	Transferzahlungen des Staates an die Bürger gemäß dem „sozialen Netz".
Z	Subventionen des Staates an Wirtschaftsunternehmen
G	Käufe des Staates von den Unternehmen
X	Einnahmen des Inlands für Exporte
M	Zahlungen des Inlands für Importe
I^b	Investitionen (brutto)
D	Abschreibungen
K	Kredite an das Ausland bzw. vom Ausland.

Nun zur wichtigsten Gleichung, die wir aus der Kreislaufanalyse ableiten können, der Volkseinkommens- bzw. Sozialproduktgleichung:

Wir betrachten den Sektor Unternehmen und können nach dem Kreislaufaxiom (die Summe der einfließenden Ströme gleich der Summe der ausfließenden Ströme) folgendes ansetzen:

$$X + Z + G + C + I^b = M + Y + T_{ind} + D$$

Wir bringen das, was uns interessiert, auf die linke Seite und erhalten:

$$Y = C + I^n + G - T_{ind} + Z + (X - M)$$

Dies ist das Volkseinkommen oder das „Nettosozialprodukt zu Faktorkosten“. Bei den Investitionen haben wir die Abschreibungen bereits abgezogen, es handelt sich in der Formel also um die gesamtwirtschaftliche Nettoinvestition.

Der Ausdruck „Nettosozialprodukt zu Faktorkosten“ wird im nächsten Kapitel näher erläutert. Prinzipiell meint Volkseinkommen und Sozialprodukt wertmäßig den gleichen Betrag, weswegen beide Begriffe auch ausgetauscht werden können. Denn es handelt sich um die Summe aller Güter und Dienstleistungen, die in einem Jahr von der Volkswirtschaft hergestellt worden sind und einen Marktpreis erhalten haben. Wie schon erwähnt, werden nur solche Güter überhaupt ökonomisch gezählt, nicht etwa die unbezahlte Hausarbeit oder die Nachbarschaftshilfe. Weil alle die produzierten Güter nun einen Marktpreis haben, der letztendlich irgendjemandem als Einkommen zufließt, muß in der Gesamtsumme das Sozialprodukt genau dem Volkseinkommen entsprechen. Deshalb werden die beiden Begriffe oft synonym benutzt, wenn sie es der Sache nach auch nicht sind: das Sozialprodukt ist die Menge an hergestellten Gütern, das Volkseinkommen der entsprechende Geldwert.

Die in der Formel vorkommenden indirekten Steuern und Subventionen tauchen ebenfalls im nächsten Kapitel wieder auf. Hier nur soviel: Die Subventionen als vom Staat an die Unternehmen gezahlten Gelder erhöhen das Einkommen, während die indirekten Steuern von den Unternehmen an den Staat abgeführt werden und also nicht als Einkommen zur Verfügung stehen.

Die Kreislaufanalyse soll nicht abgeschlossen werden, ohne noch einmal nach ihrem Sinn und Zweck zu fragen.

Zunächst machen Kreislaufdarstellungen die komplizierte Vielfalt der volkswirtschaftlichen Prozesse übersichtlicher und damit verstehbarer. Oder: die Komplexität der wirtschaftlichen Realität wird reduziert auf ein einfaches, übersichtliches, der Analyse zugängliches Modell.

Um einfache Fragen zu beantworten, genügt ein einfaches Modell wie etwa das in 4.2. gezeigte. Wer aber komplizierteren Fragen nachgehen will, der ist versucht, durch eine weitere Aufspaltung der Sektoren das Modell immer mehr der Realität anzunähern. So kann der Unternehmersektor zerlegt werden in die Sektoren Investitionsgüterindustrie,

Konsumgüterindustrie, Dienstleistungsunternehmen, Versicherungsunternehmen usw.

So kann man immer mehr Ströme einzeichnen und Verflechtungen zwischen Sektoren zeigen, bis man schließlich die Wirtschaft 1:1 abgebildet, dafür aber den Vorteil der Übersichtlichkeit wieder aufgegeben hat. Es gibt also eine Grenze, ab der eine Kreislaufdarstellung keinen Sinn mehr macht. Diese ist sicher da erreicht, wenn man sich mühsam durch hochkomplizierte Darstellungen durchkämpfen muß, wie es bei manchen Lehrbüchern leider der Fall ist. Dann ist es sicher besser, die anderen Darstellungsmöglichkeiten zu wählen, die wir schon erwähnt haben: mathematische, tabellarische, kontenmäßige.

Geschickt dargestellte Kreisläufe sind aber bestens geeignet, die Zusammenhänge einer modernen, hocharbeitsteiligen, produktionstechnisch hochentwickelten Volkswirtschaft begreifbar und verstehbar zu machen.

Dann kann die zielgerichtete Analyse der Volkswirtschaft beginnen: Zwischen welchen Sektoren fließen die wichtigsten Ströme? Wie haben sich die Ströme im Zeitablauf der Jahre verändert? Hat sich die Struktur der Wirtschaft, also die Bedeutung der einzelnen Branchen verändert? Wohin geht die Entwicklung, muß man rechtzeitig Vorsorge treffen? Bestehen Ungleichgewichte, Schwachstellen, Risiken wegen zu einseitigen Abhängigkeiten? Ist der Strom der Investitionen zu schwach, um ein angestrebtes Wachstum zu garantieren? usw. usw.

Indem man also ex-post, im nachhinein, Daten über das abgelaufene Jahr erhält und diese Daten mit den früheren Daten und den angestrebten Zielen vergleicht, erhält die Wirtschaftspolitik Rüstzeug für weitere Planungen und notwendige Entscheidungen. Aber nicht nur die Wirtschaftspolitik, sondern auch die Unternehmungen, also alle, die in einer freiheitlichen Wirtschaft Entscheidungen fällen dürfen oder müssen.

5. Sozialproduktanalyse

Im vierten Kapitel haben wir die Kreislaufanalyse behandelt. Wird nun ein ausführlicher gesamtwirtschaftlicher Kreislauf mit den konkreten Zahlen eines Jahres „gefüllt", dann kann man daraus die Volkswirtschaftliche Gesamtrechnung entwickeln. Diese wollen wir in einem eigenen Kapitel behandeln. Jetzt soll aber zunächst das Sozialprodukt berechnet werden. Wird nämlich die in Punkt 4.4. abgeleitete Einkommensgleichung

$$Y = C + I^n + G - T_{ind} + Z + (X - M)$$

mit empirischen, statistischen Zahlen gefüllt, dann erhält man das Volkseinkommen, das, wie wir wissen, in Geldeinheiten gemessen, identisch mit dem Sozialprodukt ist. Das Volkseinkommen bzw. das Sozialprodukt ist eine der wichtigsten volkswirtschaftlichen Meßgrößen überhaupt, sagt es doch entscheidendes über die Leistungskraft bzw. die Veränderung der Leistungskraft einer Volkswirtschaft aus.

5.1. Definition und Formeln

Wir haben es im Kapitel "Grundbegriffe" schon gehört: das Sozialprodukt bzw. das Volkseinkommen ist die Summe aller in einem Jahr von einer Volkswirtschaft produzierten Güter und Dienstleistungen.

Da gibt es zunächst die Unterscheidung von Inlandsprodukt und Inländerprodukt.

Das Inländerprodukt (Sozialprodukt) ist die Summe aller im Jahr von den Inländern produzierten Güter und Dienstleistungen, egal ob diese Güter und DL. im Inland oder sonstwo auf der Welt erzeugt worden sind. Mit diesem Begriff hat man bisher meistens gearbeitet.

Seit einiger Zeit argumentiert man mehr mit dem zweiten Begriff, dem Inlandsprodukt: Es ist die Summe aller im Jahr innerhalb der Grenzen eines Landes produzierten Güter und Dienstleistungen, ob sie nun von Inländern oder Ausländern hergestellt worden sind.

Zwischen dem Inländerprodukt und dem Inlandsprodukt besteht also ein einfacher Zusammenhang:

Das Inländerprodukt, das man bisher immer als das eigentliche Sozialprodukt bezeichnet hat, ist so groß wie das Inlandsprodukt minus die von Ausländern im Inland verdienten und in ihr Heimatland transferierten Einkommen plus die von Inländern im Ausland verdienten und ins Inland transferierten Einkommen. Diese über die Grenzen geschickten Einkommen werden in der Zahlungsbilanz besonders erfasst (Bilanz der Erwerbs- und Vermögenseinkommen).

Es gibt nun eine Reihe von Sozialproduktbegriffen, die prinzipiell vom Inländerprodukt hergeleitet sind. Diese Begriffe werden durch Formeln dargestellt. Die wichtigsten sind:

Bruttosozialprodukt zu Marktpreisen

$$Y_m^b = C_H + C_{St} + I^b + (X - M)$$

Das Bruttosozialprodukt zu Marktpreisen setzt sich zusammen aus dem Konsum aller Haushalte plus dem Konsum des Staates (Staatsausgaben) plus der Bruttoinvestition plus dem Außenbeitrag (X - M), d.h. dem Saldo zwischen Export und Import. Zu Marktpreisen bedeutet, daß diese Summe an Gütern und Dienstleistungen zu Marktpreisen bewertet, d.h. bezahlt worden ist.

Wenn man vom Bruttosozialprodukt zu Marktpreisen die Abschreibungen in der gesamten Wirtschaft abzieht, dann erhält man das

Nettosozialprodukt zu Marktpreisen

$$Y_m^n = Y_m^b - D \quad = C_H + C_{St} + I^n + (X - M)$$

Zieht man vom Nettosozialprodukt zu Marktpreisen die gesamten indirekten Steuern ab und addiert die Subventionen, die der Staat an die Unternehmen zahlt, dann erhält man das

Nettosozialprodukt zu Faktorkosten

$$Y_f^n = Y_m^n - T_{ind} + Z \quad = L + G$$

Genaugenommen kann nur dieser Begriff als Volkseinkommen bezeichnet werden, da bei den beiden oberen Begriffen in den jeweiligen Marktpreisen ja noch die abzuführenden Steuern enthalten, andrerseits aber die Zahlungen des Staates an die Unternehmen nicht berücksichtigt sind.

Dieses Nettosozialprodukt zu Faktorkosten ist mengenmäßig gleich der Summe aller Löhne bzw. Gehälter und aller Gewinne (G) der Volkswirtschaft, denn es ist ja identisch mit dem Volkseinkommen. Deswegen sagt man auch: das Volkseinkommen bzw. das Nettosozialprodukt zu Faktorkosten stellt eine "primäre Einkommensverteilung" dar, nämlich eine Verteilung des Sozialprodukts auf die Produktionsfaktoren. Oder: die Verteilung des Sozialprodukts entsprechend der Mitwirkung der Produktionsfaktoren an seiner Erarbeitung. Mit Produktionsfaktoren meint man hier, nicht ganz korrekt, die Unternehmer und die abhängig Beschäftigten.

Nun gibt es noch zwei weitere wichtige Sozialproduktbegriffe, einmal das

Persönliche Einkommen. Es soll ohne die Einführung weiterer Symbole kurz verbal erläutert werden. Zieht man vom Volkseinkommen bzw. Nettosozialprodukt zu Faktorkosten noch die unverteilten, d.h. die aus Unternehmensstrategie im Betrieb verbleibenden Gewinne und die Arbeitgeberbeiträge zur Sozialversicherung und die Unternehmersteuern, d.h. vor allem die Körperschafts- und Gewerbesteuern ab und addiert die Transfereinkommen, d.h. die Gelder, die die Bürger aus dem sozialen Netz erhalten, hinzu, dann erhält man dieses Persönliche Einkommen, da über diesen "Kuchen" schließlich die Personen verfügen können. Wohlgemerkt handelt es sich auch hier um das Gesamteinkommen aller Personen einer Volkswirtschaft.

Ganz zum Schluß sei noch das persönlich verfügbare Einkommen aufgeführt. Es ergibt sich, wenn man vom Persönlichen Einkommen noch die Beträge abzieht, die die Personen an den Staat direkt abführen müssen: die direkten Steuern, vor allem die Einkommenssteuern, und außerdem die Arbeitnehmerbeiträge zur Sozialversicherung. Dieses persönlich verfügbare Einkommen ist endlich der Gesamtkuchen, den die Bürger für ihre Zwecke ausgeben können.

Zum Abschluß des Punktes 5.1. noch einige Bemerkungen. Wir haben schon gehört, daß das Sozialprodukt bzw. das Volkseinkommen eine der wichtigsten und aussagekräftigsten Größen des volkswirtschaftlichen Rechnungswesens darstellt, erlaubt diese Größe doch einen Rückschluß auf die ökonomische Leistungskraft einer Volkswirtschaft. Mit ihr kann man weltweit die Volkswirtschaften vergleichen. Mit ihr kann man, bei Betrachtung über mehrere Jahre die zeitliche Entwicklung, also das Wachstum oder ggf. den Abschwung einer Volkswirtschaft beobachten. Besonders aussagefähig ist auch die Berechnung des Sozialprodukts pro Kopf der Bevölkerung.

Allerdings muß man bei Betrachtung dieser Größe auch Vorsicht und Kritik walten lassen. Zum einen sind viele produktiven Leistungen in der Sozialproduktrechnung überhaupt nicht erfaßt, da für sie kein Entgelt gezahlt wird: Hausfrauenarbeit, Do itYourself, Nachbarschaftshilfe, Studienleistungen, schon gar nicht die Schwarzarbeit. Dies hat auch zur Folge, daß die ganze Selbstversorgung der zum großen Teil bäuerlichen Bevölkerung in den Entwicklungsländern rechnerisch nicht erscheint, so daß die ohnehin vorhandene Armutssituation in diesen Ländern sogar noch erheblich überzeichnet wird. So ist es zu erklären, daß für diese Länder manchmal statistisch jährliche Pro-Kopf-Einkommen von wenigen hundert Mark gemessen werden.

Dazu gehört auch das Phänomen, daß allein schon eine wachsende Arbeitsteilung das Sozialprodukt steigen läßt. Überträgt man nämlich Arbeiten, die man bisher selbst gemacht hat, z.B. die Bearbeitung seiner Steuersachen, einem Steuerberater, dann wächst das Sozialprodukt um das Einkommen des Steuerberaters, obwohl der wahrscheinlich weniger Zeit investiert hat als man selbst.

Zum zweiten wird seit den 60er Jahren die Aussagefähigkeit des Sozialprodukts überhaupt kritisiert mit dem Argument, diese rechnerische Größe sage über den wahren Wohlstand einer Volkswirtschaft wenig aus. Vielmehr müßten viele andere Größen berücksichtigt werden wie Qualität der Umwelt, Arbeitszufriedenheit, Verteilungsgerechtigkeit, Einhaltung der demokratischen Grundwerte u.a. Diese Diskussion hat dann dazu geführt, an Stelle des Sozialprodukts oder ergänzend sog. “soziale Indikatoren” einzuführen. Allerdings entstand nun das Problem, daß diese Größen nur schwer meßbar sind, so daß man endlich beim guten alten Sozialprodukt geblieben ist.

Ähnlich verhält es sich mit der sog. “Wachstumsdiskussion”, die darin gipfelte, vom Wachstumsziel im Sinne einer Schonung von Umwelt und Rohstoffen abzugehen. Auch um diese Forderung ist es angesichts hoher Arbeitslosigkeit und ohnehin geringer Wachstumsraten immer stiller geworden.

Schließlich sei noch auf das Problem Inflation bei der Wachstumsmessung hingewiesen. Man spricht von “nominalem Sozialprodukt”, wenn man es zu herrschenden Marktpreisen berechnet. Bei erheblichen Preissteigerungen empfiehlt es sich aber, die Inflation herauszurechnen, d.h. abzuziehen. Man spricht dann von “realem Sozialprodukt” bzw. “Sozialprodukt zu konstanten Preisen”.

5.2. Zur Berechnung des Sozialprodukts

Man kann sich vorstellen, daß zur Berechnung des Sozialprodukts ungeheure Datenmengen verarbeitet werden müssen. Unter Federführung des Statistischen Bundesamtes greift man dazu auf Daten zurück, die aus verwaltungs- und steuerrechtlichen Gründen ohnehin erhoben werden. Darüberhinaus sind aber Wirtschaft und Verbände zur Lieferung zahlreicher weiterer Daten verpflichtet. Und trotz der modernen elektronischen Datenverarbeitung gibt es natürlich Meß-, Erhebungs- und Verarbeitungsprobleme. Das Sozialprodukt wird zusammen mit der Volkswirtschaftlichen Gesamtrechnung jährlich vom Statistischen Bundesamt, Wiesbaden, veröffentlicht, wichtige Größen halbjährlich. Außerdem erfolgt die Veröffentlichung auch von namhaften Wirtschaftsforschungsinstituten wie dem Deutschen Institut für Wirtschaftsforschung in Berlin, das sogar vierteljährlich wichtige Zahlen der Volkswirtschaftlichen Gesamtrechnung veröffentlicht.

Grundsätzlich gibt es drei Berechnungsmethoden für das Sozialprodukt:

- Die Entstehungsrechnung (reale Methode)
- Die Verteilungsrechnung (personelle Methode)
- Die Verwendungsrechnung (indirekte Methode)

Zur Entstehungsrechnung

Hier werden prinzipiell alle Produktionswerte der in einem Jahr neu erstellten Güter und Dienstleistungen addiert. Da jedoch wegen der zahlreichen Zulieferbetriebe dabei Doppelzählungen vorkommen würden, müssen natürlich bei jedem Betrieb vom Wert der Produktion alle Vorleistungen abgezogen werden, der Rest ist dann der Beitrag dieses Betriebes zum Sozialprodukt bzw. besser: zum Bruttoinlandsprodukt.

Die zu addierenden Produktionswerte einer Branche müssen sorgfältig bestimmt werden, besonders bei Dienstleistungen. So gehören bei Banken nur dazu die Gebühren und Provisionen und der Saldo aus Soll- und Habenzinsen, bei Versicherungen nur ein kleiner Teil der Prämieneinnahmen als Entgelt ihrer Dienstleistungen. Beim Staat ist es noch komplizierter, da er seine Leistungen gewöhnlich nicht gegen Marktpreise abgibt. Sie werden zu den Erstellungskosten als Beiträge zum Sozialprodukt angesetzt.

Das Statistische Bundesamt sammelt die Beiträge aller Betriebe und stellt für jede Branche der Wirtschaft ein Produktionskonto auf. Die

Zusammenfassung aller dieser Produktionskonten stellt dann das Nationale Produktionskonto dar.

Das Nationale Produktionskonto

		Aufwand	Ertrag		
		~~Vorleistungen~~	Verkäufe an - Haushalte - Unternehmen - Staat		C
B		Abschreibungen	Bestandsveränderungen (Lager) an Halb- und Fertigfabrikaten	Brutto-Investitio-nen	C
B		Indirekte Steuern minus Subventionen		Brutto-Investitio-nen	C
B	A	Löhne, Gehälter, Sozialversicherungsbeiträge	Selbsterstellte Anlagen	Brutto-Investitio-nen	C
B	A	Zinsen, Mieten, Pachten			C
B	A	Gewinne (Residualeinkommen)	Export minus Import (X – M)		C

Das Nationale Produktionskonto weist dieselbe Struktur auf wie andere Produktionskonten, etwa der Betriebe oder einer Branche. Deshalb steht links oben auch das Feld "Vorleistungen", hier allerdings durchgestrichen, weil im volkswirtschaftlichen Rahmen ja alle Vorleistungen abgezogen worden sind.

Das Nationale Produktionskonto ist eine "Inlandsbetrachtung", da ja alle Produktionswerte unabhängig davon, ob sie von Inländern oder Ausländern hergestellt wurden, addiert worden sind. D.h.: will man auf die Inländerbetrachtung "umsteigen", dann muß man die grenzüberschreitenden Einkommenstransaktionen berücksichtigen wie in 5.1. besprochen.

Faßt man die Felder A zusammen, dann erhält man das Nettoinlandsprodukt zu Faktorkosten, auch Wertschöpfung genannt. Die ganze linke Seite ist das Bruttoinlandsprodukt zu Marktpreisen (B); da hier die Vorleistungen weggefallen sind, entspricht es der gesamten rechten Seite C, dem Bruttoproduktionswert (der bei einem Branchenproduktionskonto natürlich größer ist).

Zur Verteilungsrechnung

Sie wird personelle Methode genannt, weil hier alle an die Personen verteilten Einkommen addiert werden. Man kann sich leicht vorstellen, welche Schwierigkeiten und Ungenauigkeiten dabei im Detail überwunden werden müssen, wenn man bedenkt, welche Mühen alljährlich bei den Steuererklärungen aufgebracht werden.

Zur Verwendungsrechnung

Sie wird auch indirekte Methode genannt, weil man hier nicht das Einkommen direkt sondern indirekt zählt, indem man addiert, wofür es ausgegeben wurde, nämlich für Konsum und Investition bzw. für die Bedürfnisbefriedigung, was zusammen die volkswirtschaftliche Gesamtnachfrage darstellt.

Diese setzt sich logischerweise zusammen aus dem privaten Verbrauch, dem Verbrauch des Staates, der Bruttoinvestition und dem Außenbeitrag, womit wir wieder bei unserer bekannten Formel angelangt sind, die so “mit Zahlen gefüllt“ wird:

$$Y = C_H + C_{ST} + I^b + (X - M)$$

Das nach den beschriebenen Methoden berechnete Bruttosozialprodukt wird je nach Fragestellung weiter untergliedert nach Wirtschaftsbereichen oder nach Bundesländern oder nach Monaten bzw. Quartalen, um örtliche Unterschiede und zeitliche Schwankungen analysieren zu können.

6. Volkswirtschaftliche Gesamtrechnung

6.1. Vorbemerkungen

Die Volkswirtschaftliche Gesamtrechnung (VGR), die bereits beschriebne Kreislauftheorie und die zuletzt dargestellte Sozialproduktanalyse werden auch zusammengefaßt zum "Volkswirtschaftlichen Rechnungswesen", von dessen allgemeinen Merkmalen, die natürlich auch für die VGR gelten, hier einige einleitend angeführt werden sollen.

Das Volkswirtschaftliche Rechnungswesen und insbesondere die Volkswirtschaftliche Gesamtrechnung zeigen das Jahresergebnis der wirtschaftlichen Tätigkeit einer Volkswirtschaft, also deren ökonomische Leistungskraft. Man spricht auch von "nationaler Buchhaltung einer Volkswirtschaft" oder von der "zahlenmäßigen Darstellung aller wirtschaftlichen Tätigkeiten". Dadurch wird natürlich eine Erfolgskontrolle und der Vergleich mit anderen Volkswirtschaften möglich, vorrausgesetzt, diese stellen eine vergleichbare nationale Buchhaltung auf.

Das Volkswirtschaftliche Rechnungswesen und die Volkswirtschaftliche Gesamtrechnung erhellen die gesamtwirtschaftlichen Zusammenhänge, wie wir es bei der Kreislaufbetrachtung ja schon optisch gesehen haben. Die Wirtschaftspolitik entnimmt solcher Darstellung wertvolle Informationen zur Beantwortung folgender Fragen: Wie ist der derzeitige Zustand unserer Volkswirtschaft (Diagnose)? Wie effizient ist sie? Sind unsere wirtschaftspolitischen Ziele erreicht worden? Welche Maßnahmen müssen ergriffen werden, um unsere Ziele zu erreichen? Wie stehen wir im Vergleich zu anderen Volkswirtschaften?

Es liefert auch wertvolles empirisches Zahlenmaterial, um die Wirtschaftstheorie weiterzuentwickeln: Wo liegen die Ursachen für wirtschaftliche Probleme? Wie kann man diese erklären? Mit diesem Zahlenmaterial kann also die Gültigkeit von Theorien geprüft werden, die wiederum das wirtschaftspolitische Instrumentarium verbessern können.

Die Darstellung des volkwirtschaftlichen Rechnungswesens ist prinzipiell makroökonomisch, arbeitet also im Sinne der besseren Überschaubarkeit mit aggregierten, d.h. zusammengefassten Größen:

Gesamtkonsum, Gesamtinvestition, Sozialprodukt , Gesamtnachfrage usw.

Die Analyse insgesamt ist “ex-post”, also im nachhinein, arbeitet mit tatsächlich eingetretenen Zahlenwerten für eine bestimmte Zeitperiode der Vergangenheit, meistens für ein Jahr. Meistens handelt es sich dabei um “Stromgrößen", um in Geld bewertete Mengen, die sich im Laufe des Jahres bewegt haben. Gerne wird auch gesagt: Bei der Volkswirtschaftlichen Gesamtrechnung wird die Kreislaufanalyse einer Volkswirtschaft eines Jahres mit konkreten statistischen Zahlen ausgefüllt.

Speziell bei der Volkswirtschaftlichen Gesamtrechnung gilt selbstverständlich der Grundsatz doppelter Buchführung: die Transaktionen werden sowohl bei der leistenden als auch bei der empfangenden Stelle erfaßt. Wobei auf der linken Seite der Konten (Sollseite) die herausfließenden oder leistenden Geld-Ströme, auf der rechten Seite (Haben) die hineinfließenden bzw. empfangenden Geldströme erfaßt werden.

Da die Volkswirtschaftliche Gesamtrechnung ein “mit Zahlen gefülltes Kreislaufsystem” ist, muß man sich natürlich zuerst über die verwendeten Sektoren klar werden. Prinzipiell begegnen uns hier wieder die bekannten Sektoren der Kreislauftheorie: der Sektor Unternehmen umfaßt die nach Gewinn strebenden Produzenten aber auch die anderen unabhängigen Berufstätigen wie Genossenschaften, Freiberufler wie Ärzte und Apotheker und Rechtsanwälte, Journalisten, Schriftsteller, Landwirte, Handwerker. Zu diesem Sektor gehören auch kommunale Versorgungsbetriebe, Eisenbahnen, die Post, die Zentralbank, selbst Privatpersonen, wenn sie eine Zweitwohnung vermieten.

Zum Sektor Staat, der ja dadurch gekennzeichnet ist, daß er seine Güter und Dienste überwiegend ohne zurechenbaren Entgelt zur Verfügung stellt, gehören die Gebietskörperschaften Bund, Länder und Gemeinden, aber auch die Sozialversicherungen und eine Reihe von Sonderfonds wie der Lastenausgleichsfonds und das ERP-Sondervermögen aus der ehemaligen Marshallhilfe.

Zu den privaten Haushalten gehören auch die “privaten Organisationen ohne Erwerbscharakter”, also Kirchen, Parteien, Gewerkschaften, Stiftungen, eingetragene Vereine, alles Organisationen, die nicht gewinnorientiert sind, sondern sich durch Spenden und Beiträge finanzieren und ihre Leistungen der Gesellschaft zur Verfügung stellen.

Wie für die Kreislaufanalyse gilt auch für die VGR, daß je nach Fragestellung und Darstellungsabsicht Unter- und Sondersektoren gebildet werden können.

6.2. Kontensystem der Volkswirtschaftlichen Gesamtrechnung der Bundesrepublik Deutschland

Es handelt sich hier um das Kontensystem des statistischen Bundesamtes, das die Daten erhebt, verarbeitet und darstellt. Basis ist ein Kreislaufsystem, in Konten dargestellt. Jeder der bekannten Sektoren bekommt prinzipiell für jede ökonomische Funktion ein besonderes Konto. Deshalb sagt man, das Kontensystem der VGR habe eine doppelte Gliederung, nämlich die nach Sektoren und die nach ökonomischen Funktionen. Man könnte auch von einer Matrix-Darstellung sprechen.

Sektoren

Unternehmen			Staat		Haushalte	
Produktions-unternehmen	Kredit-institute	Versicher-ungen	Gebiets-körper-schaften	Sozial-versicher-ungen	Private Haus-halte	Privat H. H. ohne Erw.char.
0. Zusammengefasstes Güterkonto			T			
1. Produktionskonten						
T	T	T	T	T	T	T
2. Einkommensentstehungskonten						
T	T	T	T	T	T	T
3. Einkommensverteilungskonten						
T	T	T	T	T	T	T
4. Einkommensumverteilungskonten						
T	T	T	T	T	T	T
5. Einkommensverwendungskonten						
T	T	T	T	T	T	T
6. Vermögensänderungskonten						
T	T	T	T	T	T	T
7. Finanzierungskonten						
T	T	T	T	T	T	T
8. Zusammengefasstes Konto der übrigen Welt			T			

Die Matrixdarstellung des Kontensystems der VGR

Bei dieser Matrix-Darstellung steht jedes „T" für ein Konto, zwischen denen die Transaktionen in doppelter Buchführung fließen. Insgesamt haben wir es also mit 51 Konten zu tun. Kein Volks- oder Betriebswirt hat alle diese Konten mit allen Buchungen im Kopf, wenn er nicht gerade beim Statistischen Bundesamt oder einem entsprechenden Forschungsinstitut arbeitet. Wenn man damit zu tun haben sollte, empfiehlt es sich, das Original einer VGR als Vorlage zu benutzen.

Es gibt auch ein vereinfachtes Kontensystem des Statistischen Bundesamtes, bei dem die Hauptsektoren nicht untergliedert sind. Dann sind es noch 23 Konten, da die Untersektoren zusammengefaßt worden sind. Daraus sollen nun einige Beispiele vorgestellt werden.

6.3. Beispiele für einzelne Konten der Volkswirtschaftlichen Gesamtrechnung der Bundesrepublik Deutschland

[0] Zusammengefaßtes Güterkonto

Verkäufe und selbsterstellte Anlagen	Vorleistungen - Unternehmungen - Staat - Private Organisationen ohne Erwerbscharakter
Eigenverbrauch	Letzter Verbrauch Anlage- und Lagerinvestitionen
Vorratsänderungen an eigenen Erzeugnissen	Vorratsänderungen an Vorprodukten und eigenen Erzeugnissen
Importe	Exporte
Gesamtes Güteraufkommen und Einfuhr	Gesamte Güterverwendung

aus [1] : Produktionskonto der Unternehmen

Vorleistungen Beitrag zum Bruttoinlandsprodukt zu Marktpreisen	Verkäufe und selbsterstellte Anlagen Vorratsänderungen an eigenen Erzeugnissen
Summe	Summe

aus [2] : Einkommensentstehungskonto der Unternehmen

Abschreibungen Indirekte Steuern	Beitrag zum Bruttoinlandsprodukt zu Markt- preisen Empfangene Subventionen
Saldo: Beitrag zum Nettoinlands- produkt zu Faktorkosten	
Summe	Summe

aus [3] : Einkommensverteilungskonto der Unternehmen

Verteilte Einkommen aus unselbständiger Arbeit - an private Haushalte - an die übrige Welt Verteilte Einkommen aus Unter- nehmertätigkeit und Vermögen - an Unternehmen - an den Staat - an private Haushalte - an die übrige Welt Saldo: Anteil am Volkseinkommen	Beitrag zum Nettoinlands- produkt zu Faktorkosten (Nettowertschöpfung) Empfangene Einkommen aus Unternehmertätigkeit und Vermögen - von Unternehmen - vom Staat - von privaten Haushalten - von der übrigen Welt
Summe	Summe

aus [6] Vermögensänderungskonto der Unternehmen

Anlage- und Lager-investitionen - Käufe neuer Anlagen - Selbsterstellte Anlagen - Vorratsänderungen Geleistete Vermögensübertragungen	Ersparnis Nichtentnommene Gewinne Abschreibungen Empfangene Vermögensübertragungen
Saldo: Finanzierungsdefizit (bzw. – überschuß)	
Summe	Summe

7. Wirtschaftssysteme

7.1. Die Ordnungs- und Lenkungsbedürftigkeit der Volkswirtschaft

Unsere moderne Industriekultur ist hochgradig arbeitsteilig und komplex, d.h. ungeheuer vielschichtig, gegenseitig in allen Teilen abhängig und unüberschaubar. Millionen Menschen arbeiten zusammen, gehen gegenseitig Verträge ein und müssen sich auf die anderen Bürger und auf die Spielregeln der Gesellschaft verlassen können. Sollte dieser gewaltige Mechanismus von Wirtschaft und Gesellschaft einmal nicht funktionieren, dann entstehen Risiken für den Wohlstand und das Leben vieler Menschen. Dazu kommt die gegenseitige Abhängigkeit von Wirtschaft und Politik: nur in einem funktionierenden Staat kann eine Wirtschaft florieren; nur eine leistungsfähige Wirtschaft kann einen stabilen Staat gewährleisten.

All diese Zusammenhänge legen nahe: eine moderne hochkomplexe Volkswirtschaft benötigt Regeln, Ordnungen und Institutionen, damit sie zum Wohle der Millionen Bürger funktionieren kann. Man spricht von der Ordnungsbedürftigkeit einer Volkswirtschaft. Was muß nun alles geordnet werden?

Es müssen Regeln geschaffen werden, nach denen Millionen wirtschaftlicher Handlungen von Millionen Menschen friedlich und erfolgreich ablaufen und aufeinander abgestimmt werden können. Diese Regeln bestehen aus Gewohnheiten, Geschäftssitten, Gesetzen und Verordnungen.

Zuvor muß sich die Gesellschaft darauf einigen, wie solche Regeln beschlossen werden und von wem diese Regeln beschlossen werden dürfen. In einer Demokratie müssen solche Regeln beispielsweise von Parlamenten verabschiedet werden.

Insbesondere müssen Verfahren entwickelt werden, wie Güter, die Einkommen und Vermögen einer Gesellschaft möglichst gerecht auf ihre Mitglieder verteilt werden, damit der soziale Frieden gesichert bleibt.

Schließlich muß die Leitungsbefugnis, die Verantwortung und die Machtverteilung in einer Volkswirtschaft organisiert werden. Es müssen also die Träger der wirtschaftspolitischen Willensbildung bestellt, wirtschaftspolitische Instanzen und Institutionen geschaffen werden.

Diese wirtschaftlichen bzw. wirtschaftspolitischen Amtsträger müssen mit Zuständigkeiten, d.h. Kompetenzen versehen werden, innerhalb derer sie legitim handeln dürfen. Sie müssen in einer Demokratie kontrollierbar und notfalls auch wieder abberufbar sein. Es muß also über die Machtverteilung und Machtkontrolle in einer Volkswirtschaft entschieden werden. In einer Demokratie sollten Machtkonzentrationen und vor allem unkontrollierte Macht vermieden werden.

Insgesamt meint also Ordnungsbedürftigkeit einer Volkswirtschaft, daß Regeln des wirtschaftlichen Zusammenlebens notwendig sind und daß darüber entschieden werden muß, wer innerhalb welcher Kompetenzen in welcher Art und Weise das Wirtschaftsgeschehen lenken soll.

Daran fügt sich natürlich die Frage an: ist eine Wirtschaftsordnung beliebig konstruierbar?

Natürlich nicht. Nicht jedes der im folgenden zu beschreibenden Wirtschaftssysteme ist jeder beliebigen Gesellschaft überzustülpen. Leider ist dieser Versuch allzuoft in Entwicklungsländern gemacht worden. Und betrachtet man unser Wirtschaftssystem, dann gerät man zwar leicht in Versuchung zu glauben, es sei nach Schaffung des Grundgesetzes 1949 neu eingerichtet worden. Weit gefehlt: in unserer sozialen Marktwirtschaft stecken die Erfahrungen und Institutionen, die mindestens seit der Renaissancezeit in den Köpfen der Menschen gereift sind: das Handwerk und die Freiheit in den Städten, die Einstellung zu Arbeit und Besitz, das Erwerbsstreben, die Vertragsfreiheit, die verbindlichen Geschäftssitten, die Handelswege und das soziale System. Ein solches gewachsenes, im Gesellschafts- und Bildungssystem verankertes Gebäude ist keinesfalls so ohne weiteres zu exportieren.

In einem jungen Entwicklungsland oder einem der reformwilligen osteuropäischen Länder ist vielmehr zuerst eine sorgfältige Analyse der geographischen, klimatischen, gesellschaftlichen, religiösen, kulturellen und politischen Entwicklungen anzustellen, bevor man zur Errichtung eines bestimmten Wirtschaftssystems rät. Oft ist auch ein schrittweiser, von Lernprozessen begleiteter Übergang anzuraten. Auf jeden Fall ist höchste Sensibilität und natürlich Fachkompetenz geboten. Ganz besonders problematisch ist der richtige Umgang mit den Wertvorstellungen der Gesellschaft. Welche Ziele soll ein Wirtschaftssystem verfolgen und wie soll es optimal in die politische Verfassung des Landes eingebunden werden?

7.2. Die ordnungspolitischen Alternativen - Arten von Wirtschaftssystemen

Jede Gesellschaft möchte natürlich die für sie optimale Wirtschaftsordnung. Diese hängt, wie bereits ausgeführt, ab von den Zielen und Werten einer Gesellschaft und von den geographischen und kulturellen Bedingungen. Nun soll aber erst gefragt werden, zwischen welchen Grundtypen bzw. „Idealtypen" (Max Weber) von Wirtschaftssystemen eine Gesellschaft wählen kann. Zu einer solchen Typologie benötigt man ein oder mehrere Einteilungsmerkmale bzw. Kriterien.

Walter Eucken (1940) wählte z.B. den Tausch als Kriterium und schied die Wirtschaftssysteme in die beiden Hauptgruppen Tauschwirtschaften und tauschlose Wirtschaften. Ähnlich ist die Einteilung in freie Verkehrswirtschaft und Zentralverwaltungswirtschaft. Nach der Art des Eigentums kann eingeteilt werden in Privat- und Kollektivwirtschaft. Mir erscheint am fruchtbarsten die Einteilung Gérard Gäfgens (1968) nach den Steuerungs- bzw. Koordinationsweisen. Er unterscheidet einerseits „Prinzipien der einseitigen Steuerung" und andrerseits „Prinzipien der gegenseitigen Steuerung". So kommt er insgesamt zu vier Idealtypen von Wirtschaftsordnungen. Dies erscheint mir vorteilhaft, da man so von der oft üblichen Konfrontation zwischen Markt- und Planwirtschaft wegkommt. Das folgende Schaubild soll diese Einteilung veranschaulichen:

Reine Typen (Idealtypen) von Wirtschaftsordnungen

Kriterium: Koordination, Steuerung, Lenkung } der Wirtschaft

Prinzipien gegenseitiger Steuerung		Prinzipien einseitiger Steuerung	
Steuerung durch Wettbewerb, Markt, Preis	Steuerung durch Verhandlung	Hierarchische Steuerung durch Befehl, Plan	Demokratische Steuerung durch Abstimmung
Mechanismen **Marktwirtschaft** 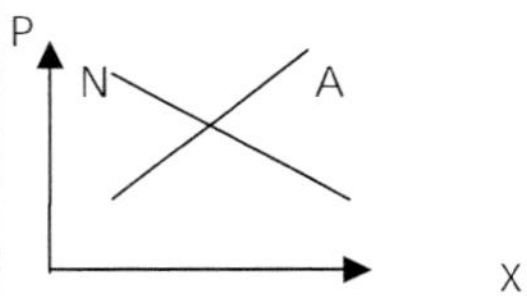 Funktionen des Preises: -Signalfunktion -Ausgleichsfunktion -Lenkungsfunktion	Mensch ↔ Mensch Selbstverwaltungswirtschaft (annäherungsweise: Jugoslawien) (Tarifautonomie)	Plan <u>Zentralverwaltungswirtschaft</u> (Planwirtschaft)	Mehrheitsbeschluß (totale) Wirtschaftsdemokratie

In der Realität:
- Mischtypen (Hauptaspekt → Namensgebung) „Mixed Economies“
- alle Aspekte in allen Real-Typen mehr oder weniger vorhanden

(Grundidee: Gérard Gäfgen)

Nach Prinzipien einseitiger Steuerung funktionieren die Systeme Zentralverwaltungswirtschaft und (totale) Wirtschaftsdemokratie. Die Planwirtschaft wird hierarchisch gesteuert durch Befehl und Plan. Eine solche Wirtschaft kann nur funktionieren, wenn eine starke zentralisierte Staatsgewalt vorhanden ist, die ihre Befehle und ihre Kontrolle durchsetzen kann und die im Vollbesitz der Produktionsfaktoren Boden und Kapital ist: die Produktionsmittel gehören der Gesellschaft bzw. dem Staat, sind "sozialisiert". Die wirtschaftlichen Planziele werden für einen Zeitraum, z.B. fünf Jahre, politisch festgelegt und überwacht. Auch Geldmenge, Preise und Löhne werden im Plan festgelegt. Das Problem dabei ist, daß vor allem das Verhalten und die Bedürfnisse der Menschen nie genau vorhergesehen, kalkuliert und geplant werden können, so daß zwangsläufig Lücken im Planwerk entstehen müssen, die als unabsetzbare Lager und Warteschlangen sichtbar werden. Eine solche Planwirtschaft setzt auch die Unbestechlichkeit der Funktionäre und eine fleißige und pflichtbewußte Wirtschaftsgesinnung der Werktätigen und der Konsumenten voraus, was leider kaum gewährleistet werden kann, da die Menschen das Gefühl bekommen, nicht für die eigenen, sondern für die Belange eines unüberschaubaren Moloch Staat zu arbeiten.

Ähnlich utopisch wie eine langfristig funktionierende Planwirtschaft ist auf zwar ganz andere Weise auch die zweite Wirtschaftsordnung einseitiger Steuerung, die (totale) Wirtschaftsdemokratie. Sie wird in ihrer totalen Form vollständig gesteuert durch demokratische Abstimmung. So müßte z.B. über die Inhalte der Produktion, die Löhne der Beschäftigten und die Verkaufspreise abgestimmt werden. Ebenso über alle unternehmerischen Entscheidungen in Produktionsstätten und Banken. Man kann sich vorstellen, daß eine solche Wirtschaft nie lebensfähig sein könnte, da die Millionen Einigungs- und Entscheidungsprozesse, wenn es überhaupt zu Einigungen käme, einfach viel zu lange dauern würden.

Nun kommen wir zu den beiden Wirtschaftsordnungen mit gegenseitiger Steuerung, zunächst zur Marktwirtschaft. Sie wird gesteuert bzw. gelenkt bzw. koordiniert durch Markt und Preis. Ihr liegt die auf Adam Smith (1723-1790) zurückgehende Idee zugrunde, daß Preise, Märkte und auch Entscheidungen in der Produktion sich am besten durch eigene Kräfte, Mechanismen oder Automatismen regeln, quasi an der Basis, ohne Einwirkung staatlicher oder gesamtplanerischer Eingriffe. Typisch dafür ist das berühmte Spiel von Angebot und Nachfrage, das eben ein noch so guter Plan nicht perfekt imitieren kann.

Schließlich sei als letzte Wirtschaftsordnung die ebenfalls auf gegenseitiger Steuerung beruhende Selbstverwaltungswirtschaft genannt. Sie steuert sich durch Verhandlung. In ihrer Reinform, die annäherungsweise im früheren Jugoslawien versucht wurde, werden alle wirtschaftlichen Entscheidungen durch gegenseitige Verhandlungen getroffen. So verhandelt die Belegschaft mit der Geschäftsleitung über Produktion, Arbeitszeit und Löhne, so verhandeln die Branchen der Wirtschaft über Lieferungen und Preise, so verhandeln Staat, Wirtschaft und Parteien über Güterversorgung, Ausbildung und Produktion usw. Ähnlich wie bei der Planwirtschaft liegt auch hier das Problem im Wesen des Menschen. Das System kann nur funktionieren, wenn neben Egoismus auch Kompromißbereitschaft tritt und alle endlich überzeugt sind, daß die Verteilung von Gütern, Lohn und Lebensstandard gerecht ist. Insgesamt scheint die Qualität des Menschen nicht auszureichen, um ein solches ideales System funktionieren zu lassen.

So scheint langfristig nur die Marktwirtschaft eine Überlebensfähigkeit zu besitzen, weil sie eben keinen idealen Menschen voraussetzt, sondern ihn nimmt mit allen seinen Schwächen und diese auch noch vor ihren Karren spannt, so z.B. das Selbstinteresse, es in Freiheit möglichst zu etwas zu bringen.

Die bisher beschriebenen Wirtschaftsordnungen sind „reine Typen" (Gérard Gäfgen) bzw. Idealtypen (Max Weber) bzw. „Wirtschaftsmodelle". Das bedeutet: die Hauptmerkmale werden herausgearbeitet, und von Besonderheiten und Einzelheiten wird abstrahiert. Es handelt sich also um eine theoretische, modellhafte Konstruktion. In der Wirklichkeit jedoch findet man stets Mischtypen (Mixed Economies) vor, wobei der am meisten ausgeprägte Aspekt zur Namensgebung führt. So nennt sich die deutsche Wirtschaftsordnung Marktwirtschaft, weil der Markt überwiegt, obwohl, wie in allen Wirtschaftsordnungen mehr oder weniger, auch die anderen drei Idealtypen der Tendenz nach vertreten sind: die Selbstverwaltungswirtschaft ist vertreten durch die sehr wichtige Tarifautonomie, die Zentralverwaltungswirtschaft durch die Aufstellung eines Staatshaushalts und einer mehrjährigen Finanzplanung, die Wirtschaftsdemokratie dadurch, daß die meisten der vom Bundestag beratenen Gesetze ökonomischer Natur sind.

Nun fragt man sich: warum überhaupt solche Idealtypen? Nun, einmal dienen sie bei der Einordnung und Beschreibung der auf der Welt vorfindbaren Wirtschaftsordnungen als „Werkzeuge", mit denen man solche Beschreibungen durchführen kann; sie reduzieren also die Komplexität der Vielfalt. Gerade bei gemischten Typen sind die reinen Typen deshalb hilfreich.

Zweitens schaffen solche Idealtypen Klarheit, wenn es gilt, nach der oben beschriebenen Analyse des Ist-zustandes einer Gesellschaft, einem jungen oder reformwilligen Staat eine neue Wirtschaftsordnung zu empfehlen. Aber auch eine solche neue Ordnung wird eine gemischte Ordnung sein müssen, wenn man sich mit dem gebotenen Fingerspitzengefühl an die gegebenen Möglichkeiten anpasst. Ein solches Einrichten einer neuen Wirtschaftsordnung bzw. Wirtschaftsverfassung wird als Ordnungspolitik bezeichnet.

7.3. Erläuterungen zur Marktwirtschaft

Nun soll die Marktwirtschaft in einigen Punkten näher erläutert und auf die Wirtschaftsordnung in Deutschland eingegangen werden. Bezüglich der anderen Ordnungen wird auf spezielle Literatur verwiesen.

Eine Marktwirtschaft setzt prinzipiell auf freie Abläufe der Marktvorgänge, auf das Spiel von Angebot und Nachfrage, auf die Verteilung der Einkommen und Güter nach dem Leistungsprinzip. Dabei hat jeder Bürger und jede Unternehmung das Recht, seinen eigenen Wirtschaftsplan aufzustellen. Diese Pläne sind allerdings nicht von Anfang an (ex-ante) harmonisch koordiniert. Ein Marktgleichgewicht ist also keineswegs von Anfang an garantiert Diese Koordination bzw. die Abstimmung von Angebot und Nachfrage ergibt sich vielmehr im Verlaufe der Marktprozesse durch „Revision" der Pläne und Erwartungen durch die harten Kontrollmechanismen Gewinn und Erfolg. Wer nicht gut wirtschaftet, verschwindet vom Markt.

In einer Marktwirtschaft gibt es gewöhnlich Privateigentum an Boden und Produktionsmitteln. Wer für seinen eigenen Besitz arbeitet, strengt sich mehr an, läßt sich mehr neue Dinge einfallen, pflegt seinen Besitz sorgfältiger als ein Funktionär, der nur sozialisiertes Gut verwaltet.

In einer Marktwirtschaft genießen die Menschen zahlreiche ökonomischen Freiheiten samt der damit verbundenen Verantwortung: Konsum-, Investitions-, Unternehmerfreiheit und Ausbildungs-, Berufs-, Reise- und Niederlassungsfreiheit und Gewerbe- und Vertragsfreiheit. Und da eine freie Marktwirtschaft gewöhnlich mit einer freiheitlichen Demokratie verbunden ist, kommen deren Freiheiten und Grundrechte natürlich noch hinzu wie z.B. die Meinungs-, Versammlungs- und Vereinigungsfreiheit.

Das waren die grundsätzlichen, allgemeinen Eigenschaften einer Marktwirtschaft. Nun werden aber noch einige Spielarten der Marktwirtschaft unterschieden. Da gibt es zunächst die ideale Form, die man am liebsten hätte, die in der Marktformenlehre gerne als „Polypol auf dem vollkommenen Markt" bezeichnet wird: es gibt auf beiden Seiten des Marktes viele, relativ kleine und dabei machtlose Teilnehmer, also viele Anbieter und viele Nachfrager, so daß sich die Preise schön nach dem Spiel von Angebot und Nachfrage bilden können. Diese ideale Form der Marktwirtschaft nennt man „Marktwirtschaft bei vollständiger Konkurrenz". Neben den oben genannten allgemeinen Eigenschaften einer Marktwirtschaft und den vielen Marktteilnehmern besitzt sie noch folgende Merkmale: Es herrscht Markttransparenz, d.h. jeder Marktteilnehmer weiß ständig genau, wo er welche Güter zu welcher Qualität und zu welchem Preis kaufen kann. Weiterhin sind die Produktionsfaktoren Arbeit und Kapital mobil, d.h. sie strömen immer zu dem Ort, wo sie am produktivsten arbeiten können. Dies führt zur Idealvorstellung, daß alle Produktionsfaktoren optimal eingesetzt sind. Schließlich ist in diesem Wirtschaftssystem das Geld neutral, verzerrt also nicht etwa durch Inflation die Produktionsprozesse. Die ökonomischen Freiheiten sind schon genannt worden. Schließlich werden hier die Preise gemäß den Marktmechanismen gebildet, und die Wirtschaft erfreut sich einer konjunkturellen Stabilität, d.h. es gibt keine Absatz- oder Überhitzungskrisen und natürlich keine Arbeitslosigkeit.

Am liebsten hätte man also die Marktwirtschaft mit vollständiger Konkurrenz. In der harten Wirklichkeit ist aber diese Idealform praktisch nie anzutreffen. Hier gilt also die „Marktwirtschaft mit unvollständiger Konkurrenz": die Produktionsfaktoren sind gar nicht so beweglich, daß sie die höchste Produktivität gewährleisten könnten; es gibt monopolistische und oligopolistische Machtstellungen, so daß sich der Preis keineswegs nur nach dem Spiel von Angebot und Nachfrage ergibt; das Geld ist nicht neutral, es kommt gewöhnlich zu Inflationen; und Wirtschaftskrisen können sehr wohl vorkommen.

In Wirklichkeit sind auch Marktwirtschaften mehr oder weniger vom Staat beeinflußt, der eine gerechte Verteilung von Gütern und Einkommen erreichen und die Konjunktur stabilisieren will. Kein Staat kann es sich mehr leisten, nichts gegen Arbeitslosigkeit und Inflation zu tun. Überdies ist die sog. Staatsquote, d.h. der Anteil am Sozialprodukt, der durch den Staat in irgendeiner Weise ausgegeben wird, in westlichen Industrieländern nahe bei 50 %.

Eine solche Marktwirtschaft wird in der Theorie „Gelenkte Marktwirtschaft" bezeichnet, ein Ausdruck, der heute zwar meistens zutreffend, in der Öffentlichkeit aber nicht so gerne gebraucht wird. Bezüglich der Steuerung ist eine solche Wirtschaft eine Mischung aus Steuerung durch Wettbewerb und Steuerung durch Befehl. Der Ökonom Mises trug eine berühmte Kritik gegen eine solche gelenkte Marktwirtschaft vor: ein staatlicher Eingriff ziehe wegen der allgemeinen Interdependenz aller wirtschaftlichen Erscheinungen zwangsläufig immer mehr weitere Eingriffe nach sich, bis schließlich der Markt ganz seine Bedeutung verloren hat. Mises forderte, daß, wenn schon staatliche Eingriffe, sie mindestens sparsam, abgestimmt und marktkonform sein müßten. Denn leider gewöhne man sich auch an staatliche Interventionen und verlöre ganz die eigenen Ideen. Mises vertrat auch den Grundsatz, ein gemischtes Wirtschaftssystem sei immer schlechter als ein reiner Typ.

Obwohl also der Ausdruck „gelenkte Marktwirtschaft" für alle westlichen, demokratischen Wirtschaftssysteme durchaus zutreffend ist, gebraucht man aber lieber den wohlklingenderen, genau so zutreffenden Ausdruck „Soziale Marktwirtschaft".

Die geistigen Väter speziell der deutschen Sozialen Marktwirtschaft waren einerseits der Liberalismus und der Neoliberalismus, beide mit dem Schimpfwort „Nachtwächterstaat" gebrannntmarkt: es herrscht der Markt, der Staat überwacht nur die Gesetze und Spielregeln, begrenzt höchstens noch die Monopole.

Andrerseits war geistiger Vater nach dem Zweiten Weltkrieg der Ordoliberalismus, vertreten prominent von Walter Eucken: der Staat setzt die Ordnung, innerhalb der der Markt herrschen kann, aber er sorgt auch dafür, das der Wettbewerb erhalten bleibt. Er garantiert die stabile Währung, die Gewerbefreiheit, den lauteren Wettbewerb, kontrolliert die Monopole, betreibt eine Einkommensumverteilung durch Finanzpolitik und sorgt überhaupt für eine konstante, zuverlässige Wirtschaftspolitik.

All diese Gedanken gingen ein in das Konzept der Sozialen Marktwirtschaft, daß von Ludwig Erhard bei Gründung der Bundesrepublik in die Tat umgesetzt wurde. Sein Staatssekretär und wissenschaftlicher Berater Müller-Armack formulierte 1956 die „Prinzipien der Sozialen Marktwirtschaft":

Ordnung des Wettbewerbs

Auf dem Markt herrscht freie Konkurrenz, diese soll aber durch eine aktive Wettbewerbspolitik gegen unlauteren Wettbewerb und Monopole geschützt werden. Prinzipiell herrscht das Leistungsprinzip: die Produktionsfaktoren sollen, von sozialen Härten abgesehen, nach ihrer Leistung entlohnt werden. Markttransparenz soll herrschen, also eine freie Informationsgesellschaft.

Ergänzung des Wettbewerbs

Wenn der Markt als Steuerungsmittel versagt, dann sollen staatliche Eingriffe, Interventionen, nach dem Rechten sehen. Man denke an die Mietbindung nach einem Krieg oder an die Preissetzungen im Europäischen Agrarmarkt. Auch im Bildungssystem und im Sozialwesen gibt es zahlreiche Beispiele.

Stabilisierung des Wettbewerbs

Hier ist eine aktive Konjunkturpolitik gemeint, um Wirtschaftskrisen zu vermeiden oder aus ihnen herauszukommen. Ziele sind vor allem Preisstabilität und Erhaltung der Vollbeschäftigung.

Korrektur des Wettbewerbs

Diese Korrektur zielt auf eine möglichst gerechte Verteilung von Gütern, Einkommen und Vermögen, da die Härte des Marktes und der Leistungsgesellschaft leider oft zu ungleichen Verteilungen führt. Der Staat, auch aus seiner „Daseinsvorsorgepflicht", führt über mit dem Einkommen steigende Steuersätze und durch das soziale Netz eine Umverteilung von Einkommen und Vermögen durch.

Insgesamt handelt es sich tatsächlich um eine gelenkte Marktwirtschaft, bei der aber die staatlichen Interventionen den Markt in seiner Hauptfunktion nicht schädigen dürfen: die Interventionen müssen „marktkonform" sein. Immer noch müssen sich Unternehmerinitiative und Leistungsbereitschaft lohnen.

7.4. Zur Sozialen Marktwirtschaft der Bundesrepublik

Die Bundesrepublik konnte sich bisher eines stabilen politischen und wirtschaftlichen Systems erfreuen. Beides bedingt sich gegenseitig. Wenn man aber in unserem Grundgesetz eine Definition oder gar Beschreibung oder auch nur den Namen „Soziale Marktwirtschaft" sucht, dann wird man enttäuscht. Die Wirtschaftsordnung ist in der Verfassung nicht festgelegt. Manche sprechen von „verfassungsrechtlicher Neutralität".

Nun gibt es im Grundgesetz aber eine Reihe von Artikeln und Abschnitte, die nach der herrschenden Interpretation schlüssig die Herleitung der Sozialen Marktwirtschaft nahelegen. Man kann von einer „Affinität" zwischen Sozialer Marktwirtschaft und den Prinzipien unserer Verfassung sprechen. So wäre z.B. eine sozialistische Planwirtschaft schon mit den an vielen Stellen des Grundgesetzes verankerten freiheitlichen Prinzipien unvereinbar.

Insbesondere aus folgenden Artikeln muß nahezu zwangsläufig eine Soziale Marktwirtschaft abgeleitet werden: Artikel 20,1 (Begriff des sozialen Bundesstaates), Art. 28,1 (Begriff des sozialen Rechtsstaats), Art. 14 (Eigentum, "Eigentum verpflichtet"), Art. 15 (Eigentum kann gegen Entschädigung in Gemeineigentum überführt werden), Art. 9 (Vereinigungsfreiheit, die Erwähnung von Arbeitskämpfen bzw. der Autonomie der Sozialpartner), Art. 8 (Versammlungsfreiheit), Art. 12

(freie Berufswahl). Der Leser möge sich diese Artikel mal unter diesem Gesichtspunkt durchsehen.

Diese Grundrechte, zusammen mit einigen Stellen aus dem Abschnitt X des Grundgesetzes mit der Überschrift „Finanzwesen", legen also eine soziale Marktwirtschaft nahe. Natürlich hat auch die demokratische Entwicklung nach dem Zweiten Weltkrieg und die Einbindung Deutschlands in die westlichen Allianzen und Märkte ihren erheblichen Teil dazu beigetragen. Aus der Verknüpfung der Sozialen Marktwirtschaft mit dem Begriff des Sozialen Rechtsstaats folgt überdies, daß der Staat für seine Bürger verantwortlich ist, wenn sie in soziale Not geraten: Daseinsfürsorge- bzw. Daseinsvorsorgestaat. Er regelt bzw. überwacht das „soziale Netz" mit seinen inzwischen fünf Säulen: Kranken-, Unfall-, Arbeitslosen-, Renten- und Pflegeversicherung.

Das ist aber noch nicht alles, wenn man von „Wirtschaftsverfassung" spricht. Zu ihr gehören nämlich neben den Normen des Grundgesetzes und auch etlichen ungeschriebenen Verhaltensregeln wie den ehrlichen Geschäftssitten auch eine Reihe von gewichtigen Gesetzeswerken, die nur kurz angeführt werden können:

1948	Die Ordnung der deutschen Währung durch die Währungsreform, noch vor Verabschiedung des Grundgesetzes (1949)
1949	Das grundsätzliche Bekenntnis zur Sozialen Marktwirtschaft durch Regierung und Parlamente.
1951	Das Mitbestimmungsgesetz der Montanunion
1953	Das Betriebsverfassungsgesetz. Hier wurden die Rechte der Arbeitnehmer im Betrieb und die Rolle des Betriebsrats festgelegt.
1955	Die Bundesrepublik erhält durch die Pariser Verträge die politische und wirtschaftliche Souveränität.
1957	Die Gründung der Europäischen Wirtschaftsgemeinschaft EWG in Rom. Dadurch werden wirtschaftspolitische Kompetenzen auf eine supranationale Organisation übertragen.
1957	Das Gesetz gegen Wettbewerbsbeschränkung (Kartellgesetz). Dieses sog. Grundgesetz der Marktwirtschaft soll Kartelle und Monopole kontrollieren und bei zu großer potentieller Marktmacht gar nicht erst zulassen.

1958	Die Konvertibilitätserklärung des westlichen Weltwährungssystems von Bretton Woods, d.h. ab jetzt war es möglich, die Währungen aller über 100 Vertragspartner frei mit einem bestimmten Wechselkurs umzutauschen.
1967	Gesetz zur Förderung der Stabilität und des Wachstums der Wirtschaft (Stabilitätsgesetz). Hier wurden die wirtschaftspolitischen Ziele: Vollbeschäftigung, Stabilität des Preisniveaus, Außenwirtschaftliches Gleichgewicht, stetiges und angemessenes Wachstum („Magisches Viereck") in §1 festgelegt und ein dazu notwendiges wirtschaftspolitisches Instrumentarium bereitgestellt. Durch dieses Gesetz wurde auch eine mehrjährige Finanzplanung ermöglicht.
1972	Neuformulierung des Betriebsverfassungsgesetzes
1976	Das neue Mitbestimmungsgesetz, also die Ausdehnung der bisher nur in der Montanunion geltenden Mitbestimmung auf alle Unternehmen entsprechender Größenordnung.
1979	Das Europäische Währungssystem EWS
1992	Der Vertrag über die Europäische Union (Maastricht) mit einer in Aussicht genommenen weitreichenden Übertragung wirtschaftspolitischer Kompetenzen auf die EU.

8. Vom Geld

8.1. Zur Bedeutung des Geldes

Es braucht wohl nicht weiter begründet zu werden, daß in der heutigen hochkomplexen Industriekultur Geld als Zahlungsmittel und Verrechnungsgröße, aber auch als Wertmaßstab eine ungeheure Bedeutung hat. Wahrscheinlich wäre unser heutiger Wohlstand und unsere vielfältige Güterversorgung, unsere ganze moderne Wirtschaft ohne Geld erst gar nicht entstanden. Für eine rationale ökonomische Wirtschaftsführung ist eben Geld unverzichtbar. In der Kreislauftheorie haben wir gehört, daß die Wirtschaft mit dem menschlichen Organismus verglichen wird, wobei Geld die Rolle des Blutes übernimmt. Die Bedeutung des Geldes hängt natürlich auch vom Wirtschaftssystem ab. In einer Planwirtschaft, in der Preise und Geldströme durch Befehl festgelegt werden, hat Geld nicht die Bedeutung wie in einer pulsierenden Marktwirtschaft, die weitgehend von Preisen und damit durch Geld gesteuert wird.

Die Ökonomen begründen die Bedeutung des Geldes gerne mit seiner Tauschmittelfunktion. Sie vergleichen den umständlichen Tauschprozeß ohne Geld unserer Vorväter mit dem modernen reibungslosen Tausch mit Geld, wobei allerdings außer acht gelassen wird, daß der Naturaltausch mit seinem oft festlichen Ambiente hohe gesellschaftliche Bedeutung hatte und teilweise noch hat, wie bei einigen Stämmen Afrikas beobachtet werden kann.

Vom rein rationalen Gesichtspunkt ist der Naturaltausch in der Tat recht umständlich. Man muß oft lange nach einem geeigneten Tauschpartner suchen, dann durch Verhandeln ein Tauschverhältnis finden. Dies ist natürlich ganz besonders bei Dienstleistungen schwierig. In der Regel muß der Tausch zu einem Zeitpunkt, z.B. am Markttag stattfinden. Viele Güter, wie Vieh, sind nicht teilbar, wenn man dafür einen kleineren Gegenstand eintauschen will. Andere Güter sind nicht haltbar oder nicht lagerbar usw. usw. Aber im Notfall geht auch Naturaltausch, wie die Zeiten nach dem Zweiten Weltkrieg gezeigt haben.

Andrerseits ist der Tausch mit Geld tatsächlich viel einfacher. Er zerfällt nun in zwei Tauschakte: Man gibt eine Sache gegen Geld her, das man nicht sofort und auch nicht ganz wieder ausgeben muß. Man kann das

Geld auch sparen oder an einem ganz anderen Ort ausgeben, es ist in kleine Portionen teilbar und verdirbt normalerweise nicht, ist zudem anonym. In einem zweiten Tauschakt kauft man mit dem Geld ein Gut, das man benötigt. Man sagt auch, durch Geld sei der Übergang vom direkten zum indirekten Tausch geschafft worden. Alle die Umständlichkeiten, die wir oben beim Naturaltausch beschrieben haben, entfallen, wenn man Geld benutzt, wie die Suche nach einem geeigneten Tauschpartner oder die Wertfindung durch Verhandeln. Man kauft und verkauft gewöhnlich zu einem festen Preis. Wichtig ist auch, daß man nun sparen, also Werte aufbewahren und damit Vermögen ansammeln kann. Man kann auch den Konsum verschieben oder Geld zu einem größeren Kauf ansparen.

Mathematiker haben schließlich noch herausgefunden, daß eine Wirtschaft mit Geld viel weniger Tauschverhältnisse vereinbaren muß, um Tausch und damit Arbeitsteilung zu ermöglichen. Ohne Geld benötigte man ein Tauschverhältnis jeder Ware gegen jede andere, bei n Gütern also $\frac{n(n-1)}{2}$ Tauschverhältnisse.

Wählt man nun aber ein Gut, z.B. Gold, als Geld, früher nannten Theoretiker dieses Geld-Gut “numeraire”, dann benötigt man nur noch (n-1) Tauschverhältnisse, die nun Preise heißen. Alles wird mit Geld also einfacher, schneller, rationaler, aber vielleicht langweiliger.

8.2. Entstehung des Geldes

Geld ist wohl meistens entstanden durch gesellschaftliche Übereinkunft zur Erleichterung des Tausches, aber auch des Transports und der Aufbewahrung. In der Praxis waren es meistens Fürsten und Landesherren, die das Münzrecht für sich beanspruchten. Aber auch Bankhäuser, die weites Vertrauen genossen, gaben Münzen und später Banknoten aus.

In der Geschichte, in manchen Teilen der Erde bis in die heutige Zeit hinein, gibt es viele Beispiele für Güter, die als Geld, als “numeraire” dienten: Vieh, Getreide, Tontafeln, Muscheln, Goldstücke usw. Auch heute kann es in Krisenzeiten so kommen, man denke nur an die Zigarettenwährung.

Irgendwann kam die Menschheit auf die Idee, wertvolle, wertbeständige und gut handhabbare Edelmetalle zu verwenden, die man prägen und in praktische Einheiten stückeln konnte: Kupfer, Silber, Gold.

In der Antike gab es Münzen seit etwa dem 7. Jhd. vor Chr. Das ist nicht lange, wenn man bedenkt, daß es schon seit 1,5 Mio. Jahren

Menschen gibt. Papiergeld gab es in China seit dem 9. Jhd.. Die Einführung des Geldes ist auch keineswegs immer als gut empfunden worden, zahlreiche Philosophen sahen in ihm Ursache für die Ungleichheit der Menschen oder eines Krieges aller gegen alle oder einer Verschärfung des Konfliktes zwischen Arm und Reich. Im Mittelalter gab es ein Zinsverbot, man sprach von Zinsknechtschaft, manche Religionen wie z.B. der Islam verbieten Zinsen und verurteilen Geschäftemacherei, Wucherei gilt als Schimpfwort, Berufe, die mit Geld zu tun hatten, galten als unsauber. Heute beklagt man den Werteverlust der Gesellschaft, da jeder nur nach Geld strebe und alles nur an Geld gemessen werde: Einkommen, Erfolg, Status, Macht.

Nach dem Zerfall der Antike im Zuge der Völkerwanderung zerfiel auch das Geldwesen, wenn es auch in einigen überlebenden Stadtgesellschaften nie völlig verschwand. Aber für etwa ein Jahrtausend fiel Europa wieder in vorwiegend agrarische Gesellschaften zurück, die vor allem bodenständig produzierten und den Tauschhandel mit Naturalien betrieben.

Erst in der beginnenden Neuzeit, etwa seit der Renaissance in Italien, als wieder handeltreibende Stadtstaaten entstanden, erlebte auch das Geldwesen einen neuen Aufschwung, eine Renaissance. Diese Stadtstaaten, Seemächte und Handelszentren wie Venedig, Genua, Pisa, aber auch Florenz, Mailand waren begünstigt durch die geografische Lage und die historische Situation: die Kreuzzüge führten Menschenströme über die Alpen und kanalartig verdichtet durch Oberitalien. Es galt auszurüsten, zu transportieren, zu versorgen, das Geschäft blühte. Die Kreuzzüge schufen Verbindungen zwischen Orient und Okzident, zwischen Kulturen und Religionen. Neue Waren wurden, entdeckt: Gewürze, Seide, Waffen. Neue Fernhandelswege zu Land und zu Wasser wurden eingerichtet. Dazu brauchte man Transportmittel, mutige Kaufleute, Lagerstätten und, um alles abzuwickeln, Geld. So entstand in den oberitalienischen Stadtrepubliken das moderne Geldwesen und auch die Buchhaltung. Nicht umsonst stammen noch heute viele Begriffe des Geldwesens aus dem Italienischen.

8.3. Geldarten

Traditionell unterscheidet man zwischen Waren- oder Münzgeld und Kreditgeld. In neuester Zeit findet geradezu eine Revolution im Geldwesen statt, deren weitere Entwicklung noch gar nicht abzusehen ist, die ich vorerst aber als Entstehung einer dritten Geldart bezeichnen möchte: die Kreditkarten, auch als Plastikgeld oder Computergeld bezeichnet. Diese drei Geldarten sollen kurz beschrieben werden.

Waren - oder Münzgeld

Diese Art ist bei der Entstehung des Geldes schon angesprochen worden: um den Tausch zu erleichtern bzw. um eine Verrechnungseinheit zu haben, wählte man ein Gut oder ein Metall zum Geld, zum "numeraire". Historisch gibt es viele Beispiele: Muscheln, Tontafeln, Gold usw. Schließlich kam man auf die Münzen, die ursprünglich „vollwertig ausgeprägt" waren. Dies bedeutet: der auf der Goldmünze aufgeprägte Wert ist identisch mit dem Wert des verwendeten Goldes. Solche Münzen nennt man Kurantmünzen. Heute ist der aufgeprägte Wert allerdings gewöhnlich höher als der Metall- bzw. Warenwert einer Münze. Solche heute üblichen Münzen heißen Scheidemünzen.

Kreditgeld

Dieser Begriff kommt wie viele andere aus historischen Gründen aus dem Italienischen und leitet sich vom Wort „credere" = glauben, vertrauen ab. Dieses Geld hat praktisch keinen Warenwert, da es aus Papier oder aus einer Zahl auf einem Konto besteht. Man vertraut aber darauf, daß dieses Papier oder diese Zahl den bezeichneten Wert darstellt und man mit ihnen etwas kaufen kann. Es handelt sich hierbei um Banknoten und sog. Giral- bzw. Buchgeld.

a) Die Banknote

Sie ist entstanden ab dem 13. Jhd. in Oberitalien. Weil damals die Zeiten sehr unsicher waren, man denke an die Kreuzzüge, an das Piraten- und Räuberproblem, hinterlegten Händler und Kaufleute wertvolle Waren, Edelmetalle und Münzen bei Geldwechslern und den Vorläufern von Geldinstituten, die in festgemauerten Palazzi Sicherheit bieten konnten. Für die hinterlegten Wertsachen erhielten die Kaufleute „Depotscheine", vergleichbar den modernen Garderobemarken.

Im Laufe der Zeit bürgerte es sich ein, mit solchen Depotscheinen stellvertretend den Zahlungsverkehr abzuwickeln. Denn nach Verfestigung der Geschäftssitten konnte man darauf vertrauen, daß ein solcher Depotschein tatsächlich den darauf verzeichneten und in einem seriösen Haus eingelagerten Wert verkörperte. So entstand aus dem credere das Kreditgeld. Der Geschäftspartner nahm den Depotschein als Zahlung entgegen, da er ihn ja jederzeit in Münzen, Gold oder andere Wertsachen umtauschen konnte.

Anfangs waren alle Depotscheine, die späteren Banknoten, im Verhältnis 1:1 vollständig durch Wertsachen gedeckt. Dann stellte man aber allmählich fest, daß die deckenden Wertsachen zum großen Teil gar nicht abgerufen wurden, daß vielmehr das „Papiergeld" Depotscheine ein eigenes Leben als Zahlungsmittel entwickelte, freilich nur so lange wie man auf das tatsächliche Vorhandensein der Wertsachen vertrauen konnte.

So zeigte also die Erfahrung, daß nur ein Bruchteil der Deckung eingelöst wurde. Und so konnte man auch mehr Depotscheine ausgeben als tatsächlich Wertsachen hinterlegt waren. Dadurch wurden die Depotscheine zu Banknoten im modernen Sinne, die ja auch nur teilweise, heute sogar überhaupt nicht mehr gedeckt, also echtes Kreditgeld sind. Aber das dahinterstehende „Depotscheinprinzip" kann auch heute noch vielfältig zur Erklärung ökonomischer Phänomene herangezogen werden.

Das Recht, Depotscheine bzw. Banknoten auszugeben, war historisch gesehen, eine Angelegenheit privater Geldwechsler und Bankhäuser. Man lagerte seine Wertsachen bei dem ein, dem man vertraute; man nahm Depotscheine von dem als Zahlungsmittel entgegen, dem man vertraute. Ganz anders bei den Münzen. Das Recht, Münzen zu prägen, das sog. Münzregal, lag gewöhnlich bei den Fürsten oder sogar dem Kaiser. Die Geldsummen, bestehend aus dem Kreditgeld privater Bankhäuser, erreichten in der Neuzeit gewaltige Dimensionen, und es ist ja bekannt, daß sich Kaiser wie Maximilian und Karl V bei privaten Bankiers finanzierten.

Erst zu Zeiten der industriellen Revolution, als die Volkswirtschaften immer arbeitsteiliger, unübersichtlicher wurden und die Produktion expandierte, das Geldwesen immer mehr zur nationalen Bedeutung gelangte, aber auch das Vertrauen schwand und Betrügereien immer mehr zum Problem wurden, da machte Ende des 19. Jhds. der Staat sich zur öffentlichen Aufgabe, Banknoten auszugeben. Es entstanden staatliche Währungsbehörden, die Zentralbanken.

b) Giralgeld oder Buchgeld

Eine Weiterentwicklung des Kreditgeldes ist das Giralgeld. Das ist einfach ein Konto auf einer Bank, über das man verfügen, mit dem man also fast ebenso bezahlen kann wie mit Bargeld. Dieses Geld hat heute sogar die größte Bedeutung. Man spricht von bargeldlosem Zahlungsverkehr. Die Konten heißen Girokonten, vom italienischen „girare“ = herumlaufen; die Einlagen auf diesen Konten heißen auch Sichteinlagen, weil man sehr schnell, auf Sicht darüber verfügen bzw. sie jederzeit in Banknoten und Münzen umtauschen kann. Diese Sichteinlagen stellen Forderungen an die Bank dar. Das Neue an diesem bargeldlosen Zahlungsverkehr ist die Möglichkeit, Geld einfach zu überweisen oder durch Scheck zu übertragen. So kommt es, daß bei den Zahlungsvorgängen nur noch Zahlen auf Konten bewegt werden, meist in Sekunden mittels Computer, weshalb man auch schon von „Computergeld” spricht. Man muß sich aber einmal klar machen, wieviel

Vertrauen hinter solchen millionenfachen, geisterhaften Vorgängen steht.

c) Quasigeld

Diese Geldart gehört auch zum Kreditgeld, ist allerdings eine Art Geldersatz wie der Name schon sagt. Man spricht auch von „Geldsurrogaten" oder „geldnahen Forderungen" oder englisch „near-money".

Es handelt sich hier um (meist verbriefte) Forderungen, die man relativ rasch und ohne hohe Kosten in Bargeld oder Giralgeld umtauschen kann. Das können sein: Termineinlagen, Sparkonten, Wechsel, Devisen, Geldmarktpapiere. (Geldmarktpapiere sind relativ kurzfristige verbriefte Forderungen, die leicht in Bar- oder Termingeld umgetauscht werden können. Ihre Bedeutung als Instrument der Geldmenge erhalten sie durch die „Geldmarktfähigkeitserklärung" der Deutschen Bundesbank, mit der sich die Bundesbank verpflichtet, sie jederzeit anzukaufen, sie damit zu garantieren. Diese Erklärung nun kann die Bundesbank erteilen oder verwehren, z.B. staatliche Schatzwechsel oder unverzinsliche Schatzanweisungen.)

Diese Geldart gewinnt immer größere Bedeutung, da sie ja, bevor man sie zur Umwandlung benötigt, Zinsen einbringen. Allerdings ist die Zahlungsmittelfunktion eingeschränkt, da man mit Wechseln z.B. nicht einfach im Laden einkaufen kann, und auch die Banken nur zu bestimmten Zeiten geöffnet sind.

"Plastikgeld"

Diese Geldart habe ich oben als Revolution im Geldwesen bezeichnet, deshalb möchte ich sie, obwohl im Grunde auch Kreditgeld, in einem eigenen Punkt aufführen. Auch sie wird gerne Computergeld genannt. Es handelt sich um Kreditkarten: man legt die Karte vor, und der Betrag wird vom Konto abgebucht. Oder die Plastikkarte wird an einem Automaten mit einem Betrag „geladen", von dem solange automatisch abgebucht wird, solange der Betrag reicht.

Bei Kreditkarten besteht das Vertrauensproblem darin, daß sich bei meist weltweiter Gültigkeit der Verkäufer darauf verlassen können muß, daß der Kunde tatsächlich etwas auf dem Konto hat. Da man dem Verkäufer nicht zumuten kann, jedesmal bei der betreffenden Bank rückzufragen, haben sich spezielle Gesellschaften dazwischengeschaltet, die dieses Vertrauen sicherstellen, Haftung übernehmen und überhaupt das weltweite Funktionieren dieses Plastikgeldes garantieren.

Diese neue Form von Geld ist in der Lage, das Zahl- und Konsumverhalten der Menschen zu beeinflussen. In den USA ist diese Zahlweise schon lange üblich, und dort ist die Ausgabefreudigkeit tatsächlich größer, dafür die Sparquote entsprechend kleiner. Viele Menschen scheinen auch die Übersicht über ihre Geldverhältnisse zu verlieren, so daß am Monatsende, wenn die Abrechnung erfolgt, jedesmal ein Schock eintritt. In Europa, speziell in Deutschland, ist man beim Gebrauch von Kreditkarten noch wesentlich zurückhaltender.

Die aufladbaren Plastikkarten ("elektronischer Geldbeutel") werden immer weitere Bereiche erobern. Man kennt sie bisher vor allem als Telefon- und Kantinekarten. Man steckt sie beim Zahlvorgang in den Automaten, der den „Kontostand" anzeigt und den Preis abbucht. Dadurch werden natürlich Zahlungs- und Buchungsvorgänge stark vereinfacht. Und wenn erst überall solche Automaten installiert sein werden, wird das gewohnte Bargeld immer weiter an Bedeutung verlieren.

8.4. Theorien über das Wesen des Geldes

Die Klassiker der Nationalökonomie haben viel über das Wesen, d.h. die Philosophie des Geldes nachgedacht und geschrieben, inzwischen scheint dieses Problem ausdiskutiert. Deshalb sollen hier nur einige Andeutungen gemacht werden.

Man unterschied zwischen metallistischen Theorien (auch Warentheorien genannt) und nominalistischen Theorien. Die ersteren leiteten die Entstehung, die Funktion und den Wert des Geldes aus dem Stoff- bzw. Warencharakter oder aus dem Gebrauchswert des Geld-Materials ab. Das Edelmetall Gold hat z.B. an sich einen bedeutenden Wert. Die nominalistischen Theorien leiteten die Entstehung, die Funktion und den Wert des Geldes aus dem gesellschaftlich vereinbarten bzw. dem fürstlich verfügten Nennwert, also dem aufgeprägten Wert, ab; der stoffliche Wert, etwa des Papiers, spielte prinzipiell kaum eine Rolle.

Ganz andere Wege ging der als größter Nationalökonom des Jahrhunderts gepriesene J.M. Keynes. Er behauptete, es gäbe ein Bedürfnis des Menschen nach Tauschbereitschaft bzw. Zahlungsfähigkeit. Er nannte dieses Bedürfnis auch Liquiditätsbedürfnis. So begründete Keynes die Entstehung, Funktion und den Wert des Geldes aus diesem Bedürfnis, und Geld ist eben Träger höchster Liquidität. Die Wirtschaftssubjekte halten deswegen Geld in der Kasse, um ihr Liquiditätsbedürfnis zu befriedigen, das Keynes wiederum analytisch in drei Motive zerlegte: das Transaktionsmotiv: Der Mensch benötigt Geld, um seine Alltags-Einkäufe (Transaktionen) durchführen zu können. Zweitens das Vorsichtsmotiv: Der Mensch legt sich für Notfälle Geld zurück. Drittens das Spekulationsmotiv: Der Mensch hält in einer dritten „Abteilung" Geld bereit, um günstige Gelegenheiten wahrnehmen, um spekulieren zu können.

Aus diesen drei Motiven möchte der Mensch nach Keynes Bargeld halten bzw. nachfragen. So wird die Geldnachfrage erklärt. Unter Bargeld versteht Keynes Münzen, Banknoten und Sichteinlagen. Die Dreiteilung in drei Abteilungen ist freilich nur hypothetisch-analytisch; in der Praxis wird das Geld natürlich in einem „Geldbeutel" sein.

Als Beispiel dafür, daß über das Wesen des Geldes auch zahlreiche Philosophen nachgedacht haben, sei zum Abschluß Schopenhauer zitiert:

„Daß die Wünsche des Menschen hauptsächlich auf Geld gerichtet sind und sie dieses über alles lieben, wird ihnen oft zum Vorwurf gemacht. Jedoch ist es natürlich, wohl gar unvermeidlich, das zu lieben, was als ein unermüdlicher Prometeus jeden Augenblick bereit ist, sich in den jedesmaligen Gegenstand unserer so wandelbaren Wünsche und mannigfaltigen Bedürfnisse zu verwandeln.

Jedes andere Gut nämlich kann nur einem Wunsch, einem Bedürfnis genügen: Speisen sind bloß gut für den Hungrigen, Wein für den Gesunden, Arznei für den Kranken... usw. Sie sind folglich alle nur... relativ gut. Geld allein ist das absolut Gute: weil es nicht bloß einem Bedürfnis in concreto begegnet, sondern dem Bedürfnis überhaupt, in abstracto.“ (Arthur Schopenhauer, Aphorismen zur Lebensweisheit 1851) Interessante Gedanken zum Thema Geld finden sich bei anderen Philosophen wie Locke, Rousseau, Montesquieu.

8.5. Eigenschaften des Geldes

Die folgenden Eigenschaften sollte Geld haben, wenn es diesen Namen verdienen will:

Homogenität: Alle Geldeinheiten sind gleich und also austauschbar. Damit ist auch der Besitz anonym, es ist kein Namen auf ihnen verzeichnet. Eine Geldeinheit hat in der Hand des Reichen die gleiche Kaufkraft wie in der Hand des Armen, wenn man auch sagen muß, daß einem Reichen die Mark gewöhnlich weniger wert ist als dem Armen.

Teilbarkeit: Das Geld-Medium kann ohne Wertverlust in kleinere, gewöhnlich standardisierte Einheiten unterteilt werden, so die DM in 50 er, 10 er, 5 er, 2 er und Einpfennigstücke.

Haltbarkeit: das Medium wie Gold oder sonstiges Metall, in eingeschränktem Umfang Papier, ist dauerhaft haltbar. In weiterem

Sinne meint man damit aber auch, daß sich der Wert des Geldes bzw. seine Kaufkraft nicht verringert, also keine Inflation herrscht.

Seltenheit: alle Erfahrung zeigt, daß das Geld knapp sein muß, um seinen Wert, seine Haltbarkeit zu bewahren. Viele Fürsten und Volkswirtschaften mußten leidvoll feststellen, daß eine allzu großzügige Betätigung der Notenpresse Inflation verursacht.

Vertrauenswürdigkeit: Eine ebenso alte menschliche Erfahrung lehrt, daß Geld immer nur soviel Wert besitzt wie Menschen auf den Wert und die Funktionsfähigkeit des Geldes vertrauen.

8.6. Definition und Funktionen des Geldes

Es gibt zahlreiche Definitionen des Geldes. So schreibt z.B. Rainer Fischbach: „Geld ist ein allgemeines Gut nominalen Charakters, das im Wirtschaftsleben als allgemeines Tauschmittel und als allgemeiner Wertmaßstab Verwendung findet".

Inzwischen hat sich aber auch ein pragmatischer Begriff durchgesetzt in der Erkenntnis, daß heute wohl jedermann eine ziemlich genaue Vorstellung von Geld besitzt. So verstehen Schricker und Rubin unter Geld alles, was die Geldfunktionen ausübt.

Eine solche pragmatische Definition erfüllt natürlich nicht die strengen Kriterien der Logik, nach denen man einen Begriff nicht durch sich selbst definieren kann, aber wenn man die notwendigen Geldfunktionen gleich hinzufügt, dann erfüllt eine solche Hilfsdefinition durchaus ihren Zweck. Und diese Geldfunktionen sind:

a) Tauschmittelfunktion

Geld ist erfunden worden, um den Tausch zu erleichtern. Wir haben die diesbezüglichen Vorteile bereits erläutert. Diese Funktion wird manchmal auch als Transaktionsfunktion bezeichnet.

b) Funktion als Recheneinheit

Mit dem Geld kann man zählen, rechnen, vergleichen. Im weiteren Sinne ist Geld, in Verbindung mit den Preisen, Voraussetzung für Buchhaltung, Kostenrechnung, betriebliches und volkswirtschaftliches Rechnungswesen, für Zahlungsbilanz und die Darstellung von weltumspannenden Handelsströmen. In diesem Sinne ist eine moderne Volkswirtschaft ohne Geld kaum noch vorstellbar.

c) Wertaufbewahrungsfunktion

Durch seine Haltbarkeit kann Geld aufbewahrt und natürlich auch leicht transportiert werden. Erst durch Geld sind heute oft unermeßliche Vermögensanhäufungen möglich geworden, das war früher mit Vieh, Weizen oder Land nicht in diesem Ausmaß möglich; auch Gold und Edelsteine konnten keine solchen Vermögen zustande bringen, ganz abgesehen von der Gefahr des Verlustes durch Raub und Katastrophen. Manche Philosophen wie z.B. John Locke behaupten gar, durch die Einführung des Geldes sei die Ungleichheit unter den Menschen entstanden, sie seien dadurch geradezu aus der Unschuld des Naturzustandes geworfen worden. Die Wertaufbewahrungsfunktion wird traditionell gerne auch als Wertmesser-Funktion bezeichnet.

Diese drei Funktionen gelten heute als vollständig; sie beinhalten also auch andere traditionelle Bezeichnungen wie den eben erwähnten „Wertmesser", aber auch Begriffe wie „Gesetzliches Zahlungsmittel" bzw. „Zahlungsmittelfunktion". Wenn also ein Medium diese drei Funktionen erfüllt, dann kann man es als Geld bezeichnen.

8.7. Die Geldmengenbegriffe

Neben einer Definition des Geldes ist von Bedeutung, was man alles zu der umlaufenden Geldmenge einer Volkswirtschaft zählt. Deshalb spricht man auch von Geldvolumen oder Geldmengenabgrenzung.

Prinzipiell ist die Menge des Geldes von hoher Bedeutung, da nach alter menschlicher Erfahrung der Wert bzw. die Kaufkraft des Geldes von der umlaufenden Menge abhängt. Dieser Zusammenhang wird später als „Quantitätstheorie des Geldes" behandelt werden, hier sei zunächst nur einmal festgehalten, daß das Preisniveau von der Geldmenge abhängt und zwar derart, daß bei steigender Geldmenge das Preisniveau steigt und bei sinkender Geldmenge sinkt.

Nun ist eine Notenbank (Zentralbank) gesetzlich verpflichtet, im Rahmen ihrer Geldpolitik für ein stabiles Preisniveau zu sorgen. Deshalb muß sie wegen des eben beschriebenen Zusammenhangs zwischen Geldmenge und Preisniveau all ihr Interesse darauf richten, die Geldmenge im Wachstum zu begrenzen. Dazu muß sie erst einmal die umlaufende Geldmenge messen. Und wegen unterschiedlicher analytischer Genauigkeit und Meßgeschwindigkeit und auch wegen unterschiedlichen Möglichkeiten, die Geldmenge zu steuern und zu kontrollieren, wurden von der Bundesbank und der Wirtschaftstheorie unterschiedliche Geldmengenbegriffe, d.h. Abgrenzungen der Geldmenge entwickelt:

Die Geldmenge M1

Dies ist der traditionelle und auch international bekannteste Geldmengenbegriff. Er eignet sich deshalb gut, weltweit unterschiedlich entwickelte Geldsysteme miteinander zu vergleichen. Er lautet:

M1	=	Bargeld (Münzen und Banknoten) plus Sichtguthaben privater inländischer Nichtbanken.

Man beachte, daß die Guthaben staatlicher Stellen bzw. öffentlicher Haushalte und von Ausländern nicht zu dieser Geldmenge zählen. Und auch nicht, was vielleicht verwunderlich ist, die Kassenbestände der Banken.

Die Geldmenge M2

Diese Geldmenge berücksichtigt, daß auch geldnahe Vermögensbestände, wie z.B. auf eine bestimmte Frist festgelegte Gelder, notfalls schnell zu Bargeld und damit inflationsrelevant werden können. Sie lautet:

M2	=	M1 (also Bargeld plus Sichteinlagen) plus Termineinlagen (Festgelder, Kündigungsgelder) mit einer Laufzeit bis zu 4 Jahren.

Die Geldmenge M3

Hier wird berücksichtigt, daß sogar Sparguthaben leicht zu Bargeld gemacht werden können. Deshalb lautet diese Geldmengenabgrenzung:

M3	=	M2 (also Bargeld plus Sichtguthaben plus Termineinlagen bis 4 J.) plus Sparguthaben mit gesetzlicher Kündigungsfrist (seit 1993 sagt man auch: mit dreimonatiger Kündigungsfrist).

Die Meßgröße der Deutschen Bundesbank zur Prüfung der Inflationsgefahr war bis zum 1.1.1999 diese Geldmenge M3, nachdem es in früheren Jahren die gleich anschließlich zu behandelnde „Zentralbankgeldmenge" gewesen war. Die Wahl einer bestimmten Geldmengenabgrenzung zur Messung der Inflationsgefahr hat bestimmte pragmatische Gründe:

Bei einer engen Geldmengenabgrenzung nämlich, z.B. M1, kann es sein, daß die Geldmenge scheinbar sinkt, wenn die Privaten lediglich Sichteinlagen in Spar- oder Termineinlagen umwandeln. In Wirklichkeit aber können auch diese ohne große Probleme zu Zahlungen, also nachfrage- und damit inflationsanheizend eingesetzt werden. Eine enge Geldmengenabgrenzung zur Prüfung der Inflationsgefahr zu verwenden, kann also trügerisch sein.

Andrerseits werden bei weiter Geldmengenabgrenzung, z.B. M3, Bestandteile hinzugenommen, die tatsächlich meist der Vermögensanlage dienen wie Spar- und Termineinlagen, die also kaum Einfluß auf Nachfrage und Inflation haben.

Eine enge Geldmengenabgrenzung spricht also für eine optimistische Einschätzung des Konsumentenverhaltens bezüglich Inflationsgefahr, eine weite Abgrenzung für eine pessimistische bzw. vorsichtige Einschätzung der Inflationsgefahr. Somit hängt die zweckmäßige Wahl der Geldmengenabgrenzung von der Einschätzung des aktuellen Konsumenten- und Anlageverhaltens der Menschen ab, die wiederum von Konjunktur und Lebenslage der Bürger abhängen.

Seit 1.1.1999, also der Einführung des Euro, sind für Europa die Geldmengenabgrenzungen der Europäischen Notenbank relevant, die in einigen Punkten von den Geldmengenbegriffen der Deutschen Bundesbank abweichen. Nämlich:

M1	=	Bargeldumlauf, täglich fällige Einlagen
M2	=	M1 + Einlagen mit Laufzeit bis zu 2 Jahren + Einlagen mit Kündigungsfrist von bis zu 3 Monaten
M3	=	M2 + Repogeschäfte + Geldmarktpapiere + Schuldverschreibungen von bis zu 2 Jahren

Die Zentralbankgeldmenge bzw. die Geldbasis (Begriff der Praktiker)

Dies ist die Geldmenge, die die Notenbank selbst machen und damit gut kontrollieren kann. Sie wird auch monetäre Basis genannt. Dieser Geldmengenbegriff lautet:

Zentralbank-geldmenge	=	Bargeld (in Händen der Nichtbanken) plus Mindestreserve-Soll der Banken.

Das Mindestreserve-Soll wird später beim klassischen Instrumentarium der Bundesbank erläutert, hier nur eine Kurzdefinition: Die Banken müssen einen bestimmten, von der Notenbank festgesetzten Anteil ihrer Kundeneinlagen bei der Bundesbank hinterlegen.

Die Notenbank kann die Zentralbankgeldmenge, wie wir oben gesagt haben, gut kontrollieren; allerdings nicht völlig, da ja das Mindestreserve-Soll auch von der Menge der Kundeneinlagen bei den Banken abhängt. Dennoch ist die Zentralbankgeldmenge eine wichtige strategische Größe der Notenbank.

Die Zentralbankgeldmenge bzw. die Geldbasis (Begriff der Theorie)

Die Geldtheorie hat einen etwas genaueren Begriff von Zentralbankgeld als die Praxis:

Zentralbank-geldmenge (auch einfache Geldbasis genannt)	=	Bargeld (in Händen von Nichtbanken) plus Sichteinlagen, vor allem der Geschäftsbanken bei der Notenbank.

Diese Sichteinlagen bestehen mengenmäßig vor allem aus den gesetzlich vorgeschriebenen Mindestreserven der Banken bei der Notenbank. Da dieses Mindestreservesoll bis 1.1.1999 keine Zinsen brachte, wollten die Banken natürlich darüber hinaus kaum weitere Sichteinlagen halten, weswegen die Praktiker bei ihrer obigen Definition der Zentralbankgeldmenge wohlbegründet nur das Mindestreserve-Soll ansetzten. Theoretisch ist diese Abmagerung des Begriffes allerdings nicht korrekt, da öfters Sichteinlagen jenseits des Mindestreservsolls stehenbleiben, die dann „Überschußreserve" genannt werden.

Das Mindestreserve-Soll wird monatlich dreimal, an den „Bankstichtagen", gemessen. Reagieren die Banken nicht sofort, dann kann es kurzfristig zu Über- oder Unterdeckungen kommen, dann ist der theoretische Zentralbankgeldmengenbegriff genauer.

Außerdem fallen auch Sichteinlagen aus den Geschäften der Banken mit der Bundesbank an:

Es handelt sich dann um Notenbank-Geldschöpfung: Sie kauft Devisen von den Banken; sie kauft Wertpapiere der Banken auf dem offenen Markt und sie gewährt, in begrenztem Umfang, dem Staat Kassenkredite. Für alle diese Geschäfte räumt die Notenbank den Banken oder dem Staat Sichtguthaben ein. Diese Guthaben mögen im Vergleich zur Summe des Mindestreserve-Solls gering sein, aber sie sind theoretisch keine zu vernachlässigende Größe.

Die gesamtwirtschaftliche Liquidität / Die Liquidität der Banken

Auch der altbekannte Begriff Liquidität kann zu den Geldmengenbegriffen gezählt werden, wenn er auch als aktuelle Meßgröße nicht die Bedeutung der anderen Begriffe hat.

Liquidität, "Flüssigkeit", wird allgemein als die Fähigkeit definiert, seinen Zahlungsverpflichtungen nachkommen zu können. Oder auch: sie ist die Verfügbarkeit der notwendigen Finanzmittel.

Als gesamtwirtschaftliche Liquidität müßte man also die Zahlungsfähigkeit bzw. die Kapitelversorgung der Gesamtwirtschaft bezeichnen. Dies würde nun erhebliche Meßprobleme aufwerfen, da ja Kapitalien oft nur ungern offengelegt werden und auch die aus dem Ausland mit berücksichtigt werden müßten.

Deshalb wird als gesamtwirtschaftliche Liquidität meist stellvertretend die Liquidität des Bankenapparates als dem Kern des volkswirtschaftlichen Geldkreislaufs herangezogen, was tatsächlich eine brauchbare und relativ zuverlässig meßbare Näherungsgröße darstellt.

Die Liquidität der Banken besteht praktisch aus der Menge an verfügbarem Zentralbankgeld. Im einzelnen:

1. die Kassenbestände der Banken (ob diese dazuzählen, ist umstritten, vgl. die Geldmengenbegriffe)
2. Überschußreserven der Banken bei der Notenbank, d.h. Sichtguthaben, die über die Mindestreserve hinausgehen. (Bankleute sagen allerdings gerne, diese Überschußguthaben gebe es praktisch nicht)
3. Aktiva im Besitz der Banken, die jederzeit, schnell und ohne große Kosten in Zentralbankgeld umgewandelt werden können, da eine erklärte Abnahmepflicht der Notenbank besteht, z.B. Geldmarktpapiere.

Nr. 1 bis 3, also vor allem die Überschußreserven und die erwähnten Aktiva werden als „freie Liquiditätsreserven" bezeichnet, über die die Banken also frei verfügen können, um ihre Kredite an ihre Kunden zu erhöhen, um also „Geldschöpfung" betreiben zu können.

Zur Liquidität der Banken gehören aber noch weiter:

4. Potentielles Zentralbankgeld aus Wertpapierpensionsgeschäften bzw. bilateralen Offenmarktgeschäften mit der Notenbank.
5. die Kreditspielräume der Banken bei anderen Banken, also die Kredite, die zu gewähren sie gegenseitig bereit sind. Dies wird als Geldmarkt bezeichnet.
6. die Kreditspielräume bei Banken des Auslands auf den sog. Internationalen Finanzmärkten oder Finanzplätzen wie z.B. Paris, London, Luxemburg, New York, Tokio. Es gibt auch spezielle Namen für solche Märkte wie: Eurodollarmarkt, Petrodollarmarkt usw.

8.8. Kredit

Der Begriff kommt vom italienischen credere, glauben, vertrauen: der Gläubiger überläßt dem Schuldner für eine bestimmte Frist Geld gegen Zinsen. Oder: Kredit ist die befristete Hingabe von Geld gegen Zinsen. Oder: „Kredit ist die zeitweilige Überlassung von Verfügungsmacht über eine bestimmte Geldsumme mit dem Versprechen der Rückzahlung" (Ehrlicher). Das Wort Verfügungsmacht bringt treffend zum Ausdruck, daß durch einen Kredit ein anderer mit dem Geld arbeiten kann. Und ein Unternehmer arbeitet vorwiegend mit fremdem Geld (Deutschland durchschnittlich 80%).

Die wichtigsten Kreditgeber in einer modernen Industriegesellschaft sind natürlich die Banken, wenn auch nicht ausschließlich. Sie können überdies mehr Kredit vergeben, als sie selbst Einlagen bekommen haben (vgl. das Depotscheinprinzip). Allerdings sind die Einlagen bzw. das Zentralbankgeld (die Liquidität) Voraussetzung und Grenze der Kreditvergabe, denn die Kredite müssen ja bedient, außerdem bei der Notenbank Mindestreserven gehalten werden. Die Summe aller von den Banken gegebenen Kredite wird als Kreditvolumen bezeichnet.

Dieses Kreditvolumen ist mengenmäßig von folgenden Faktoren abhängig:

- von der Bereitschaft der Bürger, ihr Geld als Ersparnisse oder sonstige Anlagen bei den Banken einzulegen.
- von der Liquidität der Banken. Banken, die nichts haben, können auch keine Kredite geben.
- von der Bereitschaft der Unternehmer und Bürger, Kredite aufzunehmen, damit von der allgemeinen Wirtschaftslage.
- von der Geschäftspolitik der Banken, also davon, wieviel Kredite sie ausgeben wollen.
- von der Politik der Notenbank, die zugunsten der Geldwertstabilität die Geldmenge mit ihrem Instrumentarium steuern will. Denn Kredite sind als Sichteinlagen Bestandteil der Geldmengen M1, M2, M3.

Es gibt viele Arten von Krediten. So wird nach der Laufzeit in langfristige, mittelfristige und kurzfristige Kredite unterschieden. Nach der Art des Gläubigers unterscheidet man in Privat-, Bank- und öffentliche Kredite. Nach dem Kriterium Verwendungsart gibt es Bau-, Investitions-, Ausbildungs-, Konsumentenkredite usw. Daneben gibt es zahlreiche spezielle Arten von Krediten wie Kontokorrent-, Überziehungs-, Hypothekenkredite usw.

Die volkswirtschaftliche Bedeutung der Kredits ist ungeheuer. Es wurde schon darauf hingewiesen , daß der durchschnittliche deutsche Unternehmer zum größten Teil mit Fremdkapital arbeitet. Die Kreditverflechtung entspricht der weit fortgeschrittenen Arbeitsteilung in einer modernen Industriegesellschaft.

Theoretisch wird die Bedeutung des Kredits gerne auf die Formel gebracht: er sei die zeitliche und personelle Verschiebung von Kaufkraft. Zeitlich bedeutet: Der Bürger, der für längere Zeit einen Betrag, z.B. für ein Häuschen, anspart, gibt seine Spargroschen einstweilen als Kredit an einen anderen, der damit arbeitet. Er verschiebt seine Kaufkraft auf einen späteren Zeitpunkt. Der Kreditnehmer aber kann schon heute über Kaufkraft verfügen, die er sonst erst nach einem langen Ansparprozeß hätte. Seine Kaufkraft wird vorverschoben.

Personelle Verschiebung heißt natürlich, daß Kaufkraft von einem Bürger zu einem anderen verschoben wird, der damit zwischenzeitlich arbeiten kann. Ein Produzent stellt mit Fremdkapital Güter her, auf deren Preise er die Zinskosten kalkuliert. Bringt der Markt ihm die gewünschten Preise ein, dann bezahlen ihm seine Kunden die Fremdkapitalkosten. Wenn nicht, erwachsen ihm finanzielle Probleme.

Man kann die Bedeutung des Kredits auch so formulieren: Kredite aktivieren ruhendes ökonomisches Potential, entfesseln ökonomische Energien. Werden die Ersparnisse im Sparstrumpf gehortet, dann kann das Geld nicht im wirtschaftlichen Kreislauf in Form von Investitionen und aktiver Nachfrage arbeiten. Werden die Ersparnisse aber als Kredite an Unternehmer vergeben, dann werden die schlafenden Energien frei. Eine Wirtschaft blüht, wenn ihre ökonomischen Energien möglichst produktiv eingesetzt werden. Natürlich kommt es dann noch darauf an, wie gut die Unternehmen (und der Staat) investieren.

Wegen dem früher dargestellten „Depotscheinprinzip“ kann der Bankenapparat sogar mehr Kredite ausgeben, als er Einlagen hat, da er sich erfahrungsgemäß darauf verlassen kann, daß die Kunden nicht alle zur gleichen Zeit alle ihre Kredite abheben werden. Dies hängt natürlich auch vom Vertrauen der Bürger in die Sicherheit ihrer Gelder im Bankenapparat ab, denn das Wort Kredit kommt wie erwähnt vom Wort credere (vertrauen, glauben).

Eine hochentwickelte Wirtschaft hat auch ein hochentwickeltes Geld- und Kreditsystem, durch das das ökonomische Geld-Potential weitgehend genutzt wird. Unterentwickelte Wirtschaften leiden meist an einem schlecht entwickelten, wenig Vertrauen gebenden Geldwesen. Und: Bricht das Geld- und Kreditsystem einer Volkswirtschaft zusammen, dann auch meistens die Wirtschaft und sogar der Staat.

8.9. Währung

Unter Währung kann man dreierlei verstehen:

a. Das gesetzlich anerkannte Zahlungsmittel eines Staates
b. Die gesamte Geldverfassung eines Staates
c. Währung als internationales bzw. globales Zahlungsmittel, meist im Rahmen eines internationalen Währungssystems

zu a. Hierzu ist im Kapitel Geld schon viel gesagt worden. Der Staat, d.h. die Regierung im Verein mit Notenbank und Parlament, legen die Währungseinheiten in Material, Gestalt und Stückelung fest, wie z.B. die DM in Form von verschiedenen Münzen und Banknoten.

Die Banknoten werden gewöhnlich von der Notenbank ausgegeben, die Münzen von der Regierung. Heute besteht keine Deckung mehr durch Gold oder Devisen oder ein anderes Medium. Allerdings wird gesagt, im abstrakten Sinne bestehe durchaus eine Deckung durch die produzierten Güter einer Volkswirtschaft oder durch die Leistungskraft der Wirtschaft oder durch die Garantie des Staates oder einfach durch Vertrauen.

Die Notenbank, in Deutschland die Deutsche Bundesbank, in Europa die EZB, ist verantwortlich für die Stabilität der Währung und wird gerne als „Hüterin der Währung" bezeichnet. Dazu stehen ihr politische Instrumente, wie Offenmarktpolitik oder Mindestreservenpolitik zur Verfügung.

Oft wird eine „harte" von einer „weichen" Währung unterschieden. Die harte Währung verfügt über eine stabile Kaufkraft, ist international als Zahlungsmittel anerkannt und „konvertibel", d.h. problemlos in jede andere Währung umtauschbar. Eine weiche Währung, das sind leider die meisten der Erde, hat die entgegengesetzten Eigenschaften bzw. Mängel: sinkende Kaufkraft, wenig international anerkannt, nur eingeschränkt konvertibel.

Eine Leitwährung ist eine harte Währung, die im Welthandel eine „Führungsrolle" hat, mit der man auf der ganzen Welt bezahlen kann, also eine „Weltwährung". Es ist gewöhnlich die Währung einer Groß-macht, die auch im weltweit notwendigen Umfang vorhanden ist. Beispiel: Dollar, Englisches Pfund (historisch), ECU.

Insbesondere ist eine Leitwährung die Währung in einem internationalen Währungssystem, auf die sich alle beteiligten Nationen mit ihren Wechselkursen ausrichten. Paradebeispiel dafür ist der US-Dollar, zu dem alle Teilnehmerländer einen festen Wechselkurs besaßen. So war die DM ein Viertel Dollar wert.

Nach dem Untergang dieses internationalen Währungssystems von Bretton Woods besitzt der Dollar diese Leitfunktion nicht mehr, dennoch ist er immer noch im weiteren Sinne eine Leitwährung geblieben, da eben Amerika die erste Weltmacht ist und z.B. viele Rohstoffe weltweit nach wie vor in Dollar berechnet werden. In diesem weiteren Sinne besaß auch die DM eine Leitfunktion in Europa, obwohl die EU selbst eine besondere künstliche Leitwährung, den ECU hatte. Für diesen etwas delikaten Zustand ist der treffende Ausdruck „Ankerwährung" geprägt worden.

zu b. Dieser Begriff von Währung umfaßt die Eigenschaften des vorigen Begriffes, geht aber weiter. Hier wird die gesamte Ordnung des Geldwesens mit allen seinen Regeln und Einrichtungen verstanden. Wie der Name sagt, geht man hier aus von der Verfassung. Im Grundgesetz wird durch Art. 73 dem Bund „das Währungs-, Geld- und Münzwesen" als Aufgabe zugewiesen. Art. 88 schreibt die Errichtung einer Währungs- und Notenbank vor.

Zur Geldverfassung gehören aber auch die rechtlichen und ökonomischen Rahmenbedingungen des Bankenapparates, also die entsprechenden Gesetze und Verordnungen und Aufsichtsbehörden, im weiteren Sinne alle Regeln und Sitten des Geld- und Zahlungsverkehrs.

zu c. Ein internationales Währungssystem ist ein Vertragswerk zwischen einer Gruppe von Staaten mit dem Ziel, ihre Währungen gegenseitig abzustimmen und zu stützen, die Austauschrelationen festzulegen, bestimmte vereinbarten finanzpolitischen Regeln einzuhalten und sich in Krisen gegenseitig Kredite zu gewähren. Beispiele dafür sind das Währungssystem von Bretton Woods (1944) und das Europäische Währungssystem EWS (1979).

Theoretische Unterscheidungen von Währungsarten

Bei der Erörterung der geschichtlichen Entstehung des Geldes wurde schon auf verschiedene Arten von Währung eingegangen, hier soll dies kurz schematisiert werden. Man unterscheidet prinzipiell gebundene und ungebundene Währungen. Bei gebundenen, auch Metallwährungen genannt, ist der Wert einer Geldeinheit durch eine bestimmte Menge eines Währungsmetalls festgelegt.

Ungebundene oder freie Währungen besitzen keine Deckung durch ein Metall oder etwas anderes. Man kann sie also auch nicht im Notfall gegen Gold oder Silber eintauschen. Heute sind freie Währungen allgemein üblich. Dennoch kann man durchaus im übertragenen Sinne von Deckung sprechen, so z.B. durch die produzierten Güter einer Wirtschaft oder Deckung durch die Wirtschaftskraft und das human capital einer Nation oder durch das Vertrauen in den Staat usw.

Die gebundenen Währungen stellen also eine historische Vorstufe der heutigen Währungen dar. So ist die folgende Einteilung vor allem von akademischem Interesse.

Arten von gebundenen Währungen

a. Monometallistische Währungen

   Solche Währungen sind gebunden bzw. gedeckt durch lediglich ein Währungsmetall, z.B. durch Gold oder durch Silber. Bei den Goldwährungen gibt es drei Unterarten:

   aa) Reine Goldwährung (oder Goldumlaufswährung): Grundlage sind hier die Goldmünzen. Die umlaufenden Banknoten können jederzeit in Gold umgetauscht werden.

   ab) Goldkernwährung: hier gibt es keine Goldmünzen mehr, sondern nur Banknoten und Scheidemünzen. Bankkunden können ihre Banknoten und Münzen jederzeit in Gold umtauschen

(Golddeckung). Da das normalerweise aber nicht alle Kunden tun (vgl. Depotscheinprinzip), lagert bei der verantwortlichen Zentralbank nur ein bestimmter Goldbestand, der Goldkern, in Höhe des prozentualen Anteils an der Gesamtgeldmenge, der erfahrungsgemäß in Gold umgetauscht wird, etwa 30 - 40 %.

ac) Gold-Devisenwährung: hier gibt es ebenfalls Scheidemünzen und Banknoten, die nun allerdings in Gold oder (harte) Devisen umgetauscht werden können. Bei der Zentralbank lagert dazu ein Bestand an Gold und Devisen in dem prozentualen Umfang, in dem Kunden ihr Geld erfahrungsgemäß umtauschen (z.B. „Gold-Dollarstandard"). Die Währung ist also gedeckt durch Gold und den Devisenbestand, d.h. auch durch die Währung einer anderen Wirtschaftsmacht; dies war seit diesem Jahrhundert der Dollar der Vereinigten Staaten.

b. Bimetallistische Währungen

Hier gibt es zwei Währungsmetalle nebeneinander. Dies war in den Staaten der Neuzeit, also seit der Renaissance, öfters der Fall. Es handelte sich in der Regel um Gold und Silber. Dabei gibt es zwei Varianten:

ba) Doppelwährung: hier muß ein festes Werteverhältnis zwischen den beiden Währungen bestehen, also eine Goldmünze muß z.B. fünf Silbermünzen entsprechen. Diese Relation ist natürlich nur durchzuhalten, wenn die Knappheitsrelation beider Edelmetalle konstant bleibt, denn sonst würde es sich ja lohnen, eine Sorte Münzen einzuschmelzen und gegen die andere Münze zu verkaufen.

bb) Parallelwährung: hier besteht kein festes Wertverhältnis zwischen den beiden Währungsmetallen. Ändern sich die Mengenrelationen der beiden Metalle, dann verschiebt sich auch die Wertrelation zwischen den Münzen.

Die Goldwährungen waren die Währungen der guten alten Zeit vor dem Ersten Weltkrieg, als eine Handvoll europäischer Staaten, die alle eine Goldwährung hatten, den Welthandel beherrschte. Eine Eigenschaft der Goldwährungen läßt heute noch manchen Geldtheoretiker die gute alte Zeit zurückträumen: Haben nämlich alle beteiligten Länder eine Goldwährung, dann bilden sich automatisch feste Wechselkurse zwischen diesen Ländern. Ein umständlich ausgehandeltes und stets gefährdetes internationales Währungssystem wird hinfällig. Dieses Phänomen wird mit dem sogenannten Goldautomatismus, einem der berühmten marktwirtschaftlichen Mechanismen, erklärt, der im wesentlichen darauf beruht, daß die Münzen der schwächer gewordenen Währung eingeschmolzen werden und das Gold zum gewinnbringenden Verkauf ins Ausland abfließt. Dieser Goldabfluß verringert im Inland Geldmenge und Inflation und läßt den Wert dieser Währung automatisch wieder steigen. Der kybernetische Kreislauf ist geschlossen.

9. Theorie der Geld-Nachfrage

Vorbemerkung: ein einfaches Modell

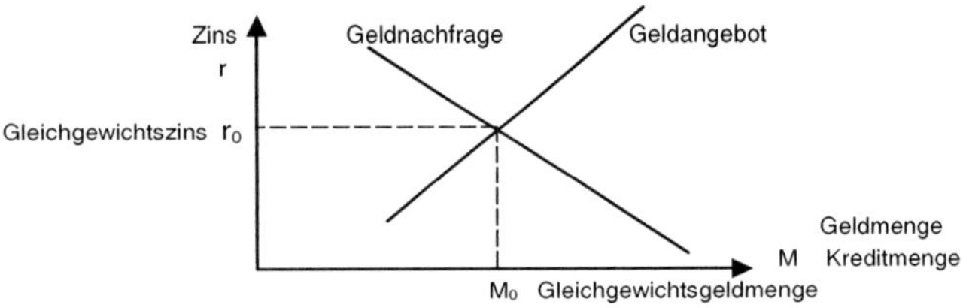

Zur Darstellung des Geld- bzw. Kreditmarktes kann durchaus das idealtypische Polypolmarktmodell herangezogen werden. Dabei tritt der Zins als Quasi-Preis auf, bei dem Angebot und Nachfrage sich ausgleichen. Allerdings muß berücksichtigt werden, daß der Zins keineswegs der Preis für das Eigentum, sondern nur für die Nutznießung des Geldes darstellt.

Nun gilt es zunächst, die Geldnachfrage zu analysieren.

9.1. Die Geldnachfrage nach J.M.Keynes

(vgl. Keynes, J. M., The General Theory of Employment, Interest, and Money, London 1936)

Keynes führt die Kassenhaltung (synonym: die Nachfrage nach Geld) auf ein dem Menschen zugehöriges „Liquiditätsbedürfnis" zurück. Der Mensch habe also das Bedürfnis, stets zahlungsfähig zu sein. So nennt Keynes die entsprechende Funktion Liquidity Preference Function.

Er zerlegt das Liquiditätsbedürfnis in drei Motive:

- das Transaktionsmotiv, um die „Alltagsgeschäfte" bedienen zu können. Von diesem Motiv leitet sich die Nachfrage nach Transaktionskasse (-Geld) ab;

- das Vorsichtsmotiv, um ein finanzielles Sicherheitspolster zu haben. Von diesem Motiv leitet sich die Nachfrage nach Vorsichtskasse (-Geld) ab;
- das Spekulationsmotiv, um günstige Kaufgelegenheiten wahrnehmen zu können. Von diesem Motiv leitet sich die Nachfrage nach Spekulationskasse (-Geld) ab.

Diese drei Arten von Kasse bzw. Geldnachfrage sind nur hypothetisch aus analytischen Gründen geteilt. In Wirklichkeit hat ein Bürger natürlich nur einen gesamten Kassenbestand. Unter Geld wird hier aber streng nur Bargeld und Sichteinlagen verstanden. Dieses Geld ist einerseits sicher vor Verlusten, andrerseits bringt es aber auch keinen Zinsgewinn. Von Inflation sieht Keynes im übrigen ab.

Nun im Einzelnen:

<u>die Nachfrage nach Transaktionskasse.</u>

Bei Unternehmungen wie auch bei Haushalten fallen ständig Einzahlungen und Auszahlungen an, die allerdings zeitlich und mengenmäßig keineswegs aufeinander abgestimmt sind. Dieses Auf und Ab kann man schematisch folgendermaßen darstellen:

Geldbestand

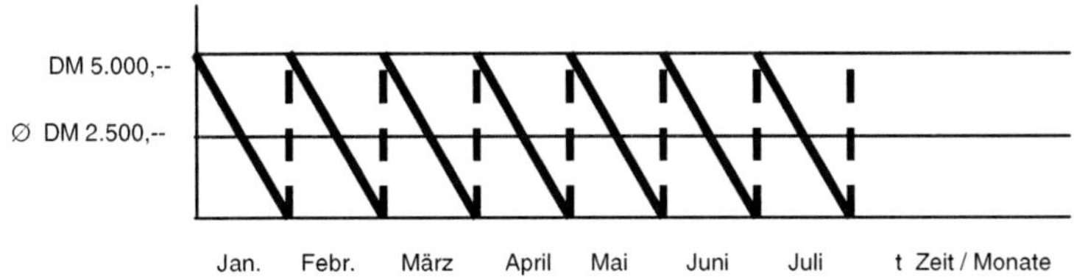

Am Anfang des Monats kommt das Einkommen. Während des Monats fließt das Geld unregelmäßig in Form von Ausgaben ab. Vereinfachend wird dieser Verlauf meist linear dargestellt. Man kann den durchschnittlichen Kassenbestand berechnen. Er ist hier z.B. DM 2.500,--. Die so dargestellte Transaktionskasse hat die Aufgabe, laufende Zahlungsverpflichtungen zu befriedigen.

Die Höhe dieser notwendigen Kassenhaltung hängt von der durchschnittlichen Höhe der Gesamtausgaben ab, von der man annehmen kann, daß sie wiederum vom verfügbaren Einkommen abhängt.

Also: $L^T_H = f(Y_H)$ Transaktionskassen-Nachfrage des Haushalts

Die Nachfrage nach Transaktionskasse des Haushalts L^T_H (L vom Wort Liquidity) hängt also funktional ab vom verfügbaren Einkommen des Haushalts.

Faßt man alle Haushalte zusammen, also „aggregiert" man sie, dann bekommt man theoretisch die Nachfrage der Gesamtwirtschaft nach Transaktionskasse:

$$L^T = f(Y), \text{ wobei } \frac{dL^T}{dy} > 0$$

Y steht dann für das (verfügbare) Volkseinkommen, und es ist plausibel, daß die Nachfrage, der Bedarf nach Transaktionskasse mit steigendem Volkseinkommen wächst.

Nun macht man eine vereinfachende, durch Empirie erfreulicherweise aber gestützte Annahme, die Geldnachfragefunktion nach Transaktionskasse sei linear:

$$L^T = k\,Y$$

Dabei ist k der Anstieg der Kurve und wird Geldhaltungskoeffizient genannt. Er liegt zwischen 0 und 1 und gibt den Anteil am Volkseinkommen an, den eine Volkswirtschaft an Transaktionsgeld benötigt.

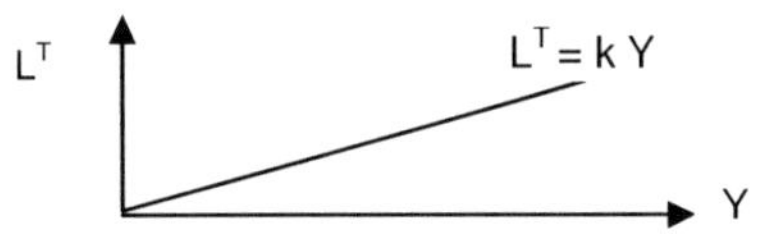

Die Nachfrage nach Vorsichtskasse

Weil Zeitpunkt und Höhe von Zahlungen der Wirtschaftssubjekte oft ungewiß sind, wünschen sie nach Keynes, einen bestimmten Bestand an Geld in einer „Vorsichtskasse" zu halten, weswegen sie aus diesen Gründen Geld nachfragen. Auch hier wird angenommen, daß diese Kassenhaltung bzw. Geldnachfrage von der durchschnittlichen Höhe der Gesamtausgaben und damit vom verfügbaren Einkommen abhängt.

Dann gilt für den Haushalt wieder:

$$L^V_H = f(Y_H)$$

Und gesamtwirtschaftlich nach einer Aggregation:

$$L^{V} = f(Y) \; ; \quad \frac{dL^{V}}{dy} > 0$$

Und nach der vereinfachenden Annahme einer linearen Funktion:

$$L^{V} = l \bullet Y \; ; \quad 0 < l < 1$$

l = „Vorsichtskoeffizient"
Y = Volkseinkommen

Auch die Grafik sieht ähnlich aus:

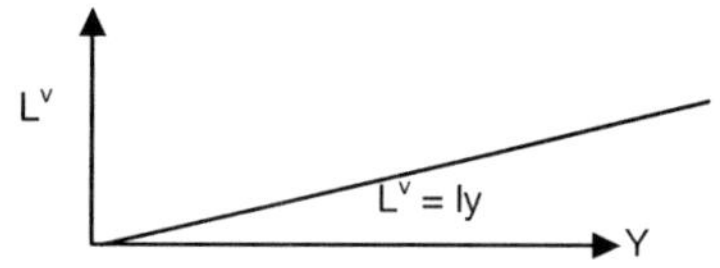

Da nun die Transaktionskasse und die Vorsichtskasse von der gleichen mathematischen Struktur sind, werden sie zu einer gesamten Kasse zusammengefaßt:

z.B. $L^{T} = 0{,}3Y$

und $L^{V} = 0{,}1Y$

ergibt die Gesamtkurve $L^{T+V} = 0{,}4Y$, die der Einfachheit halber auch "Transaktionskasse" genannt wird.

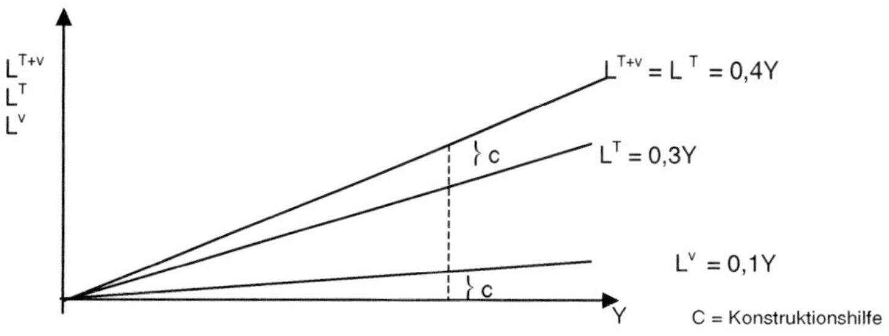

Die Nachfrage nach Spekulationskasse

Die Nachfrage nach Transaktions- und die Nachfrage nach Vorsichtskasse, zusammengefaßt "Transaktionskasse" (neu), hatte Keynes von den Klassikern der Nationalökonomie wie J. Fisher übernommen. Die Spekulationskasse nun ist einer seiner eigenen bedeutenden Beiträge.

Spekulation bedeutet ja die Ausnutzung erwarteter Preisänderungen, man könnte auch sagen: das Ausnutzen günstiger Gelegenheiten. Die Spekulationskasse besteht also aus Kassenbestandteilen, die den Besitzer vor das Entscheidungsproblem stellen: Soll er dieses Geld in Wertpapieren (bei Keynes in Festverzinslichen, in Bonds) anlegen mit der Chance von Zinserträgen aber dem Risiko von Kursverlusten?

Oder soll er dieses Geld lieber in bar bzw. Sichteinlagen halten, was ihm allerdings keine Zinsen, aber auch kein Risiko einbringt? Jedenfalls fragt er für diese Spekulationskasse Spekulationsgeld nach. Überhaupt werden die Ausdrücke Spekulationskasse, Spekulationsgeld und Spekulationsgeldnachfrage synonym verwendet.

Insgesamt steht der Geld-Halter also vor dem Wahlproblem: Bargeld oder Festverzinsliche. Für die weiteren Überlegungen muß man nun noch den bekannten Zusammenhang zwischen Rendite (Kapitalmarktzins), Nominalverzinsung und Kurs berücksichtigen:

$$\text{Rendite} = r = \frac{\textit{Nominalverzinsung}}{\textit{Kurs}} \quad \text{in \%}$$

Diese Formel ist eine alte Erfahrungsregel der Börsianer und kann mit der Barwertformel der zukünftigen Nettoerträge eines Wertpapiers mathematisch abgeleitet werden. Sie besagt also, daß Rendite (Kapitalmarktzins) und Kurs eines Wertpapiers sich umgekehrt proportional verhalten: sinkt der Zins, dann steigt der Kurs und umgekehrt. (Man mache sich klar, daß die Aktie als Dokument und auch das dahinter steckende Geld entgegengesetzten Marktgesetzen unterliegen.)

Für das Wahlproblem Bargeld oder Festverzinsliche sind nun wichtig die Erwartungen über die zukünftige Höhe der Rendite (des Kapitalmarktzinses) der Wertpapiere und damit zugleich, nach obiger Formel, die Erwartungen über die zukünftige Höhe des Kurses.

Sinkt nämlich der Zins in bezug auf den vom Anleger geschätzten "normalen" Zins besonders tief, dann wird bald eine Erhöhung des Zinses erwartet und damit eine Senkung der Aktienkurse. Steigt der Zins andrerseits besonders hoch, dann ist die Erwartung umgekehrt.

Das liegt daran, dass die tatsächlich beobachteten Zinsen wie eine Sinuswelle um den “Normalzins” schwingen. Hat der Zins einen Punkt nahe dem Umkehrpunkt nach oben erreicht, dann wird er also bald umkippen.

Bei tiefem Zins bekommen die Wertpapierbesitzer also die Angst vor Kursverlusten und verkaufen ihre Wertpapiere, nehmen somit ihr Geld wieder in die Spekulationskasse. Beim Mindestzins schließlich ist die Nachfrage nach Spekulationsgeld am größten. Diese Umtauschaktion läßt den Anleger auch kein großes Bedauern empfinden, da der entgangene Zinsgewinn bei Anlage in Wertpapieren ohnehin nur gering wäre.

Also: Je niedriger der Zins ist, desto höher ist die über den Transaktionsbedarf hinausgehende Geldhaltung (Spekulationskasse) und umgekehrt.

Als allgemeine Funktion kann man also ansetzen:

$$L^S = L^S(r) \;;\; wobei \frac{dL^S}{dr} < 0$$

r ist der Kapitalmarktzins.

Die Nachfrage nach Spekulationsgeld steht also in gegenläufiger Beziehung zum Kapitalmarktzins r.

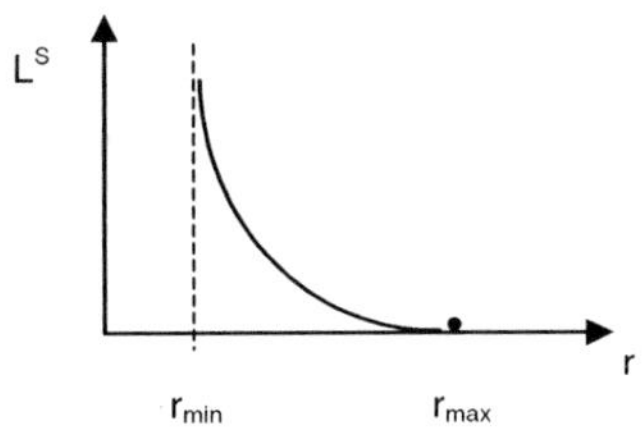

Nach Keynes handelt es sich um eine gekrümmte Kurve, die beim minimalen Zins asymptotisch aus dem Unendlichen kommt. Bei r_{min} wird alles Geld in Bargeld (Spekulationskasse) gehalten. Die Kurve kommt asymptotisch aus dem Unendlichen, weil alles Geld, das die Notenbank mit dem Ziel der Konjunkturankurbelung eventuell in den Kreislauf pumpt, ebenfalls in die Spekulationskasse fließt. Diese Phänomen heißt nach Keynes Liquiditätsfalle, weil dieses ganze gutgemeinte Geld weder für Käufe ausgegeben wird noch für Investitionen, also keineswegs konjunkturanregend wirkt. Es verschwindet in der Falle. Man sagt auch: die Nachfrage nach Spekulationskasse ist völlig elastisch.

Bei r_{max} andrerseits ist alles verfügbare Spekulationsgeld in Wertpapieren angelegt, da die Chance auf Kurssteigerung hoch ist und ein Zinseinkommen lockt.

Fügt man nun die Nachfragefunktion nach Transaktionskasse (einschließlich der Nachfragefunktion nach Vorsichtskasse) und die Nachfragefunktion nach Spekulationskasse zusammen, dann erhält man die gesamtwirtschaftliche Geldnachfragefunktion:

$$L = L^T(y) + L^S(r)\,;\, wobei \frac{\delta L}{\delta y} > 0 \, und \, \frac{\delta L}{\delta r} < 0$$

Diese Liquiditätspräferenzfunktion hängt also zugleich von den Variablen Y und r ab, wobei die partielle Ableitung nach Y größer, die partielle Ableitung nach r kleiner als Null ist. Es kann also theoretisch vorkommen, daß bei steigendem Einkommen und gleichzeitig steigendem Zins die Gesamtgeldnachfrage sich nicht ändert. Ein solcher Ausgleich zweier entgegengesetzter Wirkungen wäre aber auf Messers Schneide.

Die grafische Darstellung ist recht kompliziert, da man eine solche Funktion ja in drei Dimensionen darstellen müßte. Aus den beiden bekannten Funktionen:

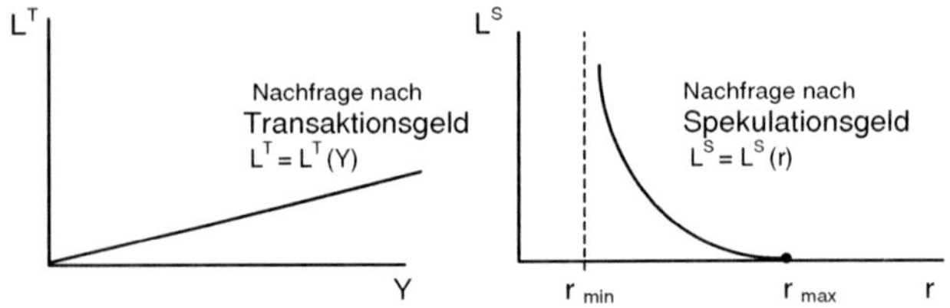

muß nämlich eine gemeinsame, auf zwei Dimensionen reduzierte Funktion gezeichnet werden.

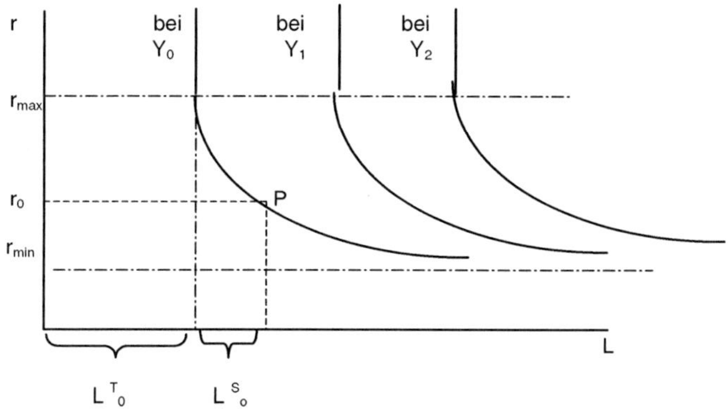

$L_0 = L_0^T + L_0^S$

Die Gesamtgeldnachfrage hängt von zwei Variablen ab. In dieser Darstellung wird Y als Parameter in drei festen Werten angesetzt: $Y_0 < Y_1 < Y_2$. Bei einem Zins ab r_{max} besteht die Gesamtgeldnachfrage nur aus Nachfrage nach Transaktionsgeld, die sich gemäß den drei festen Einkommenswerten als senkrechte Kurvenabschnitte oberhalb der Hilfslinie durch r_{max} darstellt. Hier besteht L praktisch nur aus dem ersten Term der Gesamtfunktion:

$$L = kY + 0$$

Unterhalb des Zinses r_{max} allerdings kommt auch die Spekulationsnachfrage hinzu in Form der oben dargestellten Nachfragekurve zu Spekulationszwecken, die hier allerdings zwischen vertauschten Achsen auftritt. Deshalb nähert sich die Gesamtnachfragekurve asymptotisch der waagerechten Hilfslinie bei r_{min}.

Aus der Kurve L wird nun ersichtlich: Bei jedem vorgegebenen Volkseinkommen Y besteht ein gegenläufiger Zusammenhang zwischen Zins und Geldnachfrage.

Zur Erläuterung dieser etwas schwierigen Darstellung seien noch drei markante Punkte aufgegriffen:

r_{max}: ab dieser Zinshöhe ist alles Spekulationsgeld in Wertpapieren gehalten, und die Geldnachfrage besteht nur aus der senkrechten (d.h. zinsunabhängigen) Nachfrage nach Transaktionsgeld.

r_0: bei einem Zins zwischen den Extremwerten kann man über den Kurvenpunkt P die Gesamtgeldmenge L_0 ablesen, die sich zusammensetzt aus L^T_0 und L^S_0, deren Trennung durch die Hilfslinie bei Y_0 ablesbar ist.

r_{min}: hier wird die bei Y_0 konstante Transaktionsgeldmenge L_0 gehalten plus die gesamte Nachfrage nach Spekulationsgeld. Die Kurve wird hier tendenziell asymptotisch unendlich, weil alles aus geldpolitischen Gründen eventuell in den Kreislauf gepumpte Geld auch in dieser "Spekulationsfalle" verschwindet.

Bezüglich des als diskreten Parameter gehaltenen Volkseinkommens sei angemerkt: Bei steigendem Volkseinkommen befinden wir uns auf einem weiter rechts liegenden Ast der Kurvenschar, und dies bedeutet selbstverständlich: Bei steigendem Volkseinkommen steigt die Gesamtgeldnachfrage.

Schließlich sei noch angemerkt, daß in manchen Lehrbüchern der runde untere Ast der Kurve L als Gerade dargestellt wird. Obwohl dann die geometrische Handhabung der Kurve gleich bleibt, kann ich dieser Darstellung als Winkelzug nicht zustimmen, da dann die Idee der Liquiditätsfalle ad absurdum geführt würde.

9.2. Die Quantitätstheorie

Wie wir gesehen haben, sieht Keynes neben seiner Neuschöpfung "Spekulationskasse" durchaus noch die Nachfrage nach Transaktionskasse, die er praktisch unverändert von seinen nationalökonomischen Vorgängern übernommen hat, deshalb soll nun ein historischer Rückschwenk auf das Jahr 1911 gemacht werden.

Damals entwickelte der englische Ökonom Fisher im Rahmen der "älteren Quantitätstheorie" die sog. Verkehrsgleichung, die immer gilt, die also eine sogenannte Identitätsgleichung darstellt:

$$M \cdot V = P \cdot T$$

Dabei ist M die Geldmenge, V die "Umlaufgeschwindigkeit des Geldes", T das Handelsvolumen, später das reale Transaktionsvolumen bzw. das reale Sozialprodukt, P das Preisniveau.

Die erwähnten Klassiker der Nationalökonomie sahen nur Geld für Transaktionszwecke nach der Funktion $L^T = kY$. Nach ihnen wurde Geld also nur für Transaktionszwecke verwendet. Und für den Geldbedarf eines Jahres genügte nach der Erfahrung ein Bruchteil, z.B. k = 1/12 des Volkseinkommens. Dann, so sagte man, wird L^T 12 mal im Jahr "umgeschlagen". Und die Zahl 12 wird dann (entgegen des physikalischen Begriffes) als Umlaufgeschwindigkeit bezeichnet.

Natürlich gilt dann: $V = \frac{1}{k}$;

k ist der bekannte Geldhaltungskoeffizient.

Die Umlaufgeschwindigkeit hängt von den Zahlungs- bzw. Ausgabegewohnheiten der Bürger ab. Wird sie größer, dann geht das Geld schneller von Hand zu Hand, die Wirkung ist, als ob mehr Geld im Umlauf wäre. Die Umlaufgeschwindigkeit wird für eine gewisse Reichweite als konstant angenommen, ebenso wie das reale Sozialprodukt, so daß man durch Umformung der Fisher'schen Verkehrsgleichung die Quantitätsgleichung ableiten kann, die immer noch den Hauptbaustein der Inflationstheorie darstellt:

$$M \cdot V = P \cdot T \quad \Rightarrow \quad P = \frac{M \cdot V}{T}$$

oder allgemein, da V und T konstant:

$$P = f(M); wobei \frac{dP}{dM} > 0$$

Die Quantitätstheorie besagt also: bei steigender Geldmenge steigt das Preisniveau, bei sinkender Geldmenge sinkt das Preisniveau. Sie ist also die Bestätigung einer alten Erfahrung der Menschheit.

Werden V und/oder T nicht mehr als konstant angenommen, dann gilt die Quantitätstheorie streng genommen nicht mehr. Es gibt dann zahlreiche kombinatorische Möglichkeiten. Zwei davon sind am interessantesten:

- Sinkt bei steigender Geldmenge die Umlaufgeschwindigkeit, dann kann eine steigende Geldmenge derart kompensiert werden, daß keine Inflation entsteht.
- Gibt es in einer Depression unausgelastete Kapazitäten, ist das Angebot, damit T also elastisch, d.h. flexibel ausdehnbar, dann kann durch die Notenbank ruhig die Geldmenge zur Konjunkturankurbelung ausgedehnt werden, ohne Inflation befürchten zu müssen. (Von Keynes wissen wir, wie oben dargelegt, allerdings, daß dann die Gefahr besteht, daß diese Mehr-Geldmenge in der Spekulationskasse verschwindet).

9.3. Die Geldnachfrage nach Milton Friedman

Der amerikanische Nationalökonom gilt als führender Vertreter der "Monetaristen", da er in den 60er und 70er Jahren vor allem Geldprobleme wieder in den Vordergrund gerückt hat. Und er gilt als Vertreter der "Neo-Quantitätstheorie", da er die Quantitätstheorie z.B. eines oben erwähnten Fisher wieder neu aufgegriffen hat.

Friedman untersuchte in diesen 60er / 70ern für die USA den Zusammenhang zwischen der Entwicklung der Geldmenge und der Entwicklung des Sozialprodukts und fand heraus, daß diese beiden Größen hoch korreliert waren. Wenngleich man nun nicht behaupten konnte, daß das Wachstum der Geldmenge ursächlich das Wachstum des Sozialprodukts bestimmt, so konnte man doch vermuten, daß eine Verstetigung und ein gleichmäßiges Wachstum der Geldmenge zu einer allgemeinen Verstetigung der anderen wirtschaftlichen Größen beitragen könnte. Heute würde man sagen: wenn die Rahmenbedingungen stetig wachsen, dann kann sich das auch positiv auf ein gleichmäßiges Wachstum auswirken.

Friedman empfahl also eine stetige Geld- und Wirtschaftspolitik, wobei sich der Staat weitgehend aus den Marktprozessen raushalten sollte. So sollte die Geldmenge gleichmäßig mit einem bestimmten Prozentsatz wachsen, der angelehnt ist an die berechnete bzw. prognostizierte Wachstumsrate des Produktionspotentials. Diese berechnete Wachstumsrate wird noch um einen kleinen Prozentsatz erhöht, da eine gewisse Inflationsrate unvermeidlich und auch zu finanzieren ist. Wächst nach den Prognosen das Produktionspotential z.B. um 3 %, dann soll die Geldmenge vielleicht um 4 % wachsen dürfen. Für diese gleichmäßige Wachstumsrate ist die Notenbank mit ihrer Geldpolitik verantwortlich. Diese Politik wird potential-orientierte Geldpolitik genannt. Zugunsten einer solchen Verstetigungspolitik soll nach Friedman jede punktuelle, d.h. von Fall–zu-Fall- bzw. diskretionäre Geld- und überhaupt Wirtschaftspolitik unterbleiben.

Die Deutsche Bundesbank hat in den 70 er Jahren diese Idee Friedmans übernommen, indem sie für jeweils das folgende Jahr ein stetiges Geldmengen-Wachstumsziel beschloß. Inzwischen setzte sie das Geldmengenziel als Bandbreite bzw. Korridor. Für 1996 z.B. sollte die Geldmenge um zwischen 4 und 7 % wachsen.

Nun aber zur Geldnachfragefunktion Milton Friedmans: Er ging davon aus, Geld sei eine Vermögensanlage (Aktivum) unter zahlreichen anderen wie z.B.: Festverzinsliche (Bonds) und Aktien, Spar- und Termingelder, Immobilien und Wertsachen, und auch, hier geht

Friedman neue Wege: das human capital, die Bildung und die Fähigkeiten des Menschen. Insgesamt könnte man Friedman auch in die Reihe der Portfolio-Theoretiker einreihen wie Hicks und Tobin.

Der Anleger eines Geldbestandes steht also vor dem Problem, wie und in welcher Mischung er sein Vermögen anlegen soll, wie er also sein Portfolio zusammensetzen soll.

Bei einer solchen Entscheidung sind für ihn wichtig folgende Kriterien:

- die Ertragserwartung einer Anlage
- das Risiko einer Anlage
- der Zinsverzicht einer potentiell anderen, aber nicht gewählten Anlage (opportunity costs)

Die Summe der Anlagen ist natürlich begrenzt durch das verfügbare Vermögen, den Geldbestand, den er anlegen kann. Ändern sich die obigen Entscheidungskriterien, insbesondere die Ertrags- und Risikoerwartungen, dann ändert sich natürlich die Zusammensetzung des Portfolios. Bis hier ist eine große Ähnlichkeit zu Keynes und anderen Portfolio-Theoretikern festzustellen.

Neu bei Friedman ist aber die Bedeutung der Inflation bei den Geldnachfrageüberlegungen, und dies weist Friedman als Monetaristen aus. Denn der reale Wert der Kasse, des Geldbestandes, d.h. seine Kaufkraft ist entscheidend für den Nutzen, den der Vermögensbesitzer aus dem Geld zieht. Das Preisniveau ist also ein neuer wichtiger Bestimmungsfaktor der Geldnachfrage. Für die täglichen Transaktionen benötigt man mehr Geld, da die Preise davonlaufen. Als Vermögensanlage allerdings wird Geld uninteressanter, da immer wertloser. Welcher Effekt überwiegt, muß durch eine empirische Geldnachfragefunktion erforscht werden, die Friedman allgemein durch folgende Funktion darstellt, wobei wir eine von seinen mehreren Varianten auswählen und etwas vereinfachen:

Geldnachfragefunktion:

$$\frac{M_d}{P} = f\left(\frac{1}{P}\cdot\frac{dP}{dt}; r; \frac{1}{r}\cdot\frac{dr}{dt}; Y_r^P\right)$$

Dabei bedeuten die Symbole folgendes:

M_d : die Geldnachfrage; P: das Preisniveau; M_d/P also: die reale Geldnachfrage; 1/P dP/dt bedeutet die Preisänderungsrate in der Zeit; r: Kapitalmarktzins; 1/r dr/dt bedeutet die (erwartete) Zinsänderungsrate in der Zeit ; Y^p_r: das permanente Realeinkommen, das einem langfristigen Durchschnittseinkommen entspricht. Dieser neue Einkommensbegriff ist auch eine neue Idee Milton Friedmans.

Diese Geldnachfragefunktion hat mit der von Keynes einige Ähnlichkeiten, aber auch auffallende Unterschiede. So sind das Preisniveau und erwartete Änderungsraten berücksichtigt als Einflußfaktoren, und das Einkommen ist anders definiert. Die Funktion als ganze ist allerdings nicht spezifiziert, dies muß durch empirische Analysen besorgt werden.

Friedman hat solche empirischen Arbeiten durchgeführt und kam zum Ergebnis, daß das permanente Realeinkommen der Haupteinflußfaktor der Geldnachfrage, der Zins aber nur ein geringer Faktor ist. Dies steht im Gegensatz zu Keynes, der aufgrund seiner Börsenerfahrungen dem Zins eine hohe Bedeutung als Verursacher der Geldnachfrage zugemessen hat.

10. Theorie des Geldangebots

10.1. Einfache Ansätze

In letzten Kapitel haben wir die keynesianische Geldnachfragefunktion abgeleitet. Nimmt man nun an, daß die Zentralbank eine bestimmte Menge an Geld autonom anbieten kann in Form von diskreten Werten, dann kann man folgendes einfache Modell zeichnen:

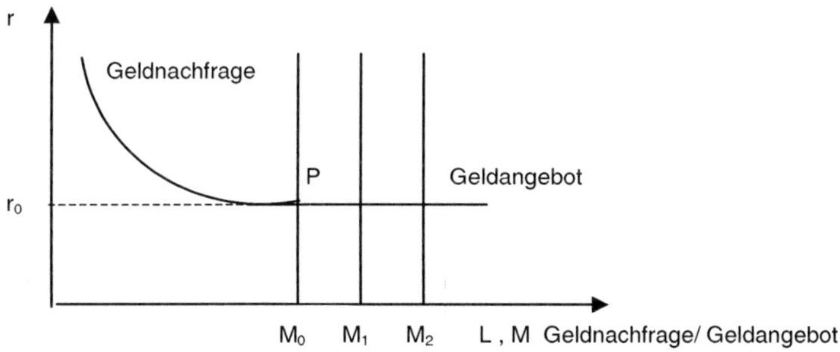

Bei einem bestimmten Geldangebot und einer bestimmten Geldnachfrage ergibt sich der Gleichgewichtspunkt P mit dem Gleichgewichtszins r_0. Nach diesem einfachen Modell kann man bereits feststellen, daß bei sinkendem Angebot der Zins steigt, daß aber bei steigendem Geldangebot ab einer bestimmten Angebotshöhe der Zins nicht mehr weiter sinkt.

In diesem Kapitel soll nun untersucht werden, welche Faktoren das Geldangebot in einer Volkswirtschaft bestimmen. Dies soll in drei Ansätzen geschehen.

<u>1. Ansatz: Wer gibt das Geld heraus?</u>

Die Bundesregierung prägt die Münzen und gibt sie über die Deutsche Bundesbank in den Umlauf (historisch: Das Münzregal des Souveräns).

Die Deutsche Bundesbank bzw. die Europäische Zentralbank bringt die Banknoten in Umlauf.

Die Geschäftsbanken betreiben die Giralgeldschöpfung, wenn sie beispielsweise einen Kredit gewähren, d.h. neues Geld schaffen.

Die Deutsche Bundesbank bzw. die Europäische Zentralbank schöpft die Geldbasis (das Zentralbankgeld).

Alles zusammen wird als Geldschöpfung bezeichnet.

2. Ansatz: Die Geldschöpfung im einzelnen

A. Die (Zentralbank-) Geldschöpfung der Notenbank

Die Geschäftsbanken erhalten Zentralbankgeld u.a. durch Kredite der Notenbank. Dies ist Schöpfung von Zentralbankgeld. Bei Rückzahlung des Kredits spricht man von Geldvernichtung.

Oder: die Geschäftsbanken erhalten Zentralbankgeld durch den Verkauf von Aktiva wie Devisen, Gold oder Wertpapiere an die Notenbank.

B. Der Giralgeldschöpfungsprozeß der Geschäftsbanken

"Aktive" Giralgeldschöpfung: eine Bank gewährt ihren Kunden Kredit.

Oder: ein Kunde verkauft an eine Bank Aktiva wie Devisen, Gold, Wertpapiere und bekommt den Betrag auf seinem Girokonto gutgeschrieben (Sichtguthaben). In beiden Fällen geschieht keine Giralgeldschöpfung, wenn der Kunde sein Geld bar mitnimmt.

Schließlich die „passive“ Geldschöpfung: ein Kunde zahlt Bargeld auf sein Girokonto ein.

Insgesamt muß festgehalten werden: die Giralgeldschöpfung der Geschäftsbanken, d.h. das Geldangebot der Banken, hängt ab von der Zentralbankgeldschöpfung der Notenbank, also von deren Geldangebot. Denn die Kredite müssen refinanziert werden, und ein Teil der Einlagen der Banken muß als Mindestreserve bei der Notenbank gehalten werden.

10.2. Der Geldschöpfungsmultiplikator

Dieser Ansatz soll das maximal mögliche Geldangebot des Bankenapparates erklären, insbesondere das Phänomen, daß der gesamte Bankenapparat mehr anbieten bzw. durch Kreditgewährung schöpfen kann als er an Einlagen seiner Kunden bekommen hat. Es kann also praktisch aus dem „Nichts” Geld geschaffen werden. Dies kann natürlich für den Geldwert gefährlich sein, ganz besonders wenn der Staat sich durch Kredit Geld beschafft.

Zur Ableitung des Geldschöpfungsmultiplikators bedient man sich eines Modells mit verschiedenen Annahmen:

- man setzt ein sog. einstufiges Mehrbankensystem mit gemischtem Zahlungsverkehr voraus, d.h. eine Zentralbank und eine Vielzahl von Universalbanken, das sind Geschäftsbanken, die prinzipiell alle Geldgeschäfte anbieten;
- man nimmt einen Mindestreservesatz von z.B. 10 % an, d.h. 10 % ihrer Kunden - Einlagen müssen die Geschäftsbanken bei der Notenbank hinterlegen.
- man nimmt drittens eine Barreserve von z.B. 10 % an, d.h. die Banken wollen von ihren Kundeneinlagen 10 % bar in der Kasse behalten.

Nun zahle ein Kunde bei seiner Bank A DM 5.000,-- ein. Das ist also ein Zentralbankgeldzufluß für den Bankenapparat von DM 5.000,--. Die dazugehörenden Buchungen sehen folgendermaßen aus: Man sieht dann, daß die Bank nach Abzug der Mindestreserve und der Barreserve DM 4.000,-- an Kredit ausgeben kann.

Bank A

Kasse	5.000	Einlage Von Kunde bar (=Zentralbank- geldfluß)	5.000

Bank A

Mindest- reserve	500	Einlage von Kunde bar	5.000
Barreserve	500		
Kredit	4.000		

Der Kredit von DM 4.000,-- gehe an einen anderen Kunden der Bank A, der seinerseits mit diesem Kredit eine Überweisung von DM 4.000,- zur Bezahlung einer Rechnung bei einem seiner Geschäftspartner tätige, der sein Konto bei der Bank B unterhalte. Die Bank B erhält also einen Giralgeldzufluß, der folgendermaßen verbucht wird und der Bank B ihrerseits eine Kreditvergabe von DM 3200,-- ermöglicht, nach vorherigem Abzug ihrer Mindest- und Barreserve.

Bank B

Kasse	4.000	Einlage Von Bank A	4.000

Bank B

Mindest- reserve	400	Einlage von Bank A	4.000
Barreserve	400		
Kredit	3.200		

Die Bank B gebe ihren Kredit von DM 3.200,-- wiederum einem ihrer Kunden, der damit eine Rechnung bei einem seiner Geschäftspartner bezahlt, der sein Konto bei der Bank C habe. Diese verbucht wieder die Vorgänge, zieht Mindest- und Barreserve ab und kann nun einen Kredit von DM 2.560,-- vergeben.

Bank C

Kasse	3.200	Einlage Von Bank B	3.200

Bank C

Mindest-reserve	320	Einlage von Bank B	3.200
Barreserve	320		
Kredit	2.560		

Und so weiter, und so weiter. Diese Kreditvergabe zieht sich durch das ganze Bankensystem fort, bis sich die immer kleiner werdenden Kreditbeträge im Sande verlieren. Der Mathematiker allerdings erkennt sofort, daß es sich bei den Kreditbeträgen, der Mindestreserve und der Barreserve um geometrische Reihen handelt. Betrachtet man z.B. die Kreditbeträge einschließlich dem ersten Zentralbankgeldzufluß: 5000, 4000, 3200, 2560, 2048 ..., dann erkennt man, daß das erste Glied mit 0,8, das zweite mit $0{,}8^2$ multipliziert wurde usw.

Will man nun alle vergebenen Kredite addieren, muß man nur die Summenformel einer geometrischen Reihe anwenden:

Summenformel „geometrische Reihe" $S_n = a \cdot \frac{1-q^n}{1-q}$, wobei hier q = 0,8 ist.

oder, wenn man „unendlich" viele Banken unterstellt:

Summenformel "unendlich geometrische Reihe" bei $n \longrightarrow \infty$ d.h. $q^n \longrightarrow 0$ $S_n = a \cdot \frac{1}{1-q}$

Setzt man unsere Werte in die zweite Formel ein, dann erhält man als Summe aller Kredite einschließlich des ersten Zentralbankgeldzuflusses:

$$dZ + \sum_{A}^{N} \text{Kredite} = dM = dZ \cdot \frac{1}{1-q}$$

dM = Geldschöpfung (einschließlich des 1. Zuflusses dZ)

Addiert man nun wie R. Fischbach die beiden Reservesätze zu einem „gesamten Reservesatz" r, der hier also 0,2 bzw. 1-q beträgt, dann wird die Formel vereinfacht zu:

$$dM = dZ \cdot \frac{1}{r}$$

Da aber r < 1, kann man feststellen, daß die gesamte Geldschöpfung ein Vielfaches des Zentralbankgeldzuflusses beträgt.

In Lehrbüchern kursieren mehrere Modelle mit mehreren Formeln, die aber alle auf das gleiche Ergebnis hinauslaufen. Es sei nur noch ein weiteres Modell genannt, das eine „Barauszahlungs- bzw. Barabhebungs- bzw. Bargeldquote" annimmt, d.h. die Kreditkunden heben beim Kreditempfang gleich einen Anteil (b < 1) in bar ab. Außerdem gebe es auch hier einen Mindestreservesatz von c.

Dann lautet die Formel, die genauso mit Hilfe der geometrischen Reihe abgeleitet wird:

Geldschöpfungsmultiplikator $$dM = dZ \cdot \frac{1}{c + b(1-c)}$$

Das Ergebnis ist interessant: Jede einzelne Bank kann nur weniger Kredit vergeben, als sie Einlagen bekommen hat. Der ganze Bankenapparat kann aber einen Kreditbetrag vergeben, der um ein Mehrfaches höher als der ursprüngliche Zentralbankgeldzufluß ist.

Es muß aber hinzugefügt werden: der Geldschöpfungsmultiplikator gibt den Maximalwert der Geldschöpfung an, also den Wert, der entsteht, wenn alle Banken ihren Kreditspielraum voll ausschöpfen.

Ob die Banken diesen Kreditspielraum voll ausschöpfen, also der tatsächliche Wert der Geld- bzw. Kreditschöpfung hängt von zahlreichen Faktoren der Wirtschaft ab, vor allem von der Kreditnachfrage der Wirtschaft, die wiederum von den Gewinnerwartungen abhängt, aber auch von der Geschäftspolitik der Banken und der Geldpolitik der Bundesbank, die ja stets die Geldwertstabilität im Auge haben muß.

Ergebnis:

1. Die Giralgeldschöpfung (Kreditschöpfung, das Geldangebot) der Banken hängt ab:
   - vom verfügbaren Zentralbankgeld bzw. den Liquiditätsreserven der Banken,

- von der Barreserve der Banken bzw. vom Kreditanteil, den die Kreditnehmer jeweils in bar abheben, also von den Zahlungsgewohnheiten der Bürger- bar oder bargeldlos,
- von der Mindestreservepflicht der Banken,
- von der Geschäftspolitik der Banken,
- von der Politik der Notenbank,
- von der Bereitschaft der Unternehmer (Gewinnerwartung) und Konsumenten (wirtschaftliche Zuversicht), bei den Banken Kredite aufzunehmen,
- von der Fähigkeit und Bereitschaft der Bürger zu sparen und ihr Erspartes bei Banken einzulegen.

2. Die Notenbank kann also die Giralgeldschöpfung, damit das Geldangebot und die Geldmenge nach ihren Zielsetzungen (Stabilität des Geldwerts, Konjunkturstabilisierung) beeinflussen. (Dazu mehr im Kapitel 13.)

3. Das Bankensystem insgesamt kann theoretisch ein Mehrfaches (d.h. etwa 2,5 bis 3 mal soviel) ihres Zentralbankgeldzuflusses als Kredite vergeben (Geldschöpfungsmultiplikator).

4. Die Notenbank hat die Kreditschöpfung allerdings nicht ganz unter ihrer Kontrolle, da, wie aus 1. ersichtlich, auch das Verhalten der Banken, der Unternehmer und der Konsumenten und auch die Wirtschaftslage einen guten Teil zur Beeinflussung beitragen.

11. Zum Zins

Im einfachen Marktmodell kann man den Zins folgendermaßen darstellen:

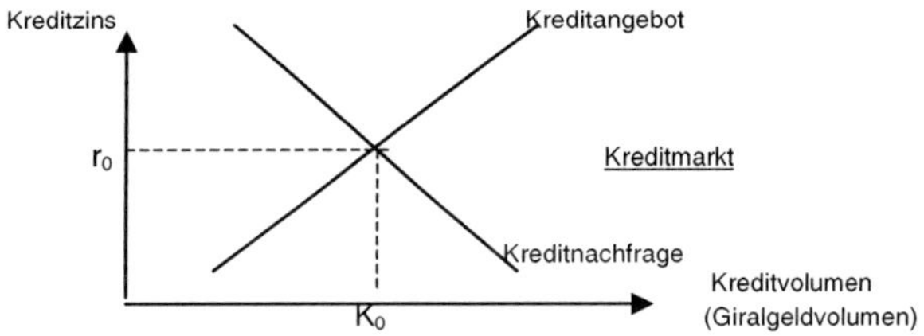

r_0 ist der sich am Kreditmarkt nach dem Spiel von Angebot und Nachfrage bildende Gleichgewichtszins. Es gilt das Gesetz von Angebot und Nachfrage der Preistheorie, ebenso die Art und Weise, wie sich bei Verhaltensänderungen die Kurven verschieben.

Deshalb wird der Zins als der Preis bezeichnet, den der Schuldner für die zeitweise Überlassung von Geld an den Gläubiger für die Zeit der Überlassung zu zahlen hat.

Insofern unterscheidet sich der Kreditmarkt doch vom Marktmodell der Preistheorie. Dort ging das Gut für den Preis in das Eigentum des Käufers über. Hier zahlt man den Zins für die zeitweilige Überlassung, denn das Geld geht ja keineswegs in das Eigentum des Schuldners über. Nur in diesem eingeschränkten Sinne kann man den Zins also als Preis bezeichnen.

Es gibt zahlreiche Arten von Zinsen: Kapitalmarktzins, Geldmarktzins, Sparzins, Kreditzins, Diskontsatz, Lombardsatz, Habenzins usw. usw.

Einige Zinsen bedürfen einer näheren Erläuterung:

Der Realzins ist der um die Inflationsrate bereinigte Geldzins;

Der Nominalzins ist im häufigsten Sprachgebrauch der Zins eines Wertpapiers zum Nennwert von 100;

Der Effektivzins bzw. die Rendite ergibt sich aus der Verbindung von Nominalzins und der Kursentwicklung. Was erbringt mir ein Wertpapier tatsächlich? Er wird berechnet, indem man die Nominalverzinsung durch den Kurs des Wertpapiers dividiert.

Der Diskontsatz war der Zins, den die Bundesbank für die Restlaufzeit der Wechsel verlangte, die die Banken bei ihr einreichten.

Es gibt zahlreiche Zinstheorien, die die Entstehung, die Höhe, die Veränderung und die Wirkung von Zinsen analysieren. Wir haben mit Keynes und Friedman zwei berühmte Theoretiker kennengelernt. Die Entstehung von Zinsen wird aus Kreditgeschäften erklärt, die Veränderungen von Zinsen aus der Veränderung von Angebot und Nachfrage nach Geld, wobei die Instrumente der Preistheorie zu Hilfe gezogen werden. Denn der Kreditmarkt wie auch der Devisen- wie auch der Kapital- bzw. Aktienmarkt können als Beispiele des klassischen Polypolmarktes gelten.

Von besonderer Bedeutung ist die Frage nach der Wirkung von Zinsen und hier wiederum der Wirkung von Zinsen auf die Investitionen.

Dabei gibt es zwei gegensätzliche Positionen und einen Kompromiß. Die eine Behauptung lautet, die Investitionen hingen überhaupt nicht vom Zins ab, die andere, die Investitionen seien sehr wohl zinsabhängig. Der plausible Kompromiß lautet folgendermaßen:

Bei kurzfristigen Investitionen und damit kurzfristigen Zinsen, also bei einem überschaubaren und gut prognostizierbaren Zeitraum von etwa bis 3 Jahren, wird das unternehmerische Kalkül vollkommen von der Gewinnerwartung bestimmt. Sind diese gut, kann man als Investor ohne weiteres hohe Zinsen in Kauf nehmen. Sind diese schlecht, können auch noch so gute Zinsen nicht zur Investition animieren. Bei kurzfristigen Zinsen wird nach inzwischen wohl mehrheitlicher Meinung keine Zinsabhängigkeit der Investitionen angenommen.

Anders bei langfristigen Zinsen. Hier geht es auch um langfristige Investitionen und lange Kapitalbindungen. Und hier ist über den langen Zeitraum eine Gewinnprognose kaum sicher zu treffen. Deshalb spielen hier wegen der langen Zinsbelastung die Zinshöhen sehr wohl eine Rolle.

Schließlich sei noch etwas zur Zinsstruktur gesagt. Damit ist das bekannte Phänomen gemeint, daß die zahlreichen Zinsen, die sich ja nach Fristigkeit, Risiko und Bonität des Kunden unterscheiden, in bestimmten Wechselbeziehungen stehen. Ein Beispiel war die Beziehung zwischen Diskont- und Lombardsatz, die sich in der Höhe gewöhnlich um zwei Punkte unterschieden.

Auch gibt es Obergrenzen und Bandbreiten der Schwankung von Zinsen. So galt der Diskontsatz als Obergrenze auf dem Geldmarkt zwischen den Banken. Denn sollte der Geldmarktzins über dem Diskontsatz zu liegen kommen, dann gingen die geldsuchenden Banken zur Bundesbank, wo sie nur den Diskontsatz zahlen mußten.

Ein anderes Beispiel ist der „Zinskanal" des Zinssatzes für Tagesgeld am Geldmarkt, der von den Zinssätzen der Spitzenrefinanzierungsfazilität (Übernachtkredit) und der Einlagenfazilität abgesteckt wird (vgl. Instrumentarium der EZB). Sollten die Geldmarktsätze nämlich den Zinskanal nach oben oder unten überschreiten, würden die Banken ihr Geschäft natürlich mit dem ESZB machen anstatt auf dem Geldmarkt. Börsianer reden gerne von einem „Normalzins" des Kapitalmarktes, um den die tatsächlichen Zinsen in einer Bandbreite oszillieren.

Die gesamte Zinsstruktur mit ihren Wechselbeziehungen und teils relativ festen Zinsabständen bildet zusammen ein System, das je nach Konjunkturlage oder Leitzinssetzung der Notenbank sich wie ein Fahrstuhl nach oben oder nach unten bewegt. Die Zinsen steigen zusammen und fallen zusammen. Das liegt natürlich daran, daß Geldgeber Zinsveränderungen je nach Marktlage an ihre Kunden weitergeben.

Oder: Alle Märkte hängen zusammen. Das Geldangebot geht zum profitabelsten Markt, die Geldnachfrage zum billigsten.

Um den Zins sind viele Theorien entstanden, die teilweise mit komplizierten mathematischen Modellen arbeiten. Es sei auf die Spezialliteratur verwiesen.

12. Inflation

12.1. Einführung

Bei Inflation steigt das Preisniveau des ansonsten unveränderten Warenangebots beständig an. Anders herum kann man sagen, daß die Kraft des Geldes immer geringer wird. In der statistischen Praxis nimmt man einen „Warenkorb", beispielsweise die Güterzusammenstellung, die ein durchschnittlicher Arbeitnehmerhaushalt mit vier Personen normalerweise verbraucht, also Wohnung, Kleidung, Auto, Freizeit, Nahrungsmittel usw. und addiert die Geldsumme, die gegenwärtig dafür aufzubringen ist. Nun mißt man, wieviel Prozent heute für diesen Warenkorb mehr aufzubringen ist als vor einem Monat, vor einem Quartal oder einem Jahr. Die Steigerungsrate seit dem letzten Jahr wird gewöhnlich als Inflationsrate bezeichnet. Oder man mißt die Inflation mit sog. Preisindices. Man wählt ein „Basisjahr", das vielleicht ein Jahrfünft oder ein Jahrzehnt zurückliegt und setzt das Preisniveau des Warenkorbes gleich 100. Oder man fängt heute mit 100 an zu zählen. Steigt in den folgenden Jahren nun die zu zahlende Geldsumme, wird dies zu den 100 der Basis in Beziehung gesetzt. Kostete der Warenkorb im Basisjahr 1990 also 100 Einheiten und im Jahr 1999 130 Einheiten, so hatte die Währung in diesen Jahren eine Inflation von 30 % durchgemacht.

Klassisch kann man Inflation in folgende Arten einteilen:

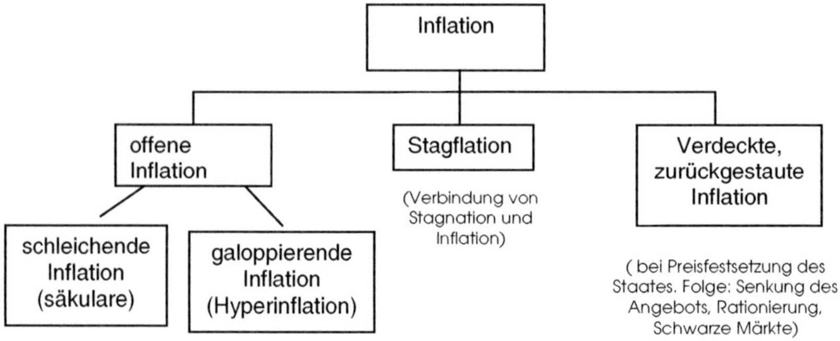

Inflation von einigen Prozent hat eine moderne Wirtschaft meistens. Von manchen wird sie sogar als konjunkturanregend empfunden. Wann eine galoppierende Inflation beginnt, ist umstritten. Für unsere Verhältnisse muß man nach meiner Meinung bei spätestens 50 % von einer galoppierenden Inflation sprechen.

Die verdeckte Inflation, die man nicht sieht, da der Staat die Preise festsetzt, ist sogar, mindestens langfristig, gefährlicher als die offene Inflation, da die verursachende Übernachfrage keineswegs beseitigt, sondern sogar noch erhöht wird, da die Unternehmer das Angebot zurückfahren. Ganz abgesehen von den bürokratischen Umständlichkeiten der Rationierung, der Überwachung und den zwangsläufig entstehenden Schwarzen Märkten. Kurzfristig und in existentiellen Notzeiten jedoch kann eine Preissetzung durchaus notwendig werden.

In dieses traditionelle Schema habe ich noch die Stagflation eingefügt. Dieses Kunstwort ist aus Stagnation und Inflation zusammengesetzt. Stagflation bezeichnet ein bis in die 70er Jahre für unmöglich gehaltenes Zusammentreffen von wirtschaftlichem Tief und Inflation. Ursache war die Ölkrise von 1973, als das Ölkartell der OPEC-Staaten schlagartig den Ölpreis in die Höhe schnellen ließ. Die vom Öl abhängigen Industriestaaten wurden in eine Wirtschaftskrise gestürzt, bei der wegen des drastisch erhöhten Ölpreises auch eine starke Inflation angeheizt wurde.

Bei einer (stärkeren) Inflation wirkt gefährlich verstärkend die sog. Inflationsmentalität. Die Unternehmer machen am Anfang ganz gute Gewinne, weil sie höhere Preise nehmen können und gewöhnen sich daran und kalkulieren die Inflation sogar in ihr betriebliches Rechnungswesen ein. Wenn man die Inflation richtig voraussieht, kann man sich verschulden und damit Maschinen oder Immobilien kaufen und dann die Schulden später mit praktisch weniger Geld zurückzahlen. Auch die Bürger gewöhnen sich an die Inflation, kalkulieren sie in ihre Überlegungen ein und fordern mittels ihrer Gewerkschaften höhere Löhne.

Schließlich dreht sich die Inflationsspirale aber immer schneller, auch beschleunigt durch die wachsende Staatsverschuldung, denn jeder Kredit bedeutet Geldschöpfung. Der Staat muß sich mehr verschulden, da seine Ausgaben, vor allem aus dem sozialen Netz, ja wegen der Inflation auch immer mehr wachsen.

So werden die Unternehmer von den inflationären Beschaffungskosten überrollt, und Kredite sind nicht mehr zu haben, da die Geldgeber kein wertloses Geld zurückhaben wollen. Die Konsumenten verlieren die sog. Geldillusion, vertrauen also nicht mehr den Zahlen auf den Scheinen, denken nur noch in Inflation, wollen sofort alles zusammenkaufen und verstärken durch diese Übernachfrage auch noch die galoppierende Inflation. Schließlich erfüllt das Geld seine Funktionen überhaupt nicht mehr. Man flieht in die Sachwerte, die Unternehmer lassen die Waren aus den Schaufenstern verschwinden, Vorräte werden gehortet, am Ende stehen wieder Naturaltausch, Schwarze Märkte und irgendwelches Ersatzgeld wie Zigaretten, Drogen, Schmuck usw.

Rettung bringt nur eine Währungsreform. Neues Geld, das durch die Notenbank knapp gehalten wird. Ende der Staatsverschuldung. Das alte Geld wird zu einem lächerlichen Kurs in minimaler Menge in neues gutes Geld umgetauscht. Den größten Vorteil hat der Staat, da seine Schulden schlagartig auf Pfennigbeträge zusammengestrichen werden. Auch die, die sich mit ihrer guten Spürnase rechtzeitig hoch verschuldet haben und nun praktisch nichts zurückzahlen müssen. Verlierer sind die kleinen Leute, die sich keine Immobilien haben leisten können. Sie verlieren ihr erspartes Vermögen, so sind 1923 schlagartig Millionen Menschen an den Bettelstab gekommen.

12.2. Einteilung der Inflationsarten nach ihren Ursachen

Man muß zu den Ursachen einer Inflation zählen: 1. eine zu große Geldmenge. 2. steigende Kosten der Unternehmer. 3. eine Übernachfrage. Als 4. Ursache kann man die Wirkungen aus dem Ausland bezeichnen.

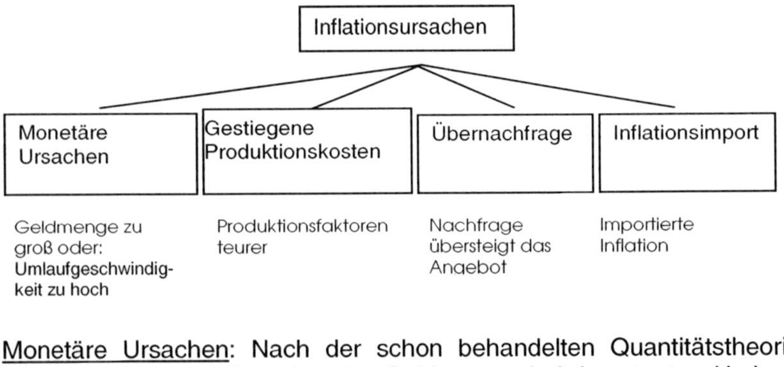

<u>Monetäre Ursachen</u>: Nach der schon behandelten Quantitätstheorie führt eine (zu sehr) steigende Geldmenge bei konstanter Umlaufgeschwindigkeit v und konstantem Produktionsvolumen T zu Inflation. Dieselbe Wirkung hat selbstverständlich auch eine steigende Umlaufgeschwindigkeit v.

Steigende Produktionskosten (Löhne, Kapital, Rohstoffe) führen zu höheren Preisen, weil sie in die Preiskalkulation der Unternehmer eingehen. Diese Inflation heißt deshalb auch "Angebotsinflation".

Eine Übernachfrage führt nach den Marktgesetzen zwangsläufig zu Inflation.

Die importierte Inflation resultiert eigentlich aus den schon beschriebenen ersten drei Ursachen, soll in den einzelnen Elementen aber gesondert behandelt werden:

Unter "importierter Inflation" werden alle Inflationswirkungen zusammengefaßt, die über die Grenze kommen. Dies sind:

- jeder Export erhöht per se die Nachfrage nach inländischen Gütern;
- jeder Zufluß an Devisen, der in DM umgetauscht wird, erhöht die Geldmenge im Inland;
- muß die Notenbank zugunsten einer ausländischen Währung im Rahmen eines internationalen Währungssystems intervenieren, diese also gegen DM aufkaufen, dann wird die inländische Geldmenge erhöht, was eine Inflationsgefahr mit sich bringt;
- entsteht ein Kapitalzufluß, wenn im Inland ein höheres Zinsniveau existiert, dann erhöht sich die inländische Geldmenge, was wiederum die Inflationsgefahr anheizt;
- steigen die Importpreise, z.B. für Öl, dann steigt auch das inländische Preisniveau;
- schließlich gibt es noch den "direkten Preiszusammenhang", d.h. das Phänomen, daß Preiserhöhungen auch über die Grenzen ansteckend wirken. Die Unternehmer sehen einfach beim Blick über die Grenze, daß sie für ihre Güter auch höhere Preise nehmen können.

12.3. Die gegenseitige Abhängigkeit der verschiedenen Inflationsarten

Man stellt fest, daß die verschiedenen Inflationsursachen gegenseitig in Beziehung stehen.

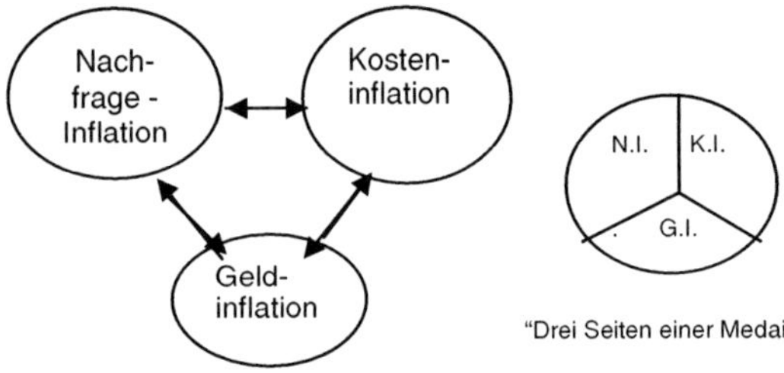

"Drei Seiten einer Medaille"

So kann eine Nachfrageinflation nur ausbrechen, wenn auch das notwendige Geld da ist, also eine Geldvermehrung stattfindet. Weiter kann eine Kosteninflation, also der Umstand, daß die Unternehmer ihre gestiegenen Kosten auf die Kunden überwälzen, nur möglich sein, wenn eine entsprechend starke Nachfrage besteht. Auch können Unternehmer die höheren Löhne nur auszahlen, wenn eine genügend hohe Geldvermehrung möglich ist.

Die Inflationsarten bedingen sich also gegenseitig. Dies ist aber nur ein anderer Ausdruck dafür, daß es sich im Grund immer um das gleiche eine Phänomen handelt, nämlich um das der gestiegenen Preise. Es gibt also nur eine Inflation, und die fiktive analytische Unterscheidung in die drei oder vier Arten beschreibt nur die verschiedenen Seiten der gleichen Medaille.

Dies sieht man gut beim Phänomen der "Lohn-Preis-Spirale". Die Gewerkschaften fordern wegen Inflation höhere Löhne. Darauf erhöhen die Unternehmer die Preise (Kosteninflation), und die Gewerkschaften stellen höhere Lohnforderungen usw.

12.4. Modellhafte Darstellungen der Inflation

Die Inflation durch monetäre Ursachen und auch die durch Nachfrageüberhang kann durch ein einfaches preistheoretisches Modell dargestellt werden. Bei beiden Ursachen kann man davon ausgehen, daß die Nachfragekurve nach rechts verschoben wird. Der Nachfrageüberhang kann durch einen von den Gewerkschaften erzwungenen Einkommenssprung erzeugt werden. Und "monetäre Ursache" meint, daß sich die Geldvermehrung ebenfalls in der gestiegenen Nachfrage niederschlägt.

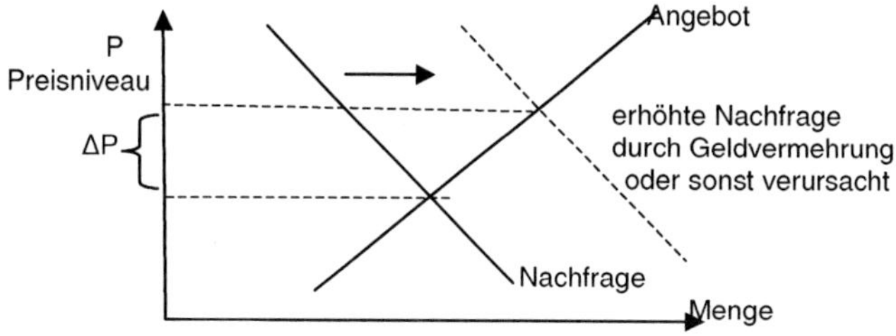

ΔP = gestiegenes Preisniveau

Die gestiegene Nachfrage muß nicht unbedingt zu Inflation führen. Die Wirkung hängt nämlich noch von der Konjunkturlage ab. Haben wir eine Depression, d.h. unausgelastete Kapazitäten, dann können die Unternehmer elastisch auf eine gestiegene Nachfrage reagieren, die Angebotskurve ist also relativ flach und die Preissteigerung entsprechend gering:

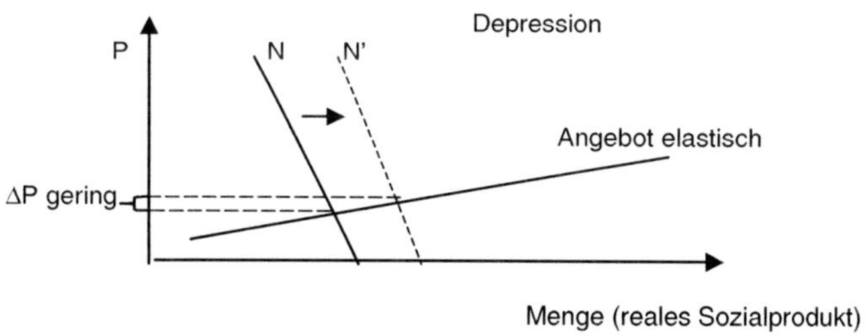

Befindet sich die Wirtschaft allerdings im Boom, dann ist die Angebotskurve steil, da sich die Wirtschaft an der Kapazitätsgrenze befindet. Die Unternehmer können die gestiegene Nachfrage nicht flexibel auffangen: die Nachfrageerhöhung wirkt inflationär.

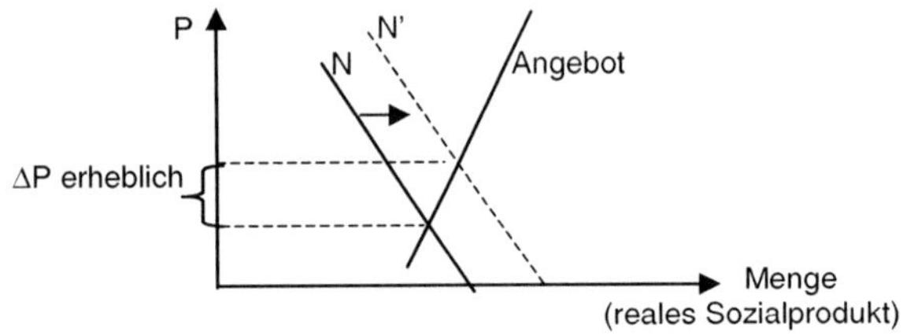

Die <u>Kosten- bzw. Angebotsinflation</u> wird durch Steigerung der Produktionskosten hervorgerufen ("cost-push-Inflation") oder auch durch sonstige "autonome" Preiserhöhungen der Unternehmer ("market-power-Inflation") oder auch durch erhöhte "administrierte Preise", z.B. der Behörden. Dadurch wird die Angebotskurve angehoben.

Führt diese Preiserhöhung in der nächsten Phase zu einer Lohnerhöhung Kraft der Macht der Gewerkschaften, dann wird auch die Nachfrage erhöht, was wiederum zu einer weiteren Preiserhöhung führt. Dann hätten wir eine Preis – Lohn – Spirale.

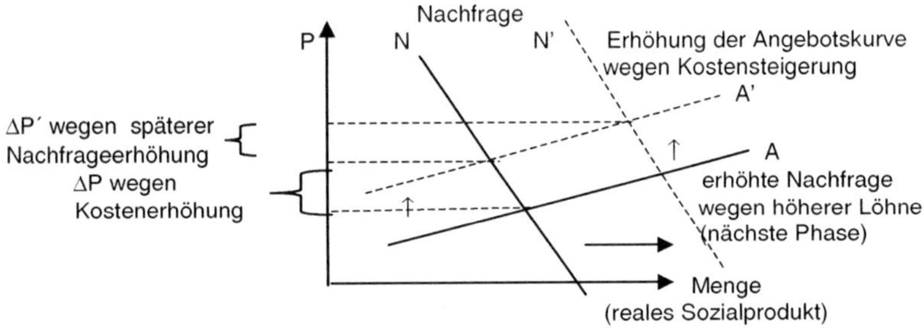

12.5. Der sogenannte Trade-Off zwischen Inflation und Beschäftigung bzw. der Zielkonflikt zwischen Preisstabilität und Vollbeschäftigung

Es gibt die Behauptung, eine gewisse leichte Inflation wirke sich positiv auf die Beschäftigung aus. Das hat mehrere Gründe: Einmal bringen höhere Preise den Unternehmern zunächst höhere Gewinne, da die Lohnkosten wegen den umständlichen Arbeitskämpfen hinterherhinken.

Außerdem profitieren die Unternehmer als "Manager mit Fremdkapital", da sie Kredite mit wertloserem Geld zurückzahlen können. Aus beiden Gründen bestehen positive Anreize für die Unternehmer zu investieren und zu produzieren. Dies wird noch verstärkt dadurch, daß zu Beginn einer Inflationsphase die Preise gewöhnlich stärker steigen als die Fremdkapitalzinsen. Wie früher bereits angedeutet, finden solche Wachstumsimpulse aber ein Ende bei galoppierender Inflation, da dann alle Wirtschaftssubjekte die Inflation vorwegnehmen, vor allem Gewerkschaften und Kreditgeber, und so die Inflationsspirale vorantreiben.

Aber prinzipiell bleibt das Argument: eine mäßige Inflation rege die Konjunktur an, senke also sogar die Arbeitslosigkeit, weil die Produktion steige. Dies wird auch als "Trade-Off" bezeichnet: man kann eine höhere Beschäftigung quasi durch eine gewisse Inflation "erkaufen". Dies hat sogar mitunter in Wahlkämpfen zum Slogan geführt: "Lieber drei Prozent Inflation als drei Prozent Arbeitslosigkeit". Umgekehrt steckt dahinter natürlich der bekannte Zielkonflikt des "magischen Vierecks" zwischen Vollbeschäftigung und Preisniveaustabilisierung: Verfolgt man das Ziel Preisstabilität zu sehr, dann gerät das Ziel Vollbeschäftigung in Gefahr.

Dieser Zusammenhang wird durch die berühmte Phillips-Kurve dargestellt. Die Kurve K stellt den gegenläufigen Zusammenhang zwischen Inflationsrate und Arbeitslosenquote dar. Solche Kurven sind von dem Nationalökonomen Phillips empirisch bestätigt worden. Dieser Zusammenhang ist jedoch immer heftiger kritisiert worden: er gelte nach kurzer Zeit nicht mehr, da die Gewerkschaften durch Lohnforderungen auf die Inflation ziemlich bald reagierten, auch auf erwartete Inflationsraten. Wegen der dann höheren Löhne würden die Unternehmer mit Entlassungen reagieren. Im Modell würde sich dann die Kurve K nach rechts auf K' verschieben. Konnte man bei Kurve K noch eine höhere Beschäftigung Δa durch die Erhöhung von Δi der Inflation erkaufen, wäre dies nach einer Verschiebung der Kurve auf K' nicht mehr möglich, da der Effekt durch die Erhöhung der Arbeitslosenquote Δc überholt würde.

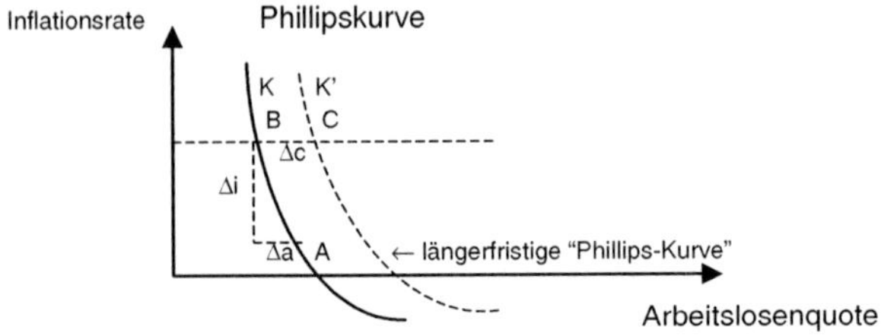

12.6. Inflation und Außenwirtschaft

Steigt im Inland das Preisniveau, sei es über Geld-, Nachfrage- oder Kosteninflation oder weil Geldvermehrung durch Staatsverschuldung betrieben wurde, dann werden die inländischen Waren fürs Ausland teurer und folglich weniger gekauft. Die Zahlungsbilanz, präziser, die Leistungsbilanz verschlechtert sich.

Dadurch wird die inländische Währung auf den Devisenmärkten weniger nachgefragt, der Wechselkurs sinkt. Bei flexiblen Wechselkursen wirkt nun ein sog. Zahlungsbilanzmechanismus. Der gesunkene Wechselkurs macht die Waren für das Ausland nämlich wieder billiger, und es besteht also eine Tendenz zum Ausgleich der Leistungsbilanz, da die inländischen Waren auf den Weltmärkten wieder besser verkauft werden. Dieser Mechanismus, die sogenannte "Normalreaktion" ist aber keineswegs garantiert, wie wir später im Kapitel Zahlungsbilanz sehen werden.

Bei festen Wechselkursen, wie z.B. im Europäischen Währungssystem EWS, müssen die Notenbanken durch Devisenmarktinterventionen den Wechselkurs durch Käufe oder Verkäufe stabilisieren. Hier muß etwa die französische zusammen mit der deutschen Notenbank DM aufkaufen, sie also aus dem Markt nehmen, also verknappen. Wenn nun die Französische Notenbank auf ihrem Devisenmarkt DM kauft und dafür Francs in ihren Geldkreislauf abgibt, dann vermehrt sie die Geldmenge in Frankreich und regt dort Inflation an. Man kann auch sagen: wegen des fixen Wechselkursverbundes hat das Inland die Inflation "exportiert". Somit gleicht sich das Inflationsniveau tendenziell zwischen den Staaten aus.

Inflation schadet also der Zahlungsbilanz eines Landes. In einem Staatenverbund führen unterschiedliche Inflationsraten zu einem Chaos der Zahlungsbilanzen und der Devisenmärkte. Deshalb wird in einer gemeinsamen Wirtschafts- und Währungsunion die Konvergenz der Wirtschaftspolitik, d.h. ein Gleichklang der Politiken, insbesondere der Anti-Inflationspolitik gefordert. Und ein Devisenkredit, der im EWS einem zahlungsbilanzschwachen Land gewährt wurde, war gekoppelt mit wirtschaftspolitischen Auflagen, insbesondere mit der Verpflichtung, die Inflation und insbesondere die Staatsverschuldung als oft Hauptursache in den Griff zu bekommen.

12.7. Zusammenfassung: Nachteile der Inflation und Währungsreform

a. Nachteile

- die Bezieher fester Einkommen verarmen (Rentner-Hypothese)
- Ersparnisse werden vernichtet
- die Arbeitnehmer hinken mit Lohnerhöhungen hinter der Inflation her (wage-lag-Hypothese)
- Gläubiger verlieren ihr Kapital (Zins-Hypothese, Interest-lag-Hypothese)

  Diese bisherigen Nachteile werden auch als Verteilungseffekte der Inflation zusammengefaßt: Redistributionseffekte. Weitere Nachteile:
- die Geldfunktionen gehen verloren (Tauschmittel, Recheneinheit, Wertaufbewahrungsmittel)
- Schwarze Märkte entstehen, Vorräte werden gehortet
- Ausverkauf der eigenen Firmen an Ausländer
- Absinken des Wechselkurses, Importe können nicht mehr bezahlt werden
- Entstehen einer Inflationsmentalität (man gewöhnt sich an die Inflation und erhöht entsprechend die Preise; anfangs machen bestimmte Unternehmer noch Sondergewinne)
- Fehlleitung des Kapitals
- Unternehmer können ihre Vorprodukte nicht mehr bezahlen bei fortgeschrittener Inflation
- Es gibt keine Kredite mehr

b. Prinzipien einer Währungsreform

- Einführung eines neuen, knappen Geldes

- Autonomie der Notenbank
- Keine Verschuldung der Regierung bei der Notenbank mehr
- Begrenzung der Staatsverschuldung allgemein
- ein wirkungsvolles Instrumentarium der Notenbank, um die Geldmenge zu steuern

c. Vorkehrungen der Europäischen Zentralbank bzw. der EU, um Inflation zu vermeiden

- Einhaltung der Konvergenzkriterien von Maastricht
- Vereinbarung und Einhaltung eines Stabilitätspaktes
- Autonomie der nationalen Notenbanken und der EZB
- Instrumentarium der EZB zur Geldmengensteuerung
- Setzen eines Zielwertes (Referenzwertes) des Geldmengenwachstums

13. Geldpolitik und das Instrumentarium einer Notenbank

13.1. Vorbemerkungen

Geldpolitik und Notenbank (Zentralbank) haben als hauptsächliches Ziel die Stabilität des Preisniveaus bzw. die Sicherung der Währung bzw. die Sicherung der inneren und äußeren Geldwertstabilität (stabiler Wechselkurs).

Die Träger der Geldpolitik sind vor allem die Notenbank einschließlich der in einem föderalen System zugeschalteten Landeszentralbanken, aber auch Regierung und Parlament, die sich um die Festlegung der Parität (des amtlichen Wechselkurses) und die Reglementierung des Geld- und Kapitalverkehrs mit dem Ausland zu kümmern haben.

Beide sind aber auch verantwortlich für die anderen Ziele des "magischen Vierecks", die neben der Stabilität des Preisniveaus auch den hohen Beschäftigungsstand, das Außenwirtschaftliche Gleichgewicht und das stetige und angemessene Wachstum umfassen. Beide, Notenbank und Regierung (bzw. Parlament) sind zu einem vertrauensvollen Zusammenwirken zum Wohle der Konjunktur verpflichtet.

Besonders wichtig ist aber die Autonomie der Notenbank. Sie ist von Weisungen der Regierung unabhängig. Insbesondere ist sie nicht verpflichtet, dem Staat Kredite zu geben, was ja die Inflation anheizen würde. (Ausnahme: eng begrenzte Kassenkredite, um ggf. als Hausbank des Staates dessen Zahlungsunfähigkeit zu vermeiden).

Diese Autonomie der Notenbank von der Regierungsgewalt zur Verhinderung einer direkten oder indirekten (Kredite)Notenpresse ist eingeführt worden aus leidvollen historischen Erfahrungen mit der großen Inflation von 1923 und dem expansiven Finanzgebaren des Dritten Reiches. Diese Autonomie der Notenbank ist auch zum Leitbild für die Europäische Notenbank geworden, die ja auch von allen Regierungen und den Organen der Europäischen Union unabhängig ist.

Die Geldpolitik ist fundiert durch eine Vielzahl von ökonomischen Theorien. Wir haben z.B. bereits die älteren Quantitätstheoretiker und Keynes und Friedman kennengelernt.

Allgemein befaßt sich Geldtheorie mit der Nachfrage nach und dem

Angebot an Geld und dem Funktionieren der Geldmärkte. Aber auch mit der sogenannten Transmission zwischen Geld- und Gütermarkt, die der Frage nachgeht, ob und inwieweit sich Geldsektor und Gütersektor gegenseitig beeinflussen.

Lange Zeit wurde immer wieder von Theoretikern behauptet, das Geld beeinflusse den Gütersektor bzw. die Produktion überhaupt nicht, man könne den "Geldschleier" einfach abziehen und könne die pure Güterproduktion und -verteilung untersuchen.

Diese Auffassung scheint aber inzwischen nachhaltig widerlegt, man führe sich nur die im letzten Kapitel erarbeiteten Zusammenhänge vor Augen. Am Anfang der Inflation wird die Konjunktur leicht begünstigt, später aber verunmöglicht. Auch die "Flucht in die Sachwerte" und damit die Beeinflussung des Immobilienmarktes ist ein Beispiel für eine tatsächliche Transmission. Als markantes weiteres Modell nach Keynes werden wir später das IS/LM-Modell kennenlernen.

Auch die zahlreichen Zinstheorien haben die Geldpolitik beeinflußt. Wir haben z.B. die Zinstheorie von Keynes kennengelernt. Zinstheorien untersuchen die Entstehung, die Höhe, die Veränderung von Zinsen. Und auch die Wirkung von Zinsen auf Investition, Nachfrage, Beschäftigung und Zahlungsbilanz.

Umstritten war und ist die Wirkung der Zinsen auf die Investition. Im einen Extrem wird behauptet, der Zins wirke überhaupt nicht auf die Investition, im anderen Extrem, er sei für alle Investitionen ein wesentlicher Faktor.

Die Wahrheit liegt wohl im Kompromiss: bei kurzfristigen Investitionen ist vor allem die gute Gewinnerwartung Voraussetzung für eine Investition. Zinsen können dann ohne weiteres auf die Preise überwälzt werden. Kurzfristig lassen sich auch bessere Prognosen über die Gewinnerwartungen anstellen.

Bei langfristigen Investitionen lassen sich Gewinne allerdings schwer vorausschätzen, und es handelt sich meist um große Projekte mit langen Kapitalbindungen. Hier wirken sich Zinsen gewiss stärker auf Investitionsüberlegungen aus.

Zu den wesentlichen Grundlagen der Geldpolitik gehört auch die im letzten Kapitel behandelte Quantitätstheorie. Die Geldmenge spielt eine ganz entscheidende Rolle bei der Inflationsgefahr. Die ältere Quantitätstheorie um J. Fisher haben wir kennengelernt. Als später, in den 50 er Jahren, die Inflation keine so große Rolle mehr spielte, geriet die Quantitätstheorie etwas in Vergessenheit. Dann aber, als ab den 60 ern Inflation wieder zum Problem wurde und Milton Friedman in den USA seine Untersuchungen machte, wurde die Quantitätstheorie wieder aktuell und als Neo-Quantitätstheorie neuformuliert. Die entsprechenden Theoretiker wurden treffend auch “Monetaristen” genannt.

Schließlich sei noch kurz auf die gesetzlichen Grundlagen der Geldpolitik der BRD verwiesen: Gesetz über die deutsche Bundesbank (1957); Gesetz zur Förderung der Stabilität und des Wachstums der Wirtschaft (1967); Außenwirtschaftsgesetz (1961); Gesetz über das Kreditwesen (1962).

13.2. Strategische Faktoren der Geldpolitik

Die Geldpolitik hat, zusammen mit der Fiskalpolitik der Regierung, für eine möglichst gute Wirtschaftskonjunktur zu sorgen. Dazu beeinflußt sie mit ihrem gleich noch zu erläuternden Instrumentarium sogenannte strategische Faktoren bzw. Zwischenziele, um dieses Hauptziel anzusteuern.

Regelkreis „strategische Faktoren der Geldpolitik”

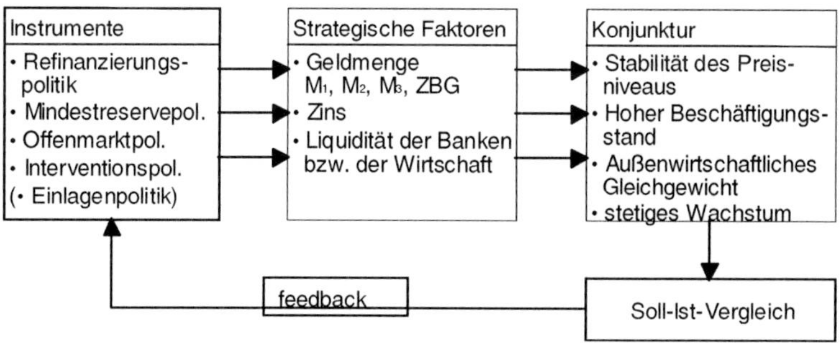

Der Einsatz der geldpolitischen Instrumente ist also kein Selbstzweck, sondern immer auf das Wohl der Konjunktur und der Bürger des Staates bezogen. Dies trifft auch für die strategischen Faktoren Geldmenge und Zins und Liquidität zu. Am Anfang steht eine Konjunkturbeurteilung, dann legt man die Instrumente fest, um über die strategischen Faktoren die wirtschaftspolitischen Ziele (rechter Kasten) zu erreichen. In einem kybernetischen Soll-Ist-Vergleich wird dann geprüft, ob die Ziele erreicht worden sind. Im Idealfall sollte bei Abweichung der Mitteleinsatz sofort korrigiert werden; in der Realität ist dies natürlich mit Verzögerungen verbunden.

13.3. Die klassischen Instrumente der Deutschen Bundesbank (geldpolitisches Instrumentarium)

Aus didaktischen und historischen Gründen werden zunächst die klassischen Instrumente der alten Deutschen Bundesbank beschrieben, um zu zeigen, welche prinzipiellen Möglichkeiten einer Notenbank, egal welchen Namens, zur Verfügung stehen. Die EZB wird im Anschluß behandelt.

Überblick

a. Refinanzierungspolitik
   - Diskontpolitik
   - Lombardpolitik
   - Rediskontkontingentpolitik
   - Lombardkontingentpolitik
   - Qualitätsanforderungen an Wechsel und Wertpapiere

b. Mindestreservepolitik

c. Offenmarktpolitik

d. Interventionspolitik am Devisenmarkt

e. Einlagenpolitik (seit 1996 ausgesetzt)

Zunächst werden die Instrumente erläutert, dann soll eine Tabelle den Wirkungszusammenhang erklären.

a. Refinanzierungspolitik (bis 1.1.1999, dann EZB)

Diese Politik soll die Refinanzierung der Banken bei der Bundesbank erschweren oder erleichtern, um deren Kredit- bzw. Geldschöpfung an die Wirtschaft und damit die Konjunktur, insbesondere die Inflation zu beeinflussen.

Diskontpolitik

Die Banken konnten sich mit Wechseln bei der Bundesbank refinanzieren. Wechsel entstehen aus Handelsgeschäften. Der Belieferte zahlt dem Lieferanten mit einem Wechsel, der die Zahlungspflicht (das Schuldverhältnis) dokumentiert. Wechsel laufen gewöhnlich 90 Tage. Der Besitzer kann den Wechsel abwarten oder ihn zur Diskontierung bei seiner Hausbank einreichen, die ihn diskontiert, d.h. dem Einreicher den Betrag abzüglich der Verzinsung der Restlaufzeit auszahlt.

Die Hausbank konnte nun auch entweder den Wechsel abwarten oder ihn zu ihrer eigenen Refinanzierung bei der Bundesbank einreichen, die ihn zum berühmten Diskontsatz ebenfalls rediskontierte.

Der Diskontsatz galt als wichtigster Leitzins, da sich die gesamte Zinsstruktur der Wirtschaft an ihm orientierte. Erhöhte die Bundesbank den Diskontsatz, dann wurde die Refinanzierung der Banken verteuert (nicht etwa verboten), die Banken nahmen sie deshalb weniger in Anspruch oder gaben den höheren Zins an ihre eigenen Kreditkunden mit einem Zinsaufschlag weiter. Auf jeden Fall wurde die Kreditvergabe der Banken an die Wirtschaft gebremst. Umgekehrt bei einer Diskontsatzsenkung.

Dieser Leitzins hatte für Banken, Wirtschaft und Börse eine hohe Signalwirkung. Man erkannte an ihm, wie die Bundesbank die Konjunktur einschätzte und was sie zu unternehmen gedachte.

Lombardpolitik

Zu ihrer Refinanzierung konnten die Banken auch bestimmte Wertpapiere bei der Bundesbank beleihen lassen, d.h. sie bekamen einen Lombardkredit, für den ihnen der Lombardzins berechnet wurde. Der Lombardsatz lag gewöhnlich 2 Punkte über dem Diskontsatz und galt ebenfalls als Leitzins.

Diese Art der Refinanzierung nahmen die Banken natürlich nur zur Not in Anspruch, da sie sehr teuer war. Dann nämlich, wenn ihr Wechseleinreichungsspielraum ausgeschöpft war, sie den Kredit sehr kurzfristig benötigten (Diskont ist mindestens eine Woche) und wenn sie sich ihn bei guter Geschäftslage auch leisten konnten.

Die Politik der Bundesbank bestand nun darin, einerseits den Lombardsatz zu erhöhen, um die Kreditvergabe der Banken an die Wirtschaft und damit die Konjunktur zu bremsen, andrerseits ihn zu senken, um Kreditvergabe und Konjunktur anzukurbeln.

Rediskontkontingentpolitik

Die Bundesbank konnte nun auch den Umfang der Wechsel definieren, in welchem die Banken bei ihr Wechsel zur Rediskontierung einreichen dürfen. Jede Bank bekam ein solches Kontingent mitgeteilt. Erhöhte die Bundesbank diese Kontingente, dann wurden die Banken besser mit Geld versorgt und umgekehrt.

Lombardkontingentpolitik

Entsprechend konnte die Bundesbank den Banken auch den Umfang vorschreiben, in dem sie höchstens Wertpapiere bei ihr zur Beleihung einreichen durften.

Qualitätsanforderungen an Wechsel und Wertpapiere

Die Bundesbank konnte schließlich die Qualitätsanforderungen an Wechsel und Wertpapiere variieren. Wollte sie die Refinanzierung der Banken erschweren, dann schraubte sie die Qualitätsanforderungen höher, nahm also nur die "besten Adressen".

b. Mindestreservepolitik

Die Banken müssen einen bestimmten Anteil ihrer Kundeneinlagen bei der Notenbank (früher zinslos!) hinterlegen. Ursprünglich war dies zur Sicherheit der Kunden gedacht, inzwischen ist es aber ein Instrument der Geldmengensteuerung geworden.

Erhöht die Notenbank diese Anteile, dann müssen die Banken mehr Geld an die Notenbank abzweigen, ihnen bleibt also weniger Geld zur Kreditvergabe, die Konjunktur wird gebremst. Umgekehrt ist es bei Senkung der Sätze.

c. Offenmarktpolitik

Die Notenbank kann auf dem „offenen Markt" als Käufer und Verkäufer von Wertpapieren bestimmter Qualität auftreten. Kauft sie Wertpapiere, dann bezahlt sie ja dafür und beschickt den Wirtschaftskreislauf mit Geld. Verkauft sie Wertpapiere, dann zieht sie Geld aus dem Kreislauf' an sich. So kann sie, ohne eigentlich Zwang auszuüben, allein durch Ausnutzung der Anreizsysteme einer Marktwirtschaft, die Geldmenge steuern.

Sie wirkt so wie ein Herz oder ein Schwamm, der einmal Geld ansaugt, das andere Mal wieder abstößt. Wenn man sagt, die Notenbank trete wie ein normaler Teilnehmer auf dem Wertpapiermarkt auf, dann ist dies untertrieben. Die Aktivitäten dieses potenten Teilnehmers werden nämlich mit wachen Augen verfolgt, so daß von ihnen erhebliche Signalwirkungen ausgehen. Man kann sich dann leicht ausmalen, welche Stunde in Wirtschaftslage und Geldpolitik geschlagen hat.

Deshalb greift die Notenbank gerne zum relativ geräuschlosen Instrument einer Variante des Offenmarktgeschäfts, nämlich zu Wertpapierpensionsgeschäften, deren Sätze inzwischen zu Leitzinsen avanciert sind.

Die Notenbank kauft hier von den Geschäftsbanken Wertpapiere und verkauft sie zugleich per Termin (14 — 50 Tage). Sie stellt also befristet Zentralbankgeld zur Verfügung. Deshalb nennt man Wertpapierpensionsgeschäfte auch „Offenmarktgeschäfte auf Zeit" oder auch „Offenmarktpolitik mit Rückkaufsvereinbarung".

Dieser Spezialfall der Offenmarktpolitik hat bedeutende Vorteile: er ist kurzfristig reversibel, d.h. rückführbar und damit flexibel und, wie oben bereits gesagt, verhältnismäßig geräuschlos. Er taucht in der Öffentlichkeit nur als kleine Information im Wirtschaftsteil auf.

Will die Notenbank die Geldmenge wieder reduzieren, dann läßt sie das kurze Geschäft einfach auslaufen. Will sie den Umfang beibehalten oder sogar erhöhen, dann legt sie ein neues Wertpapierpensionsgeschäft auf.

Für diese Geschäfte gibt es ein förmliches Ausschreibungsverfahren. Beim Mengentender bietet die Notenbank eine bestimmte Menge Zentralbankgeld zu einem festen Zinssatz an. Sie verteilt das Geld an die interessierten Banken zu den gleichen Anteilen wie diese sich um Geld beworben haben (proportionale Zuteilung).

Beim Zinstender bietet die Notenbank eine bestimmte Menge an Zentralbankgeld zu einem Mindestzinssatz an. Sie versteigert quasi das Geld an die Banken, die den höchsten Zinssatz bieten.

Schließlich gibt es noch den Doppeltender. Dabei wird zugleich ein Mengen- und ein Zinstender angeboten.

d. Interventionspolitik am Devisenmarkt

Dieses Instrument wird hier nicht ausführlich beschrieben, da es später beim Europäischen Währungssystem besprochen wird. Nur soviel sei gesagt: Interveniert die Notenbank durch Käufe oder Verkäufe auf dem Devisenmarkt, um eine Währung zu stützen, beeinflußt sie damit automatisch auch die inländische Geldmenge, da sie z.B. bei Kauf einer fremden Währung DM in den inneren Geldkreislauf gibt. Dies kann bei einer prinzipiell expansiven, d.h. ankurbelnden Politik erwünscht sein. Fährt die Notenbank wegen Inflationsgefahr aber gerade Bremsungskurs, dann ist das durch Intervention in den Kreislauf fließende Geld durchaus unerwünscht. Hier bedeutet Geldpolitik also, diesen prinzipiellen Zielkonflikt gut zu managen.

e. Einlagenpolitik

Dieses seit 1996 ausgesetzte Instrument zeigte die Bundesbank als Träger staatlicher Autorität, was sie als Hausbank des Bundes und der

Länder und als durch das Grundgesetz definiertes Organ (Art.88 GG) auch ist.

Die Gebietskörperschaften Bund, Länder und Gemeinden halten ihre Girokonten prinzipiell bei ihrer Hausbank, der Bundesbank bzw. den Landeszentralbanken. Nun konnte die Bundesbank diese öffentlichen

Haushalte ermächtigen, ihre Gelder bei privatwirtschaftlichen Banken zu halten, was ihnen im Gegensatz zur Anlage bei der Bundesbank Zinsen einbrachte. Was auch, zumindest bei schwacher Konjunkturlage, den Vorteil hatte, daß diese Gelder in den Geldkreislauf gepumpt wurden.

Bei Abwesenheit von Inflationsgefahr und bei ankurbelungsbedürftiger Wirtschaft erlaubte die Bundesbank also die Verlagerung von Geld. Umgekehrt verfuhr sie, wenn es Inflation und Konjunktur zu bremsen galt. Dann rief sie die Gelder zurück, um sie bei sich konjunkturell „einzufrieren".

13.4. Wirkungszusammenhang der Instrumente der Geldpolitik

Soweit zur Beschreibung der Instrumente der Geldpolitik. Gemäß dem oben beschriebenen Regelkreis „strategische Faktoren der Geldpolitik" wirken diese Instrumente auf die strategischen Faktoren Geldmenge, Zins und Liquidität, die wiederum die Konjunktur verbessern helfen. Nun soll durch eine Tabelle der Wirkungszusammenhang der Instrumente erläutert werden.

Diese Tabelle vereinfacht sich bedeutend, wenn man für „expansiv" bzw. „ankurbelnd" einen nach oben gerichteten Pfeil und für „kontraktiv" bzw. „bremsend" einen nach unten gerichteten Pfeil verwendet.

Dabei bedeutet „kontraktiv" ↓ :

Die Refinanzierungsmöglichkeiten der Banken verteuern sich bzw. verringern sich. Dadurch verringern sich ihre eigenen Kreditschöpfungsmöglichkeiten an die Wirtschaft, da sie entweder selbst zuwenig Geld haben oder ihre zwangsläufig teureren Kredite von der Wirtschaft weniger nachgefragt werden.

Da weniger Kredite vergeben werden, sinkt tendenziell die Geldmenge. In Folge davon sinkt auch die Investition, die Produktion, die Nachfrage, die Beschäftigung und, was bei einer kontraktiven Politik ja die Absicht ist, auch die Inflation. Insgesamt wird die Konjunktur gedämpft.

Wenn die Notenbank das Ziel Dämpfung verfolgt, ist die eben beschriebene Wirkungskette jedoch keineswegs garantiert. Wenn die Notenbank die Refinanzierung der Banken einengt, dann könnten sich die Banken Geld aus anderen Quellen, etwa dem Ausland, besorgen; oder ihre Liquidität könnte so hoch sein, daß sie trotzdem genug Kredite geben können. Auch die Wirtschaft könnte das Ziel der Notenbank unterlaufen, indem sie wegen glänzender Gewinnaussichten auch die teureren Kredite der Banken nachfragt oder auch Geld aus dem Ausland aufnimmt.

Trotz dieser Einschränkungen kann man aber feststellen, daß die kontraktive Politik der Notenbank gewöhnlich recht erfolgreich ist. Das „Zudrehen des Geldhahnes" kann also die Konjunktur recht zuverlässig abwürgen.

"Expansiv" ↑ bedeutet:

Prinzipiell das Gegenteil von „kontraktiv". Nun soll die Konjunktur angekurbelt werden.

Die Refinanzierungsmöglichkeiten der Banken verbilligen sich bzw. erhöhen sich. Die Kreditschöpfungsmöglichkeiten der Banken an die Wirtschaft verbessern sich. Die Geldmenge steigt tendenziell, ebenso die Investition, die Nachfrage, die Produktion, die Beschäftigung, leider tendenziell auch die Inflationsgefahr. Die Konjunktur wird insgesamt also angekurbelt.

Bei Ankurbelung ist der Erfolg noch weniger garantiert als bei der Dämpfung. Es gilt der Spruch: man kann das Pferd zur Tränke führen, saufen muß es aber selber. Denn die Banken müssen die besseren Refinanzierungsmöglichkeiten nicht in Anspruch nehmen, ebenso wie die Unternehmer die günstigen Kredite nicht in Anspruch nehmen müssen, wenn ihre Gewinnerwartungen nicht gut genug sind. Auch die Konsumenten können sich trotz günstiger Konsumentenkredite in Nachfrageverzicht ergehen, wenn sie der Zukunft mit wenig Optimismus entgegensehen.

Die expansive Wirkungskette ist also mit erheblicher Unsicherheit behaftet, was in einem späteren Kapitel das Keynes-Modell bestätigen wird.

In der Tabelle des Wirkungszusammenhanges werden deshalb zwei Fragezeichen vermerkt, während bei der kontraktiven Wirkungskette ein Fragezeichen genügt.

Tabelle des Wirkungszusammenhangs der Instrumente der Geldpolitik

Politik		Wirkung auf die Banken	Wirkung auf die Konjunktur	
Refinanzierungspolitik				
Diskontsatz	↑	↓	↓	?
Diskontsatz	↓	↑	↑	??
Lombardsatz	↑	↓	↓	?
Lombardsatz	↓	↑	↑	??
Rediskontkontingent	↓	↓	↓	?
Rediskontkontingent	↑	↑	↑	??
Lombardkontingent	↓	↓	↓	?
Lombardkontingent	↑	↑	↑	??
Qualitätsanforderung	↑	↓	↓	?
Mindestreservenpolitik				
Mindestreservesätze	↑	↓	↓	?
Mindestreservesätze	↓	↑	↑	??
Offenmarktpolitik				
Notenbank kauft Wertpapiere		↑	↑	??
Notenbank verkauft Wertpapiere		↓	↓	?
Interventionspolitik				
Notenbank kauft Devisen		↑	↑	??
Notenbank verkauft Devisen		↓	↓	?

13.5. Zur Wirksamkeit der Geldpolitik

Die Geldpolitik ist mit zahlreichen Unsicherheitsfaktoren behaftet.

So ist es bereits schwierig, eine richtige Diagnose der Wirtschaftslage zu erstellen und überhaupt etwaigen Handlungsbedarf festzustellen. Wie ein Arzt kann sich auch der Wirtschaftler in der Diagnose irren, zumal viele Daten erst mit Wochen bis Monaten Verzögerung zur Verfügung stehen.

Weiter gibt es leider die Wirkungsverzögerungen der Geldpolitik, die auf 1/4 bis 1 1/2 Jahre eingeschätzt werden (sog. Time-Lags). Es gibt die Erkenntnisverzögerung, d.h. die Zeitspanne, die verstreicht zwischen der wirtschaftlichen Störung und deren Erkenntnis.

Dann folgt die Entscheidungsverzögerung, die bis zur Entscheidung der wirtschaftspolitischen Akteure verstreicht. Dann die Durchführungsverzögerung bis die Instrumente tatsächlich eingesetzt sind. Und schließlich die eigentliche ökonomische Wirkungsverzögerung bis die Instrumente im Wirkungsgefüge der Wirtschaft greifen.

Das Fatale an diesen Time-Lags ist, daß die Instrumente möglicherweise erst wirken, wenn man bereits in einer anderen Konjunkturlandschaft ist. Wenn man also eventuell genau das Gegenteil von dem erreicht, was man beabsichtigt.

Die Wirksamkeit der Geldpolitik hängt auch, wie bei einer Medizin, von der richtigen Dosierung ab. Trifft man nicht die richtige Dosis, dann können Unwirksamkeit oder Überreaktion oder unerwünschte Nebenwirkungen die Folge sein.

Der Erfolg der Geldpolitik ist also unsicher, bei expansiver Politik mehr als bei kontraktiver. Aus diesem Grund und wohl auch, weil er der Kompetenz von Politikern und Bürokraten nicht sehr vertraut, hat, wie wir früher schon gehört haben, Milton Friedman geraten, möglichst von fallweiser bzw. punktueller bzw. diskretionärer Politik abzusehen. Dafür schlägt er vor, die Geldpolitik zu verstetigen, d.h. die Geldmenge mit einer möglichst konstanten, am prognostizierten Wachstum des Produktionspotentials orientierten Rate wachsen zu lassen. Denn Unternehmer und Nachfrager brauchen eine konstante Politik des Staates.

Die Bundesbank folgte in ihrer Politik einem Kompromiß. Einerseits gab sie ein Ziel für das jährliche Geldmengenwachstum in Form eines

Korridors vor (1997 3,5 bis 6,5 %). In einem kybernetischen Regelkreis versuchte sie, die Geldmenge entlang dieses Zielpfades zu steuern.

Andererseits mochte sie auch nicht auf ihr oben beschriebenes Instrumentarium verzichten, das sie doch diskretionär, allerdings in möglichst nicht-sprunghafter, also stetiger Weise einsetzte.

13.6. Zur Europäischen Zentralbank

Gemäß dem Maastrichter Vertrag und mit der Einführung des EURO leitet ab 1.1.1999 die Europäische Zentralbank EZB die Geldpolitik der Europäischen Union (allerdings haben bisher erst 11 Staaten der EU den EURO eingeführt). Besser müßte man vom Europäischen System der Zentralbanken ESZB sprechen, da es sich ja um ein föderatives System handelt, das neben der EZB auch die nationalen Notenbanken umfaßt, die keinesfalls nur zu untergeordneten Instanzen degradiert worden sind. Denn sie tätigen die meisten Geldgeschäfte nach wie vor, und ihre Präsidenten sitzen mit gleichberechtigter Stimme im Europäischen Zentralbankrat, in dem mit einfacher Mehrheit beschlossen wird.

Wegen dieser Machtverhältnisse und da die für ein Funktionieren einer europäischen Gesamt-Geldpolitik notwendige Konvergenz aller Wirtschaftspolitiken der souveränen Mitgliedsstaaten noch keineswegs sichergestellt ist, muß die Zukunft erweisen, ob die EZB ihre zugewiesene Rolle wird ausfüllen können.

Die EZB hat die üblichen Aufgaben einer Notenbank: Ausgabe von Banknoten (also EUROS),die richtige Geldversorgung der Wirtschaft, Sicherung der inneren und äußeren Geldwertstabilität, also Hüterin der Preisstabilität und des Außenwertes des EURO.

Die EZB verwaltet, neben den nationalen Notenbanken, die Währungsreserven der EU, tätigt in Zusammenarbeit mit den Mitgliedsstaaten gegebenenfalls Devisenmarktinterventionen, um den Außenwert des EURO zu stabilisieren. Sie ist gegenüber der EU und den Mitgliedsstaaten autonom und darf weder der EU noch den Mitgliedsregierungen Kredit gewähren.

Es sind die ganz normalen Aufgaben einer Notenbank, weswegen wir in früheren Kapiteln auch immer nur von den Aufgaben einer Notenbank gesprochen haben, egal ob sie nun Deutsche Bundesbank, Bank von Frankreich oder eben EZB heißt. Wie jede Notenbank setzt sich die EZB ein Geldmengenziel (Referenzwert) und ein Preisniveauziel, beobachtet sorgfältig deren Entwicklung und setzt bei Zielabweichung Instrumente der Zinspolitik und/oder Instrumente der Geldmengenpolitik ein. Genauer: sie handhabt den Zins für Wertpapierpensionsgeschäfte als Leitzins und sie handhabt zur Geldmengensteuerung Wertpapierpensionsgeschäfte, also Offenmarktpolitik, und den Mindestreservesatz.

Die EZB ist in Organisation und Entscheidungsmechanismen und Instrumentarium stark der Deutschen Bundesbank, also der früher mächtigsten Notenbank Europas, nachgebildet. Wie wir später sehen werden, sind aber keineswegs alle ihre Instrumente übernommen worden.

Das Direktorium, bestehend aus Präsident und Vizepräsident, welche letztlich von den Mitgliedsregierungen bestellt werden, und vier weiteren Mitgliedern, leitet die EZB nach den Beschlüssen des EZB-Rates.

Dieser europäische Zentralbankrat (EZB-Rat) ist das mächtigste Gremium. Ihm gehören das Direktorium und die nationalen Zentralbankpräsidenten an. Er wird zum Erweiterten Rat durch die Zentralbankpräsidenten der EU-Staaten, die noch nicht den EURO eingeführt haben und bisher dem EWS II, also dem Nachfolgesystem des Europäischen Währungssystems EWS angehören.

Nun aber zum geldpolitischen Instrumentarium der EZB. Es ist wohl noch nicht ganz ausgereift und wird deshalb in Zukunft sicher noch Veränderungen unterworfen werden. Von der Deutschen Bundesbank ist viel, aber längst nicht alles übernommen worden. So gibt es keine Diskont- und keine Lombardpolitik mehr, fast wäre auch die Mindestreservepolitik gestrichen worden. So kann man die Instrumente im großen einteilen in Offenmarktpolitik und in Mindestreservenpolitik. Zur Mindestreservenpolitik braucht nichts mehr gesagt werden, außer, daß die Mindestreserven nun verzinst werden. Die Offenmarktgeschäfte bestehen aus dem Tenderverfahren (Wertpapierpensionsgeschäfte) und aus „bilateralen Geschäften", das sind Offenmarktkäufe und -verkäufe. Im einzelnen kann man folgende Auflistung machen:

a) Das Hauptfinanzierungsinstrument

Dies ist ein regelmäßiges Wertpapierpensionsgeschäft, das wöchentlich mit einer Laufzeit von zwei Wochen ausgegeben wird, es heißt deshalb auch Standardtender. Die Abwicklung erfolgt in 24 Stunden.

b) Ständige Fazilitäten

Dies sind ständige Kredit- oder Anlagemöglichkeiten für die extrem kurze Laufzeit, nämlich „übernacht". Von diesen wie von allen Aktivitäten der EZB gehen natürlich auch geldpolitische Signale aus.

Hier gibt es einmal die Spitzenrefinanzierungsfazilität, durch die den Banken bei Liquiditätsbedarf Zentralbankgeld als „Übernachtkredit" zur

Verfügung gestellt wird. Damit gibt der Spitzenrefinanzierungssatz die Obergrenze des Zinssatzes für Tagesgeld am Geldmarkt.

Zweitens gibt es die Einlagenfazilität. Hier können die Banken bis zum nächsten Geschäftstag überschüssige Liquidität beim ESZB anlegen bzw. das ESZB kann diese überschüssige Liquidität gemäß ihren Zielsetzungen „übernacht" absorbieren. Damit gibt dieser Zinssatz, der „Einlagesatz" die untere Grenze des Zinssatzes für Tagesgeld am Geldmarkt.

Spitzenrefinanzierungssatz und Einlagesatz bilden also einen „Zinskanal". Sollten die Geldmarktsätze nämlich den Zinskanal nach unten oder oben überschreiten, würden die Banken ihr Geschäft natürlich mit dem ESZB machen anstatt auf dem Geldmarkt.

c) Sonstige Instrumente

Die EZB kennt auch spezielle „Feinsteuerungsoperationen", das sind befristete Transaktionen (Wertpapierpensionsgeschäfte) wie z.B. der „Schnelltender", der innerhalb einer Stunde abgewickelt wird, oder auch definitive Käufe und Verkäufe von Wertpapieren (gewöhnliche Offenmarktpolitik) oder die Hereinnahme von Termineinlagen zur Abschöpfung von Liquidität.

Es gibt aber auch „Längerfristige Refinanzierungsgeschäfte". Das sind befristete Standardtender, also Wertpapierpensionsgeschäfte, die monatlich mit einer Laufzeit von drei Monaten begeben werden.

Zum längerfristigen Bereich gehören auch „strukturelle Operationen" wie die Emission von Schuldverschreibungen und strategische Käufe und Verkäufe auf dem offenen Markt oder auch befristete Transaktionen (Standardtender).

d) Schlußbemerkung

Die EZB legt also die Wertpapierpensionssätze und die Sätze für die Offenmarktgeschäfte fest, ebenso die Sätze für die ständigen Fazilitäten. Der Hauptrefinanzierungssatz gilt als Leitzins (manche rechnen auch die Sätze der ständigen Fazilitäten zu den Leitzinsen).

Hauptziel der EZB ist natürlich die Sicherung der Preisstabilität in Europa, dazu betreibt sie die beschriebene Zinspolitik aber auch Geldmengenpolitik. Um die Geldmenge zu beobachten, hat sie Geldmengenbegriffe entwickelt, die etwas von den klassischen Abgrenzungen der Deutschen Bundesbank abweichen. So zählt die EZB zur als Meßgröße relevanten Geldmenge M3 auch Geldmarktpapiere, andererseits die Termineinlagen nur bis zu einer Laufzeit von 2 Jahren (vergleiche Kapitel Geldmengenbegriffe). Die EZB veröffentlicht die Geldmengen Europas in ihren Monatsberichten und auch die entsprechenden Anteile der einzelnen Staaten.

Hatte die Deutsche Bundesbank einen Zielkorridor für das erlaubte und damit von ihr angezielte Geldmengenwachstum angegeben, so beschränkt sich die EZB auf eine Zielgröße, den Referenzwert, z.B. 4,5%.

14. Der Zusammenhang zwischen Güter-und Geldsektor oder: Das Gesamtwirtschaftliche Gleichgewicht

Gesamtwirtschaftliches Gleichgewicht bedeutet Gleichgewicht auf allen Märkten einer Volkswirtschaft. Dabei ist unter Gleichgewicht üblicherweise die Gleichheit von Angebot und Nachfrage zu verstehen. Oder: die Pläne von Anbietern und Nachfragern gehen in Erfüllung. Oder: Niemand braucht seine Dispositionen zu verändern. Oder schließlich: alle Märkte werden geräumt.

Dabei sei an die Probleme erinnert, die schon in der Preistheorie behandelt wurden: Existiert ein Gleichgewicht überhaupt? Ist das Gleichgewicht eindeutig? Ist das Gleichgewicht stabil? Die Vorstellung von Gleichgewicht ist überhaupt umstritten. Es gibt auch die These von der Unmöglichkeit eines Gleichgewichts. Oder die von der sozusagen nur sekundenlangen Existenz, also des Gleichgewichts auf Messers Schneide. Wie dem auch sei, immerhin ist die Vorstellung von Gleichgewicht eine Richtschnur, eine Zielrichtung für den wirtschaftlichen Weg. Die nun folgenden Modelle gehen jedenfalls von der prinzipiellen Möglichkeit eines Gleichgewichts aus.

Bei diesem Kapitel 14 bin ich von der m.E. hervorragenden Darstellung Alfred Stobbes angeregt worden (Gesamtwirtschaftliche Theorie, Heidelberg 1975).

Beim gesamtwirtschaftlichen Gleichgewicht sollen also alle Märkte im Gleichgewicht sein. Da nun aber jedes Gut seinen eigenen Markt hat, es also zig-tausende Märkte gibt und man diese nicht alle untersuchen kann, beschränkt man sich bei der Analyse auf die maßgeblichen und natürlich hochaggregierten Märkte: den Gütermarkt, den Geldmarkt, den Kapitalmarkt, den Arbeitsmarkt, den Export/Importmarkt. Wenn diese wichtigsten Märkte im Gleichgewicht sind, dann sagt man: die gesamte Wirtschaft ist im Gleichgewicht. Man macht es sich hier vielleicht etwas leicht, wie allgemein beim Aggregationsproblem. Gern sagt man in der Ökonomie: Hat man etwas für wenige Güter, für wenige Fälle, hier für wenige Märkte gezeigt, dann kann man es leicht auf die Gesamtmenge übertragen. Freilich müßte man diesen Beweis jedesmal antreten.

Hier jedenfalls beschränkt man sich auf die wichtigsten Märkte, gibt sich schließlich sogar mit der Analyse der beiden Hauptmärkte Gütermarkt und Geldmarkt zufrieden.

Will man nun diese beiden Hauptmärkte untersuchen und in ein Modell bringen, dann muß man die Angebots- und Nachfrageseiten analysieren.

Dies versucht man, indem man mathematische Funktionen zwischen gesamtwirtschaftlichen Variablen aufstellt. Dies sind die Konsumfunktion, die Sparfunktion, die Investitionsfunktion, die Geldnachfragefunktion und die Geldangebotsfunktion.

14.1. Funktionen zwischen gesamtwirtschaftlichen Variablen

14.1.1. Konsumfunktion und die Sparfunktion

Ausgangspunkt ist die einzelwirtschaftliche Konsumfunktion. Man nimmt an, die geplante Konsummenge sei abhängig vom erwarteten verfügbaren Einkommen des Haushalts:

$$C = f\,(Y^v)$$

Dies dürfte für den durchschnittlichen Haushalt zutreffend sein. Daß jemand sein Vermögen aufzehrt oder auf Pump lebt, dürfte die Ausnahme sein. Nun nimmt man, da dies mathematisch leichter zu handhaben ist, an, diese funktionale Beziehung gehorche einem linearen Zusammenhang, was sich glücklicherweise empirisch als eine gute Annäherung erweist. So wird die Konsumfunktion durchaus sinnvoll als lineare Funktion dargestellt.

$$C = C^a + c \bullet Y^v$$

Dabei bedeutet C die geplanten Konsumausgaben eines Haushalts für eine bestimmte Zeitperiode. Das „geplante" läßt man bei der weiteren Argumentation gerne weg, sollte es aber nie ganz vergessen. Das C^a entspricht dem absoluten Glied einer linearen Funktion und bedeutet hier den vom Einkommen unabhängigen Teil des Konsums, den „autonomen Konsum". Er verkörpert das Existenzminimum des Haushalts. Er muß auch bei Null-Einkommen bestritten werden, notfalls durch Vermögensverzehr, Kredite oder Arbeitslosengeld.

Das Y^v ist das erwartete verfügbare Einkommen einer Zeitperiode. Auch das „erwartet" wird später gerne weggelassen, sollte aber auch nie ganz vergessen werden. Man sieht also, die ganze Konsumfunktion ist in die Zukunft gerichtet.

Schwierig ist die Größe "c". Sie entspricht dem Anstieg der linearen Funktion. Da sie damit aber auch der ersten Ableitung der Funktion entspricht, weist sie in eine „Grenzbetrachtung". Sie heißt „marginale Konsumquote", d.h. Konsumquote an der Grenze und bringt zum Ausdruck, um wieviel der Konsum steigt, wenn das Einkommen um eine kleine (zuletzt dazugekommene) Einheit wächst.

Mathematisch kann man diesen Ausdruck als Differenzen- oder als Differentialquotienten schreiben:

$$c = \frac{\Delta C}{\Delta Y} oder \frac{dC}{dY}$$

Die marginale Konsumquote gibt also an, um wieviel der Konsum wächst (dC), wenn das Einkommen um die (infinitesimal kleine) Menge dY wächst. Wächst das Einkommen z.B. um eine DM und daraufhin der Konsum um 0,70 DM, dann beträgt die marginale Konsumquote (auch Grenzneigung zum Konsum genannt) c genau 0,7.

Nun können wir die Konsumfunktion (Konsumkurve) zeichnen:

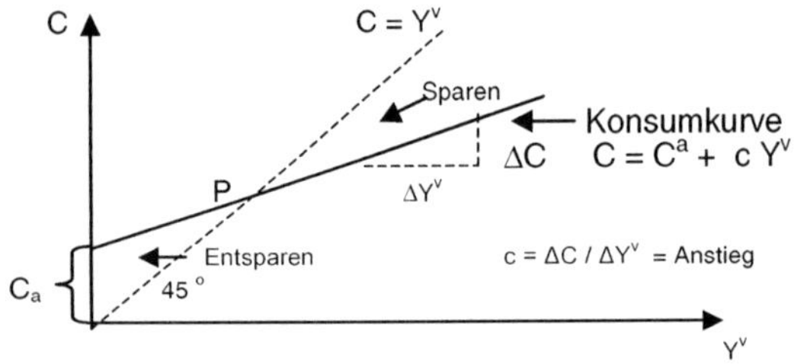

Der Anstieg der Konsumkurve beträgt c und ist zu messen am kleinen Hilfsdreieck mit den Katheten ΔC und ΔY^v. Die Kurve wird zur 45 ° - Linie, wenn stets das gesamte Einkommen verbraucht wird. Links des Punktes P wird mehr verbraucht als eingenommen. Der Haushalt muß "entsparen", d.h. von seinem Vermögen oder von Arbeitslosengeld oder von Krediten leben. Rechts von Punkt P übersteigt das Einkommen des Haushalts seine Konsumausgaben, er kann sparen.

Die Konsumkurve stellt nun einen geplanten Sachverhalt dar, es handelt sich also um "ex-ante-Stromgrößen". Der Haushalt stellt einen Wirtschaftsplan auf für eine Periode, z.B. einen Monat oder ein Jahr. Möglichen erwarteten Einkommenshöhen Y^v werden entsprechende Konsumausgaben zugeordnet. Es handelt sich also um eine Funktion zwischen zwei Variablen. Insofern ist das Wort Plan nicht ganz korrekt. Denn die geplante Konsumhöhe erfährt man erst, wenn man die Einkommenshöhe kennt. Die Konsumfunktion gilt natürlich ceteris paribus bei konstant bleibenden Preisen.

Aus der Konsumfunktion erkennt man nun, was Keynes 1936 als "psychologisches Gesetz" formuliert hat: Steigt das Einkommen, dann steigen auch die Konsumausgaben, aber nicht so stark, wie das Einkommen. Mathematisch bedeutet dies: die durchschnittliche Konsumquote C/Y^v nimmt bei steigendem Einkommen ab. Praktisch heißt das: Je reicher man wird, desto geringer wird der prozentuale Anteil des Einkommens, den man "verzehrt".

Die marginale Konsumquote $\Delta C / \Delta Y^v$ andrerseits, die man als Maß ansehen kann, wie ein Haushalt auf eine Erhöhung seines Einkommens reagiert (vgl. den Elastizitätsbegriff), wird entsprechend der linearen Gestalt der Konsumkurve als konstant angenommen. (Was man bezweifeln kann, wird doch damit behauptet, daß bei z.B. c = 0,7 ein Armer und ein Reicher von einer Mark Einkommenszuwachs gleichermaßen 0,70 DM für Mehrkonsum ausgibt).

Nun zur einzelwirtschaftlichen Sparfunktion:

Der Haushalt kann sein Einkommen entweder für Konsum oder für Sparen verwenden. Deshalb ergibt sich aus seiner Konsum- automatisch auch seine Sparfunktion:

aus $C = C^a + cY^v$ und $Y^v = C + S$

ergibt sich durch Einsetzen die .Sparfunktion $S = - C^a + s\,Y^v$

dabei ist $s = (1 - c)$ und heißt entsprechend marginale Sparquote.

$$s = \Delta S / \Delta Y^v$$

s bedeutet die Zunahme von S, wenn das Einkommen um eine Geldeinheit steigt. Und $S{:}Y^v$ ist entsprechend die durchschnittliche Sparquote.

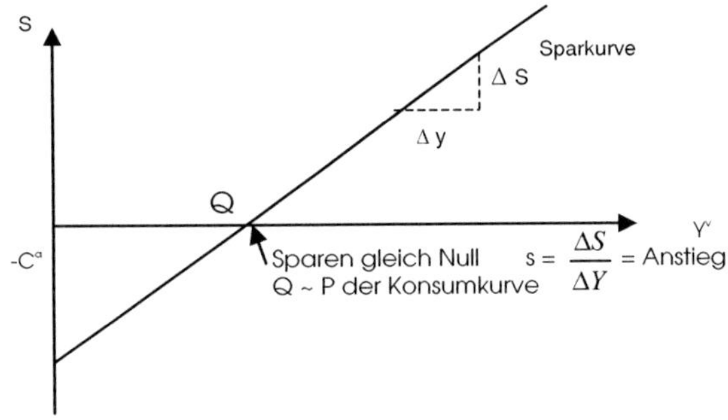

<u>*Nun zur gesamtwirtschaftlichen Konsum- und Sparfunktion:*</u>

Die gesamtwirtschaftliche Konsumkurve (bzw. –funktion) stellt den funktionalen Zusammenhang zwischen der Summe der Konsumausgaben aller Haushalte und ihrem gesamten verfügbaren Einkommen dar. Sie wird auch als makroökonomische Konsumfunktion bezeichnet. Sie hat formal mathematisch die gleiche Gestalt wie die einzelwirtschaftliche Konsumfunktion, nämlich:

$C = C^a + c\,Y^v$ z.B. $C = 400$ Mrd.DM $+ 0{,}7Y^v$ Mrd.DM

Dabei ist $C^a > 0$ und $0 < c < 1$. C^a wird hier nicht mit einem Existenzminimum identifiziert, da das Volkseinkommen nie Null sein kann; es spielt vielmehr nur die Rolle einer mathematischen Hilfsgröße, die dafür sorgt, daß die Konsumkurve nicht durch den Ursprung verläuft. c ist nun die gesamtwirtschaftliche Konsumquote.

Die Konsumausgaben aller privaten Haushalte einer Volkswirtschaft hängen also von ihrem gesamten verfügbaren Einkommen ab dergestalt, daß bei steigendem Einkommen die Konsumausgaben zunehmen, allerdings um einen kleineren Betrag als das Einkommen. Der Rest bildet die gesamtwirtschaftliche Ersparnis. Die Darstellung dieser Konsumkurve ist identisch mit der einzelwirtschaftlichen.

Die gesamtwirtschaftliche Sparfunktion $S = -C^a + sY^v$ (mit $s + c = 1$ bzw. $s = 1 - c$) wird aus der gesamtwirtschaftlichen Konsumfunktion abgeleitet, da auch gesamtwirtschaftlich das Volkseinkommen nur entweder für Konsum oder für Sparen (bzw. Investieren) ausgegeben werden kann. Das entsprechende Beispiel muß lauten:

$S = -400$ Mrd.DM $+ 0.3Y^v$ Mrd DM.

Die Konsum- und die Sparfunktionen können empirisch ermittelt, d.h. mit statistischen bzw. ökonometrischen Regressionsverfahren abgeschätzt werden. Man denke z.B. an die Methode der kleinsten Quadrate. Für die Genauigkeit der Darstellung gibt es spezielle Prüfmaße, es sei auf die statistische Literatur verwiesen. Erstaunlich ist, daß sowohl die einzelwirtschaftliche als auch die gesamtwirtschaftliche Konsumfunktion recht gut durch Geraden dargestellt werden können. Das liegt daran, daß sowohl der Einzelmensch als auch noch mehr die Gesamtheit der Wirtschaftssubjekte ein ziemlich gleichförmiges Verhalten an den Tag legen. Diese relative Kalkulierbarkeit des menschlichen Verhaltens ist die Ursache, daß überhaupt stetige makroökonomische Funktionen aufgestellt werden können.

Die Konsumfunktion ist eine der bedeutendsten ökonomischen Funktionen. Jedoch war und ist sie zahlreicher Kritik ausgesetzt worden. So kam es auch zu neueren Hypothesen über die Konsumfunktion.

So wurde zum einen als bedeutend für die Höhe des Konsums nicht das erwartete verfügbare Einkommen der gegenwärtigen Zeitperiode, in der Regel des gegenwärtigen Jahres, sondern das Einkommen der Vorperiode Y^v_{t-1} angenommen. So daß die neue Konsumfunktion lautet: $C = C^a + cY^v_{t-1}$. Auch solche Konsumfunktionen konnten statistisch plausibel belegt werden. Oder man hat sogar den Einkommen der Vorvorperiode einen Einfluß eingeräumt: Y^v_{t-2} , Y^v_{t-3} usw.

Dann gab es eine Reihe von Ansätzen, die das Einkommen längerfristig und auch als Realeinkommen betrachteten. So spricht Milton Friedman von einem “permanenten Realeinkommen”, also von einer Art langfristigem durchschnittlichen Realeinkommen. Ganz ähnlich argumentiert auch die “Dauereinkommenshypothese”. Hier ist das Einkommen wichtig, das man auf Dauer, also über eine Anzahl von Jahren erwartet. Dann gibt es auch die “Lebenszyklushypothese”, die behauptet, der Mensch richte seinen Konsum nach der Art seines gesamten Lebensplanes bzw. Lebensverlaufes. So kann man sich vorstellen, daß ein aus einem wohlhabenden und gebildeten Elternhaus stammender Student einen ganz anderen Lebensstandard pflegt als jemand aus den unteren sozialen Schichten.

Alle diese neueren Hypothesen haben nichts an der prinzipiellen Behauptung verändert, die Einkommenshöhe bestimme maßgeblich den Konsum. Und an dieser Behauptung wäre doch einiges zu kritisieren.

Denn ist das Einkommen tatsächlich die Ursache für unseren Konsum? Sind es nicht vielmehr die Faktoren, die wir aus der Bedürfnis-Lehre kennen? Nämlich: Existenzbedürfnisse, soziale, Sicherheits-, Kultur- und Statusbedürfnisse bzw. Anregungen der Familie oder der Gruppe oder der Werbung? Und muß man das Einkommen nicht vielmehr als Begrenzung der Konsumausgaben statt als Ursache auffassen? Eine Begrenzung nach Art der Bilanzgeraden der Haushaltstheorie, die auch noch durch Vermögensabbau oder Verschuldung überschritten werden kann? Daß die Konsumfunktion, egal welchen Einkommensbegriff man wählt, statistisch dennoch gut belegt erscheint, liegt eben daran, daß die Mehrheit der Menschen doch die Grenze ihres Einkommens akzeptiert oder zwangsläufig einhalten muß. Dann wäre die Konsumfunktion mehr als Korrelation denn als Ursache-Wirkungsbeziehung zu verstehen.

14.1.2. Die Investitionsfunktion

In der volkswirtschaftlichen Theorie hat man auf die Investitionsfunktion weniger Mühe verwandt als auf die Konsumfunktion. Man hat sich wohl mehr auf die Betriebswirtschaftslehre verlassen, die für die Materie Investitionsrechnung in der Tat zahlreiche Ansätze des Investitionskalküls vorgelegt hat.

Dabei geht es um zwei Ebenen der Investitionsentscheidung. Zuerst geht es um die Entscheidung, ob der Unternehmer sein Geld als Finanzanlage auf dem Kapitalmarkt arbeiten läßt oder ob er es in seinen Produktionsapparat investiert. Dazu muß er für beide Alternativen die zukünftigen jährlichen Nettoerträge abschätzen, ganz entsprechend der in Kapitel angeführten Barwertformel. Das dazu notwendige Urteilsvermögen gehört neben der Risikofreude usw. durchaus zu den notwendigen Qualifikationen eines erfolgreichen Unternehmers. Je nachdem welche Anlage ihm voraussichtlich mehr bringen wird, entscheidet er sich für eine Anlage auf den Finanzmärkten oder eine reale Investition z.B. eine Maschine.

Hat er sich für eine reale Investition entschieden, dann geht es um die zweite Ebene der Entscheidung: Welche der möglichen Maschinen kauft der Unternehmer. Für jede dieser alternativen Investitionen muß er eine sog. Investitionsrechnung aufmachen, wofür es wiederum zahlreiche Methoden gibt. Man vergleiche die betriebswirtschaftliche Literatur, es seien nur ein paar angemerkt: Gewinnvergleichsmethode, Rentabilitätsvergleichsmethode, Kostenvergleichsmethode, Methode des internen Zinsfußes, Kapitalwertmethode usw. Bei allen diesen Methoden kommt man in irgendeiner Form auf das Problem der Vorausschätzung von Nettoerträgen, also auf die altbekannte Barwertformel.

Aus diesem einzelwirtschaftlichen Investitionskalkül leitet nun die Volkswirtschaftslehre in gewagter Aggregation die gesamtwirtschaftliche Investitionsfunktion ab, nämlich: es bestehe ein gegenläufiger Zusammenhang zwischen Kapitalmarktzins r und der Höhe der gesamtwirtschaftlichen Investition:

$$I = I\,(r)\ , \text{ wobei } \qquad dI / dr < 0$$

Der Kapitalmarktzins kann als gewogener Durchschnittswert der zahlreichen Kapitalmarktzinsen aufgefasst werden, er spielt bei den weiteren Modellen aber eine Art theoretische Rolle, weil man sich über die praktische Meßbarkeit kaum Gedanken macht.

In modellhaften Darstellungen erscheint die Investitionsfunktion als fallende Gerade oder als Gekrümmte, etwa eine gleichseitige Hyperbel von der Bauart $I = A / r$, wobei A ein konstanter Parameter ist.

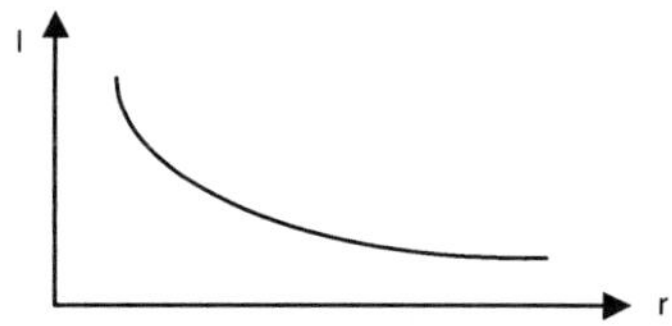

14.1.3. Die Geldnachfragefunktion

Diese Funktion ist die in Kapitel 9.1. abgeleitete keynesianische Geldnachfragefunktion, die sich zusammensetzt aus der Geldnachfrage zu Transaktionszwecken

$L^T = L^T\,(Y)$ bzw. $L^T = k\,.\,Y$, wobei k den Geldhaltungskoeffizienten darstellt,

und aus der Geldhaltung zu Spekulationszwecken

$L^S = L^S\,(r)$, wobei $dL^S / dr < 0$.

Beide Teilfunktionen wurden additiv zur gesamtwirtschaftlichen Geldnachfragefunktion zusammengeführt:

$L\ = L^T(Y) + L^S\,(r)$, wobei $\delta L/\delta Y>0$ und $\delta L/\delta r<0$

Nach Gestalt der partiellen Ableitungen kann es also sein, daß sich Einkommen und Zins gleichzeitig erhöhen und dennoch die Gesamtgeldnachfrage unverändert bleibt. Wie im erwähnten Kapitel sieht die Kurve, vereinfacht, folgendermaßen aus:

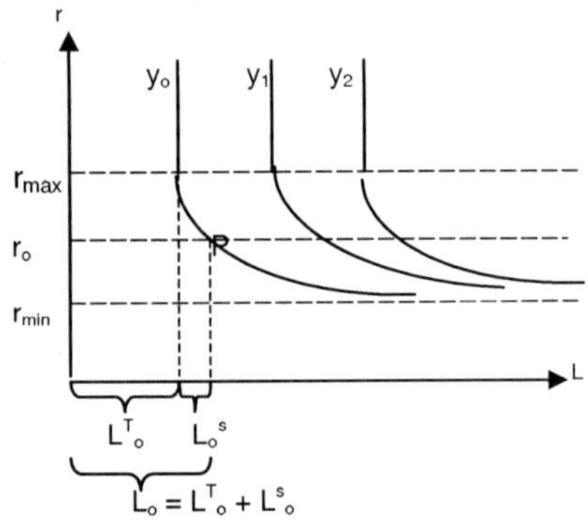

Es zeigt sich eine Kurvenschar, da die von zwei Variablen ursprünglich abhängige Gesamtnachfragefunktion grafisch auf zwei Dimensionen reduziert und Y als Parameter mit diskreten Werten genommen wurde.

Bei einem zwischen den Extremen liegenden Kapitalmarktzins r_0 wird der Punkt P erreicht, unter dem man auf der Abszisse die entsprechende Gesamtgeldnachfrage ablesen kann, die sich wiederum in die Transaktionskasse L^T_0 und die Spekulationskasse L^S_0 aufspalten läßt. Bei r_{min} zeigt sich das Bild der berühmten keynesianischen Liquiditätsfalle: jede beliebige vorhandene oder auch von der Notenbank zur Ankurbelung noch zugeschossene Geldmenge wird in der Spekulationskasse gehalten. Die Kurve wird zur Asymptoten. In der weiteren Argumentation wird nur noch von einem einzigen Ast der Kurvenschar ausgegangen.

14.2. Das Modell des Gesamtwirtschaftlichen Gleichgewichts

14.2.1. Ein einfaches Modell als Vorbemerkung

Mit den bisher vorgestellten Funktionen kann man bereits ein einfaches Modell entwickeln, das bereits durchaus Erklärungswert besitzt:

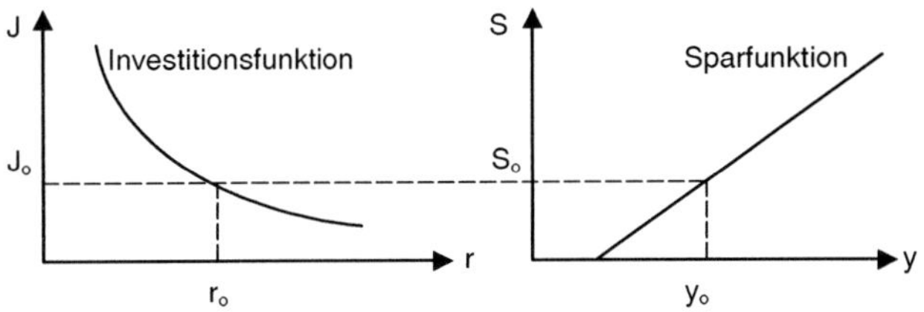

Aus dem Modell kann man das zu einem Zins r_0 gehörige Gleichgewichtsvolkseinkommen Y_0 ablesen. Und "spielt" man mit dem Modell, d.h. läßt man Kapitalmarktzins, Investitionsneigung (Erhöhung heißt Rechtsverschiebung der Investitionskurve) und Sparneigung (Erhöhung heißt Linksdrehung der Sparkurve) variieren, dann kann man folgende plausiblen Zusammenhänge ablesen:

- Kapitalmarktzins und Volkseinkommen stehen in einem gegenläufigen Zusammenhang
- Investitionsneigung und Volkseinkommen stehen in einem gleichläufigen Zusammenhang
- Sparneigung und Volkseinkommen stehen in einem gegenläufigen Zusammenhang

Diese Zusammenhänge sind, wie gesagt, plausibel, d.h. ein Praktiker weiß sie auch ohne Theorie. So kann man hier bereits Kritik an solchen und an vielen anderen ökonomischen Modellen anmelden. Es besteht die Gefahr des Zirkelschlusses: Ein bekannter Zusammenhang wird in ein mathematisch-geometrisches Modell "übersetzt"; nach einem AHA-Effekt wird dann dieses Modell als Begründung bzw. Beweis genommen. In Wirklichkeit ist natürlich nichts bewiesen. Immerhin hat man aber die Struktur des Problems klar gelegt, und dies ist ja schon ein bescheidener Erfolg.

14.2.2. Darstellung des Gütermarktgleichgewichts mittels der I-S-Kurve

Zu Beginn des Kapitels hatten wir festgestellt, daß ein gesamtwirtschaftliches Gleichgewicht sich dadurch auszeichnet, daß alle Märkte, einfachheitshalber die wesentlichen Makro-Märkte, sich im Gleichgewicht befinden. Als erstes wird nun das Gleichgewicht des Gütermarktes mittels der I-S-Kurve gezeigt. Diese Darstellung verdanken wir den großen Nationalökonomen Keynes, Hicks und Hansen.

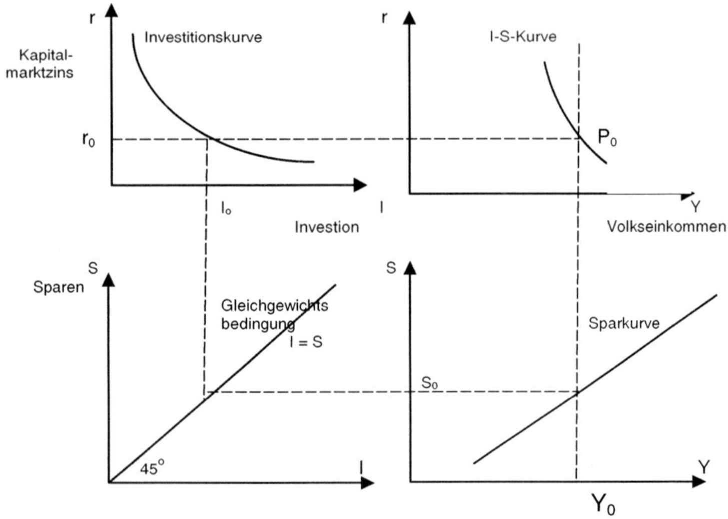

Die Konstruktion beginnt bei Y_0 und durchzieht das Vier-Quadrantenmodell im Urzeigersinn. Die dem Volkseinkommen Y_0 entsprechende Ersparnis wird links über die Gleichgewichtsbedingung nach oben mit der Investition gleichgesetzt. So ermittelt man den Gleichgewichtszins r_0. Fluchtet man diesen waagerecht nach rechts und läßt diesen Fahrstrahl sich mit dem von Y_0 nach oben kommenden Fahrstrahl schneiden, erhält man den Punkt P_0 als ersten der gesuchten I-S-Kurve. Die gesamte Kurve als geometrischen Ort erhält man, indem man die Konstruktion mit möglichst vielen Y_0 als Ausgangspunkte wiederholt.

Nach Alfred Stobbe stellt der Punkt Po eine “Kombination von Y und r (dar), bei der angesichts der Gestalt der Verhaltensfunktionen (I , S) auf dem Gütermarkt Gleichgewicht herrscht”.

Konstruiert man nun viele solcher Punkte, dann erhält man die I-S-Kurve. Sie ist nach Stobbe "der geometrische Ort aller (Y , r)-Kombinationen, bei denen angesichts des Einflusses von Y auf die Ersparnis und von r auf die Investition auf dem Gütermarkt Gleichgewicht zwischen Angebot und Nachfrage herrscht”. Dieses Gleichgewicht entspricht natürlich dem Gleichgewicht zwischen I und S (ex-ante).

14.2.3. Darstellung des Geldmarktgleichgewichtes mittels der L-M-Kurve

Als Vorbemerkung wieder ein einfaches Modell:

Die Geldnachfrage sei die keynesianische Liquiditätspräferenzfunktion

$$L = L^T(Y) + L^s(r) \text{ ; wobei } \quad \frac{\partial L}{\partial Y} > o, \frac{\partial L}{\partial r} < o$$

Das Geldangebot werde durch die Notenbank autonom in diskreten Werten vorgegeben.

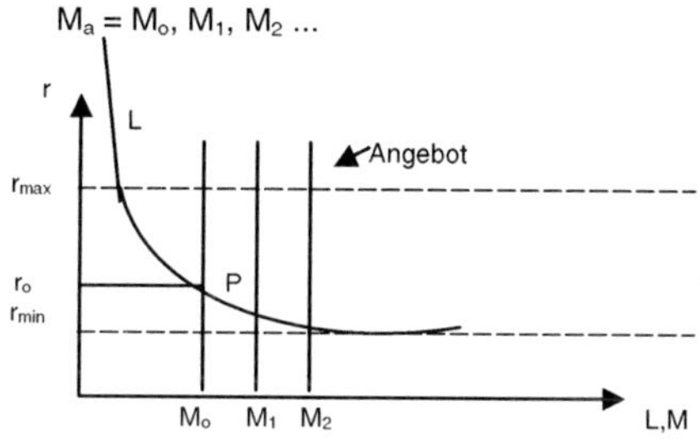

Durch den Schnittpunkt von Angebot und Nachfrage erhält man den Gleichgewichtszins r_0. Aus diesem einfachen Modell kann man u.a. entnehmen, daß die Notenbank durch Variation ihres Geldangebotes den Kapitalmarkt und seinen Zins beeinflussen kann.

Nun zum eigentlichen Geldmarktmodell:

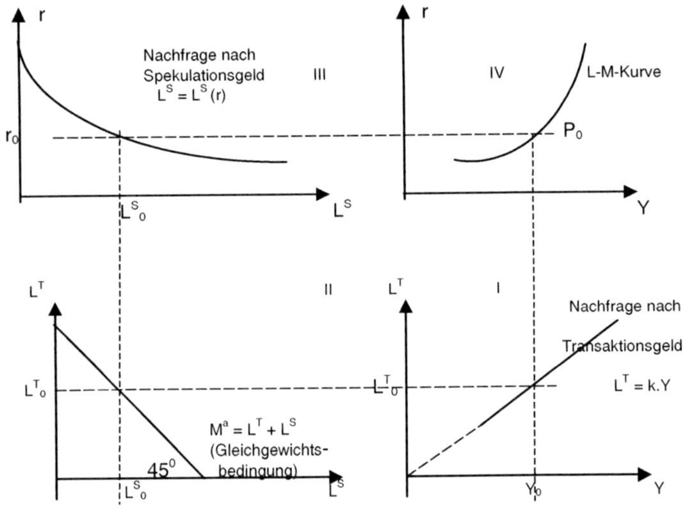

In diesem 4-Sektoren-Modell sind die beiden keynesianischen Geldnachfragen eingezeichnet, außerdem in Quadrant II die Gleichgewichtsbedingung in Form einer fallenden 45^0 - Linie (alle Punkte dieser Linie haben die Eigenschaft, daß die Summe ihrer Koordinaten gleich einer Konstanten, hier der konstant vorgegebenen Geldmenge ist). Die Konstruktion beginnt bei Y_0 , führt über den I, II und III Quadranten zu Punkt P_0 im IV Quadranten. Bei Konstruktion zahlreicher Punkte P erhält man die L-M-Kurve.

Sie ist der geometrische Ort aller Punkte (aller Y,r-Kombinationen), bei denen die „Kombination von Y angesichts dessen Einfluss auf die Geldnachfrage zu Transaktionszwecken und r angesichts dessen Einfluß auf die Geldnachfrage zu Spekulationszwecken mit einem insgesamt konstanten Geldangebot M^a vereinbar ist". Die L-M-Kurve steht also für das Geldmarktgleichgewicht. (Auch hier lehne ich mich an die Formulierung von Alfred Stobbe an.)

14.2.4. Das Keynesianische Gleichgewichtsmodell

Die makroökonomischen Funktionen, d.h. die Konsum-, die Spar-, die Investitions- und die Geldnachfragefunktion und auch die I-S- und die L-M-Funktion, sie alle waren Vorarbeiten zum nun folgenden berühmten

Keynesmodell, manche nennen es auch nach seinen Epigonen, die es mathematisch gefaßt haben, das Hansen-Hicks-Modell.

Dieses Modell ist noch heute das Basismodell der wirtschaftspolitischen Instrumente, es ist Basis des noch heute für Deutschland gültigen Stabilitätsgesetzes, alle späteren Modelle weisen auf es zurück. Selbst Kritiker von Keynes, wie der berühmte Monetarist Milton Friedman, bekennen aus Hochachtung vor dem zu Recht als größter Nationalökonom des 20. Jahrhunderts geltenden Lehrer: Wir sind alle Keynesianer.

Das Modell ist grundgelegt in Keynes' Werk von 1936: The General Theorie of Employment, Interest and Money (London). J. R. Hicks hat es in einem Aufsatz 1937 mathematisch interpretiert: Mr. Keynes an the „Classics", A suggested Interpretation, in Econometrica, Vol.5 1937. A.H. Hansen hat das Modell schließlich 1953 in seine heutige Form gebracht: A Guide to Keynes, New York.

Dieses Modell stellt das gleichzeitige Gleichgewicht auf dem Güter- und dem Geldmarkt dar.

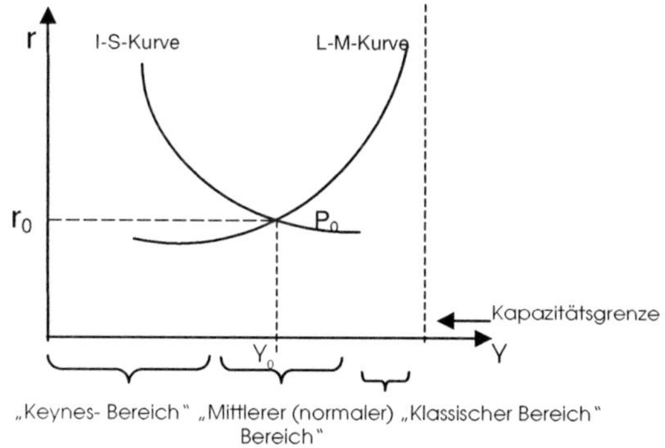

Die beiden Kurven, I-S und L-M, symbolisieren, wie wir gesehen haben, die jeweiligen Gleichgewichte auf dem Güter- und dem Geldmarkt. Da, wo beide Kurven sich schneiden, in Punkt P_0 , befinden sich beide Märkte gleichzeitig im Gleichgewicht. Man kann beide Kurven in ein Koordinatensystem einzeichnen, weil sie identische Achsen haben.

Hat man also die Verhaltensfunktionen des Konsums, des Sparens, der Investition, der Geldnachfrage und nimmt man das Geldangebot M_a als exogene Variable an, dann läßt sich in P_0 das gesamtwirtschaftliche Gleichgewicht ermitteln, mit dem Gleichgewichtseinkommen Y_0 und dem Gleichgewichtszins r_0.

Die I-S-Kurve wird gewöhnlich als „rund" fallende Kurve oder auch als fallende Gerade gezeichnet. Die L-M-Kurve beginnt flach, nahezu waagerecht, und beschleunigt ihre Steigung in Richtung Kapazitätsgrenze, wo es keine freien Kapazitäten mehr gibt und das Kapital so knapp ist, daß der Zins Richtung unendlich geht. Der flache Teil der L-M-Kurve wird als Keynes-Bereich bezeichnet mit der typischen „Liquiditätsfalle", der mittlere Teil mit mittlerer Steigung als Normalbereich und der steile Teil als klassischer Bereich, da die Klassiker besonderen Wert auf die Knappheit des Kapitals legten.

Das Keynes-Modell dient zuerst natürlich der Darstellung und Analyse des gesamtwirtschaftlichen Gleichgewichts. Nun möchte man das Modell aber auch handhaben, d.h. daran „herumspielen": Man verschiebt die Verhaltensfunktionen und damit den Punkt P_0 und prüft, welche Auswirkungen dann für Volkseinkommen und Zins herauskommen. Besonders ist natürlich die Wirtschaftspolitik an solcher „Spielerei" interessiert. Denn sie möchte wissen, inwieweit die Verhaltensfunktionen durch ihre Aktivitäten beeinflusst werden können, um ihre Ziele zu erreichen. Die Fragestellung der Theorie wird also herumgedreht. Diese Dinge werden im folgenden Kapitel untersucht.

Ein Problem soll noch kurz angesprochen werden. Bei Keynes und in seinem Modell ist Inflation kein Thema; das ist aus der geschichtlichen Situation der 30er Jahre zu erklären. Wenn spätere Theoretiker Inflation und auch den Arbeitsmarkt dem Modell hinzugefügt haben, dann entspricht das nicht mehr dem ursprünglichen Modell und ist oft auch etwas unglücklich vorgenommen worden. Wir beschränken uns lieber auf das reine Modell. Man könnte aber leicht hohe Zinsen mit Inflation und tiefes Volkseinkommen mit Arbeitslosigkeit in Verbindung bringen, ohne das Modell in seinem Grundgefüge zu verändern.

15. Konjunktur- und Stabilitätspolitik

Die Kurven des IS/LM-Modells verschieben sich also, wenn sich die Verhaltensweisen der Wirtschaftssubjekte ändern. Damit verschiebt sich der Gleichgewichtspunkt P. Und wenn die Wirtschaftspolitik diesen Gleichgewichtspunkt in einer bestimmten Richtung verschieben will, dann muß sie das Verhalten der Wirtschaftssubjekte zu beeinflussen versuchen.

15.1. Handhabung des Keynes-Modells und Folgerungen

Betrachtet man die im letzten Kapitel behandelte 4-Quadranten-Ableitung der IS-Kurve, dann kann man, in Anlehnung an Alfred Stobbe, folgendes herausfinden:

Die IS-Kurve verschiebt sich nach links, wenn

- die Sparneigung zunimmt. Das bedeutet, daß aus jeder Einkommenshöhe mehr gespart wird und dadurch die Sparkurve nach oben verschoben wird.

Oder wenn

- die Investitionsneigung abnimmt. Das bedeutet, daß bei jedem Zins weniger investiert und dadurch die Investitionskurve nach links verschoben wird.

Man überzeuge sich am 4-Quadrantenmodell, daß diese Zusammenhänge tatsächlich zutreffen. Die Folge gemäß dem Keynesmodell ist, daß das Volkseinkommen und der Kapitalmarktzins sinken.

In einer Konjunkturüberhitzung, in der man Konjunktur und Volkseinkommen dämpfen will, kann man nach dem Keynesmodell also der Wirtschaftspolitik empfehlen:

- Sparförderung und damit Nachfragedämpfung
- Senkung der staatlichen Ausgaben und Investitionen
- Erhöhung der Einkommensteuer und der Unternehmersteuern

- Einschränkung der Abschreibungsmöglichkeiten der Unternehmer.

Umgekehrt verschiebt sich die IS-Kurve nach rechts, wenn

- die Sparneigung abnimmt oder/und
- die Investitionsneigung zunimmt.

In diesem Fall ist die Folge, daß Volkseinkommen und Kapitalmarktzins steigen.

So kann man in einer Depression, in der man Konjunktur und Volkseinkommen ankurbeln will, der Wirtschaftspolitik empfehlen:

- Einstellen der Sparförderung und damit Nachfrageförderung
- Erhöhung der Staatsnachfrage und der Staatsinvestitionen
- Steuersenkungen zur Erhöhung der Kaufkraft
- Investitionsförderung durch Abschreibungserleichterungen.

Gehen wir nun zum Geldsektor, also zur LM-Kurve über. Sie verschiebt sich nach links, wie wir am 4-Quadranten-Schaubild des Geldmarktes leicht nachprüfen können, wenn

- die Nachfrage nach Transaktionsgeld zunimmt. Das bedeutet, daß der Geldhaltungskoeffizient k steigt und die L^T-Kurve sich nach links dreht.

Oder wenn

- das Geldangebot M_a durch die Notenbank verringert wird. Das bedeutet, daß das rechtwinklige Hilfsdreieck im zweiten Quadranten in Richtung Ursprung „schrumpft“.

Oder wenn

- die Präferenz (Nachfrage) für Spekulationsgeld zunimmt. Das bedeutet, daß sich die L^S-Kurve nach rechts verschiebt.

Die Folge nach dem Keynes-Modell ist dann, daß das Volkseinkommen sinkt, der Kapitalmarktzins hingegen steigt.

In einer Konjunkturüberhitzung, in der man die Konjunktur und das Volkseinkommen dämpfen will, kann man nach dem Keynesmodell also der Wirtschaftspolitik, d.h. hier der Geldpolitik (der Notenbank) empfehlen:

- Versuch, die Umlaufgeschwindigkeit zu verringern, die ja der Kehrwert des Geldhaltungskoeffizienten ist
- Verringerung der Geldmenge durch die Notenbank

- Erhöhung der Zinsen
- Beeinflussung der Kapitalmärkte zur Beeinflussung von Geldmenge und Zinsen z.B. durch Offenmarktpolitik.

Das erfolgreichste und am häufigsten eingesetzte Instrument war die Beeinflussung der Geldmenge durch die Deutsche Bundesbank.

Die L-M-Kurve verschiebt sich nach rechts, wenn

- die Nachfrage nach Transaktionsgeld ~~zunimmt~~ abnimmt, d.h die L^T -Kurve sich nach rechts dreht.

Oder wenn

- das Geldangebot M_a erhöht wird, d.h. sich die Hypothenuse des Hilfsdreiecks vom Ursprung weg bewegt,

oder wenn

- die Präferenz für Spekulationsgeld abnimmt, d.h. sich die L^S -Kurve nach links verschiebt.

Die Folge nach dem Keynes-Modell ist dann, daß das Volkseinkommen steigt, der Kapitalmarktzins dagegen sinkt.

In einer Depression, in der man die Wirtschaft also ankurbeln will, kann man so der Wirtschaftspolitik, hier vor allem der Geldpolitik, folgendes empfehlen:

- Versuch, die Umlaufgeschwindigkeit zu erhöhen
- Erhöhung der Geldmenge M_a durch die Notenbank
- Senkung der Zinsen
- Beeinflussung der Kapitalmärkte durch die Notenbank zur Steuerung von Geldmenge und Zinsen z.B. durch Offenmarktpolitik.

Auch hier war das erfolgreichste und am häufigsten eingesetzte Instrument die Beeinflussung der Geldmenge durch die Deutsche Bundesbank. Als beliebtes modernes und flexibles, dabei relativ „geräuschloses" Instrument hat sich dabei das Wertpapierpensionsgeschäft erwiesen.

15.2. Effizienz von Geldpolitik und Fiskalpolitik

Nachdem wir nun das keynesianische, bis zum heutigen Tag wichtige Basismodell und die davon abgeleiteten wirtschaftspolitischen

Instrumente dargestellt haben, muß noch die Frage der Effizienz dieser Instrumente angesprochen werden.

Es stellt sich nämlich das Problem, welches Instrumentarium, das der Notenbank, d.h. der Geldpolitik, dargestellt durch die L-M-Kurve, oder das der Regierung, dargestellt durch die I-S-Kurve, mehr Erfolgschancen, mehr Effektivität besitzt.

Die Antwort muß lauten: Es hängt von der Konjunkturlage ab, welches Instrumentarium effektiver ist. Dies soll am Modell gezeigt werden:

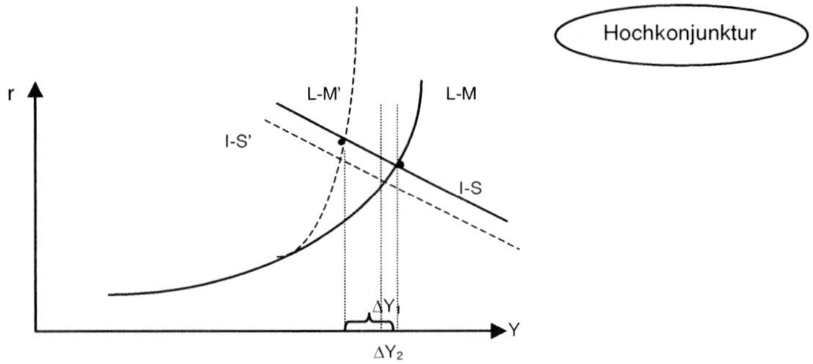

In der Hochkonjunktur schneidet die I-S-Kurve die L-M-Kurve im rechten, steilen Teil, also in der Nähe der Kapazitätsgrenze.

Aus der Modellzeichnung kann man ersehen:

a. Die Geldpolitik (Verschiebung der LM-Kurve nach links: Dämpfung) bewirkt einen großen Effekt auf Y, nämlich ΔY_1.
b. Die Politik der Regierung, die Fiskalpolitik (Verschiebung der I-S-Kurve) bewirkt einen kleinen Effekt auf Y, nämlich ΔY_2.

Aus dem IS/LM-Modell kann man so die Regel ableiten: um einen Boom zu dämpfen, ist die Geldpolitik effektiver.

Dies entspricht auch der Erfahrung der Praxis: um die Konjunktur abzuwürgen, ist es am besten, den Geldhahn zuzudrehen. Oder: eine Inflation kann sich nur entwickeln, wenn genügend Geld im Kreislauf vorhanden ist. Oder: bei einem gedrosselten Geldhahn kann sich kein konjunktureller Aufschwung entwickeln.

Wie ist die Frage nach der Effektivität nun in der Depression zu beantworten?

In dieser Situation schneidet die I-S-Kurve die L-M-Kurve im linken, flachen Teil.

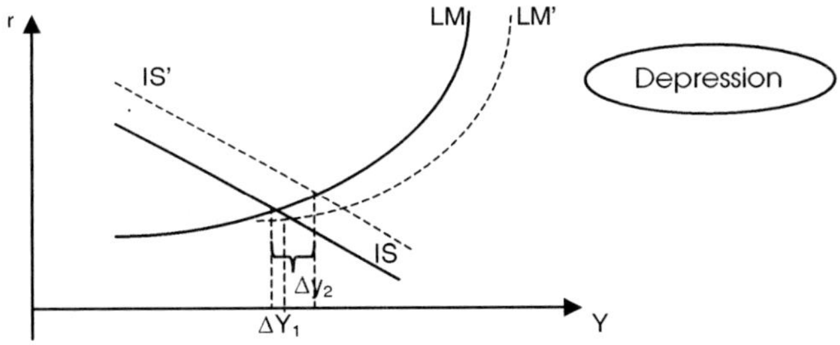

Man kann aus der Modellzeichnung ersehen:

a. Die Geldpolitik (L-M) hat, z.B. durch Erhöhung der Geldmenge, einen kleinen Effekt auf Y, nämlich ΔY_1.

   (Dieses der Praxis wohlbekannte Phänomen läßt sich gut durch das keynesianische Instrument der „Liquiditätsfalle“ erklären, und man sieht daran die neuerliche Aktualität dieses großen Nationalökonomen. Nämlich: das durch die Notenbank in Hoffnung auf Ankurbelung in den Kreislauf gepumpte Geld „verschwindet in der Liquiditätsfalle“, d.h. die Wirtschaftssubjekte „saugen“ alles zusätzliche Geld in ihre Spekulationskasse. Es wird also nicht Kaufkraft- und auch nicht investitionswirksam. Aus Furcht vor der Zukunft wird nicht gekauft und wegen geringer Gewinnerwartungen wird nicht investiert.)

b. Die Politik der Regierung (I-S) hat dagegen einen großen Effekt auf Y, nämlich ΔY_2.

   Aus dem IS/LM-Modell kann man somit die Regel ableiten: um eine Konjunktur anzukurbeln, ist die Regierungspolitik effektiver.

   Also: Nachfrageförderung, Investitionsförderung, Erhöhung der Staatsausgaben, Arbeitsbeschaffungsprogramme, deficit spending.

   Hier ist es mit der Erfahrung der Praxis etwas schwieriger. Nach der Weltwirtschaftskrise 1929 bis 1933 und nach der Wirtschaftskrise in der BRD 1966/67 haben die fiskalpolitischen Instrumente recht wirksam aus den Krisen geführt. Nach der Ölkrise 1973 scheint die ökonomische Welt allerdings Kopf zu stehen, und die zahlreichen Konjunkturprogramme scheinen wenig Erfolg gezeigt zu haben. Und die Welt wartet wohl auf ein neues Generalmodell von ähnlicher Erklärungskraft wie das keynesianische.

Zwischenbilanz

Was wir im letzten Kapitel behandelt haben, wurde in den sechziger und siebziger Jahren und bis heute als wirtschaftspolitische Globalsteuerung bezeichnet. Wie der Name schon sagt, ging man davon aus, durch gesamtwirtschaftliche Aggregate die Wirtschaft im ganzen, d.h. global steuern zu können. Man könnte das Bild eines großen, gesamtwirtschaftlichen, mechanistischen Räderwerks benutzen. Und man glaubte: wenn man bestimmte „Hebel" und „Schrauben" dieser Apparatur bedient, dann funktioniert die Maschinerie im gewünschten Sinne.

Dieses Maschinenmodell haben wir in zwei Stufen beschrieben: Erstens wurde mit Hilfe der gesamtwirtschaftlichen Funktionen das gesamtwirtschaftliche Gleichgewicht nach Keynes beschrieben. Zweitens wurde nach diesem Modell eine Theorie der Wirtschaftspolitik entwickelt: Was kann die Wirtschaftspolitik tun, um den gesamtwirtschaftlichen Zielen näher zu kommen? Dazu gehörte auch die Problematik der Effizienz dieser Instrumente.

Bevor nun abschließend die praktische Ausformung der wirtschaftspolitischen Instrumente am Beispiel des Stabilitätsgesetzes der BRD von 1967 beleuchtet wird, soll eine Kritik an der Vorstellung der Globalsteuerung vorgenommen werden.

1. Theoretische Kritik: Kritik an den Grundannahmen des Modells. Diese Kritik zielt vor allem auf das Menschenbild des homo oeconomicus, die Vorstellung nämlich, der Mensch nehme völlig rational Informationen aus der Umwelt auf und verarbeite sie zu vernünftigen Entscheidungen und er wisse stets, was er will.

   Kritik an den makroökonomischen Funktionen. Bilden diese Funktionen tatsächlich die wirklichen Kausalitäten ab? Ist z.B. das Einkommen tatsächlich Ursache für den Konsum oder nicht vielmehr nur Randbedingung? Ungeklärt auch sind die Probleme der Eindeutigkeit, der Stetigkeit, der Differenzierbarkeit der mathematisch-ökonomischen Funktionen (gibt es tatsächlich einen Grenzwert der Differenzenquotienten?)

   Schließlich sei erwähnt das Problem der Komplexität der Wirtschaft: Bildet das mechanistische IS/LM-Modell die komplexe Wirtschaft angemessen ab?

2. Empirische Kritik: Kann das Problem der richtigen Diagnose, von der so viel abhängt, gelöst werden? Darauf gibt das Modell überhaupt keine Antwort. Also: In welcher Konjunktursituation befinden wir uns? Im Hoch?, im Tief?, in einer „Delle“? Die Antwort fällt auch je nach Interessenlage unterschiedlich aus.

Hierzu gehört das Problem der Wirkungsverzögerungen. Das IS/LM-Modell geht, wie viele einfache Modelle der Preistheorie, von einer unendlichen Reaktionsgeschwindigkeit aus. In Wirklichkeit gibt es aber die sattsam bekannten Wirkungsverzögerungen bis zu einem Jahr und mehr, die dazu führen können, daß die wohl durchdachten Instrumente mit ihrer Wirkung in eine ganz andere Konjunkturlandschaft fallen.

3. Politische Kritik: Das IS/LM-Modell scheint, wie viele andere ökonomische Modelle, nicht das Phänomen Demokratie in Ansatz gebracht zu haben, sondern eher eine autoritäre Staatsform. In der Demokratie stehen Abgeordnete und Amtsträger in einem permanenten Kampf um Zustimmung.

   Deshalb wirkte es für den Glauben an das Modell und die daraus abgeleiteten Instrumente tödlich, daß in den 70 er Jahren, nach der Ölkrise, die zahlreichen Konjunkturprogramme praktisch nichts bewirkt haben. Deshalb ist man bis heute mit solchen Programmen äußerst zurückhaltend. Und hätten diese Programme, etwa deficit spending, etwas bewirkt, dann wäre man in den 90er Jahren bestimmt nicht auf die Sparpolitik verfallen.

Die Instrumente der Globalsteuerung, wie z.B. des Stabilitätsgesetzes von 1967, sind im vielschichtigen langwierigen parlamentarischen Entscheidungsgeflecht nur sehr schwer und langsam durchsetzbar. Für den Erfolg dieser Instrumente sind aber gerade Schnelligkeit, Entschlossenheit und Überraschung äußerst wichtig, Eigenschaften, die wiederum eher autoritären Regimes zukommen.

Schließlich änderte sich mit der Ölkrise von 1973 die ökonomische Weltlage, was durch die aktuelle Globalisierung noch verstärkt worden ist. Das Modell paßt im Grunde nicht mehr in die heutige Zeit, wenn man leider auch hinzufügen muß, daß bisher noch kein neues, ähnlich geniales Modell zur Verfügung steht.

In diesem Zusammenhang wurde folgerichtig den Konjunkturprogrammen immer wieder vorgehalten, sie gingen an der Sache vorbei, da sie zuwenig oder gar nicht in strukturpolitische Maßnahmen geflossen seien.

15.3. Zum Stabilitätsgesetz von 1967

Nach der Kritik am gesamtwirtschaftlichen IS/LM-Modell soll nun kurz das Stabilitätsgesetz von 1967 angesprochen werden. Dieses Gesetz wurde damals als „bestes wirtschaftspolitisches Instrumentarium der

Welt" gefeiert (Karl Schiller) und war Zeichen für die große Ausstrahlungskraft des keynesianischen Modells.

1966/67 ging in der Bundesrepublik mit einer Konjunkturkrise das Wirtschaftswunder zu Ende. Anlaß war der rapide Bedeutungsverlust der Kohle als Energieträger. Damit kam die deutsche Schwerindustrie in eine Krise und die gesamte Volkswirtschaft. Es gab die damals unvorstellbare Zahl von 500.000 Arbeitslosen, die Regierung Erhard wurde gestürzt.

Nun glaubte man, die freien Marktkräfte, die ja das deutsche Wirtschaftswunder ermöglicht hatten, seien unter den schwieriger werdenden Bedingungen nicht mehr in der Lage, die Volkswirtschaft auf Gleichgewichtskurs zu steuern.

Es müßten vielmehr wohldurchdachte planerische und steuernde Elemente eingesetzt werden, um das marktwirtschaftliche System zu ergänzen. Und zwar sollten die gesamtwirtschaftlichen Aggregate „global" gesteuert werden.

Für solche Absichten erschien das IS/LM-Modell als theoretische Grundlage bestens geeignet und seine wirtschaftspolitischen Schlussfolgerungen wurden vom energischen deutschen Wirtschaftsprofessor und späteren Wirtschaftsminister Karl Schiller in das Gesetz zur Förderung der Stabilität und des Wachstums der Wirtschaft „gegossen" (Stabilitätsgesetz).Dank der aufgrund der Krise gebildeten Großen Koalition unter Georg Kiesinger wurde das Gesetz, das zahlreiche Grundgesetzartikel berührte, 1967 von Bundestag und Bundesrat verabschiedet. Dank dieses Gesetzes gelang es tatsächlich, die Wirtschaftskrise von 1966/67 zu überwinden und die Konjunktur bis hin zur Ölkrise erfolgreich zu managen. Nach der Ölkrise allerdings, die die weltwirtschaftlichen Strukturen durcheinanderwirbelte, und seit der die Bundesrepublik die Geisel der Arbeitslosigkeit nie mehr los werden sollte, verblasste das Vertrauen in das Instrumentarium des Stabilitätsgesetzes.

Im § 1 des Gesetzes wurden die Ziele des „magischen Vierecks" formuliert. Im Rahmen der marktwirtschaftlichen Ordnung sollten angestrebt werden ein hoher Beschäftigungsstand, die Stabilität des Preisniveaus, ein außenwirtschaftliches Gleichgewicht und ein stetiges und angemessenes Wirtschaftswachstum. Dazu sollten im globalen Konzert Bund, Länder, die staatlichen Großunternehmen und die Gemeinden ein koordiniertes Verhalten an den Tag legen.

Nach dem Gesetz konnte die Bundesregierung die Instrumente per Rechtsverordnung zum Einsatz bringen, allerdings am langen Zügel des Parlaments, d.h. der Abgeordneten, die sich ihre Kompetenz nicht aus der Hand nehmen lassen wollten. Das bedeutete, daß wichtige Entscheidungen über den Einsatz der wirtschaftspolitischen Instrumente per Rechtsverordnung der Bundesregierung unter Zustimmung des Bundestages und oft auch des Bundesrates getroffen werden mussten. Es gab auch Fristenregelungen, nach denen der Bundestag eine Maßnahme wieder aufheben konnte, so z.B. bei der Beschränkung der Kreditaufnahme der öffentlichen Hand eine Frist von 6 Wochen.

Dieser Umstand, daß die wirtschaftspolitischen Maßnahmen, die um Erfolg zu haben, rasch und entschlossen und möglichst überraschend eingesetzt werden sollten, stets am langen Zügel der Abgeordneten hingen, fiel solange nicht ins Gewicht, solange man im Bundestag über eine stabile und große Mehrheit verfügte (Große Koalition). Denn dann kann im parlamentarischen System der Kanzler voll seine Richtlinienkompetenz durchsetzen.

Sobald der Kanzler aber nurmehr über eine schwache Mehrheit verfügt, ist eine Zustimmung des Parlaments zu den einzelnen Maßnahmen nicht mehr garantiert und damit eine konstante systematische Wirtschaftspolitik nicht mehr gewährleistet. Und dies war nach der Großen Koalition unter den Kanzlern Brandt, Schmidt und Kohl bis heute der Fall. So ist das Stabilitätsgesetz, das formal bis heute gültig ist, allmählich sang- und klanglos beiseite gelegt worden. Dies ist eigentlich auch nicht verwunderlich, setzt das keynesianische Modell und das davon abgeleitete Instrumentarium doch einen starken, wenn nicht gar autoritären Staat voraus, der sein Instrumentarium entschlossen zu handhaben weiß. Nur so kann dieses Modell Erfolg haben. Im vielschichtigen parlamentarisch-demokratischen Entscheidungsgeflecht hat es langfristig keine Chance, für dieses müßte ein neues Modell entwickelt werden.

Nun sollen aber abschließend die einzelnen Instrumente vorgestellt werden:

Steuerpolitisches Instrumentarium

Bei Konjunkturüberhitzung sollen die Steuern erhöht werden, um über Kaufkraftabschöpfung die Nachfrage und die Investitionen zu dämpfen. Deswegen können nach dem Stabilitätsgesetz die Einkommens- und Körperschaftssteuern für ein Jahr um bis 10 % erhöht, außerdem können degressive Abschreibung und Sonderabschreibung für diesen Zeitraum ausgesetzt werden.

Zur Überwindung einer Depression können die Einkommens- und Körperschaftssteuern für ein Jahr um 10 % gesenkt und ein Abzug von 7,5 % der Investitionskosten von der Steuerschuld erlaubt werden.

Investitionen der Öffentlichen Hand

Im Boom können die öffentlichen Investitionen aufgeschoben, in der Depression beschleunigt werden. Um zur Ankurbelung gegebenenfalls Investitionsvorhaben zur Hand zu haben, sollen die Verwaltungen sog. Schubladenprogramme vorbereiten. Dies erwies sich in der bürokratischen Praxis allerdings als kaum möglich.

Die Konjunkturausgleichsrücklage

Dieses seinerzeit hochgelobte Instrument sah vor, daß die öffentlichen Haushalte in der Hochkonjunktur Beträge aus den aufgelaufenen Steuermehreinnahmen und aus den gebremsten Staatsausgaben bei der Bundesbank als eine Rücklage „einfrieren", um sie in einem Tief zur gebotenen Ankurbelung zur Verfügung zu haben. Dieses Instrument war in der Theorie gut geeignet, die Konjunkturausschläge zu glätten. Allerdings gelingt es in einer freiheitlichen Demokratie kaum, die Abgeordneten in der Hochkonjunktur zu Sparsamkeit zu veranlassen. Diese Gelder werden in guten Zeiten gewöhnlich zu Wahlgeschenken verwendet. So kam das Instrument Konjunkturausgleichsrücklage praktisch nie zum Einsatz, wenn man von den Ausgabenprogrammen von 1967 absieht, die jedoch mit Geldern finanziert wurden, die früher aus anderen Gründen angesammelt wurden („Juliusturm“).

Das Veto des Bundesfinanzministers

In einer Konjunkturüberhitzung hat der Bundesfinanzminister das Recht, gegen eine allzu große Ausgabenfreude des Parlaments sein Veto einzulegen. Dies erfordert allerdings einen Finanzminister mit einem gehörigen stabilen Durchsetzungsvermögen.

Schuldenpolitik der öffentlichen Hand

Vor allem mit diesem Instrument sollte die berühmte antizyklische Fiskalpolitik betrieben werden, d.h. eine Politik entgegen dem Konjunkturverlauf: Im Tief mehr, im Boom weniger staatliche Aktivitäten. Diese Absicht trifft ja bereits für die öffentliche Investitionspolitik und die Konjunkturausgleichsrücklage zu.

Ganz besonders aber für die Verschuldungspolitik, die in ihrer antizyklischen Form „deficit spending“ bezeichnet wird. Im Tief sollen nämlich zur Abwehr von Gefahren des gesamtwirtschaftlichen Gleichgewichts zusätzliche Schulden bis zur Höhe von 5 Mrd. DM aufgenommen werden können (deficit). Diese Gelder sollen dann zur Ankurbelung in z.B. Beschäftigungsprogramme gesteckt werden (spending).

Diese Beschäftigungsprogramme haben gegen die Arbeitslosigkeit nach der Ölkrise leider nur dürftige Erfolge gezeigt, weswegen, wie schon erläutert, das gesamte Stabilitätsgesetz in Mißkredit geraten ist.

Für den Fall der Konjunkturüberhitzung können nach dem Stabilitätsgesetz (§ 20) Höchstgrenzen für die staatliche Kreditaufnahme festgelegt werden, um in dieser angespannten Konjunkturlage die Ausgabenfreude von Regierung und Parlament zu dämpfen.

Dies waren die wesentlichen neuen konjunktursteuernden Instrumente des Stabilitätsgesetzes von 1967. Außerdem gab es noch neue Instrumente zur Erweiterung des Aktionsspielraumes der Deutschen Bundesbank und zur Abwehr einer Störung des außenwirtschaftlichen Gleichgewichts, auf die hier aber nicht weiter eingegangen werden soll.

Gelungene reformatorische Bausteine: Kommunikation und Koordination

Wie bereits angedeutet, ist das Stabilitätsgesetz nach den Mißerfolgen im Gefolge der Ölkrise und später in den 80 er Jahren mehr und mehr dem Vergessen anheim gefallen. Doch soll nicht übersehen werden, dass es reformatorische Bausteine hinsichtlich Kommunikation und Koordination enthielt, die damals dringend geboten schienen und bis heute ihre Brauchbarkeit beweisen: Der Sachverständigenrat und seine Gutachten, der Jahreswirtschaftsbericht, die mittelfristige Finanzplanung, der Konjunktur- und der Finanzplanungsrat als Beratergremien und nicht zuletzt die Idee des Runden Tisches in Form der „Konzertierten Aktion".

Auf der Grundlage des Jahresgutachtens des aus fünf Professoren bestehenden Sachverständigenrates, das jeweils im Herbst der Bundesregierung übergeben wird, erarbeitet diese ihren Jahreswirtschaftsbericht und trägt ihn jedes Frühjahr dem Bundestag vor, ebenso jedes zweite Jahr einen Subventionsbericht. Im Jahreswirtschaftsbericht stellt die Bundesregierung ihre angestrebten wirtschafts- und finanzpolitischen Ziele und die dazu notwendigen Instrumente vor.

Die Bundesregierung sollte auch sog. Orientierungsdaten, nämlich die von ihr für gut befundenen Eckwerte geplanter wirtschaftlicher Größen wie z.B. der Lohn-, Zins- oder Geldmengensteigerungen erarbeiten, um sie der „Konzertierten Aktion", einem Runden Tisch aus Gewerkschaftern, Arbeitgeberverbänden und Gebietskörperschaften, vorzuschlagen. In diesem Gremium sollte die staatliche Wirtschaftspolitik mit den Tarifvertragsparteien abgestimmt werden. Er erfüllte zunächst durchaus seine Aufgabe, nach einigen Jahren zerfiel jedoch diese Zusammenarbeit, nachdem die Gewerkschaften aus Protest gegen das Verhalten der Arbeitgeber ausgezogen waren. Immer wieder gab es Versuche ,einen solchen oder ähnlichen, an sich sinnvollen, Runden Tisch wiederzubeleben, allerdings stets ohne bleibenden Erfolg.

Ohne Zweifel ein Fortschritt war die Einführung einer mittelfristigen Finanzplanung, d.h. der Ausgaben und Einnahmen des Bundes und der Länder. Dieser Plan wird als Richtgröße für fünf Jahre aufgestellt und nach jedem Jahr um ein Jahr verlängert, indem die neuen Entwicklungen eingearbeitet werden.

Diese mittelfristige Finanzplanung wird erarbeitet vom Finanzplanungsrat, in dem, ähnlich wie im Konjunkturrat, dem zweiten durch das Stabilitätsgesetz geschaffenen Beratungsgremium, die Vertreter der Bundesregierung, der Länder, der Gemeinden und der Bundesbank zusammenkommen.

Nach Darstellung und Handhabung des IS/LM-Modells noch eine abschließende Bemerkung: Das Modell wurde grafisch dargestellt. Da wir aber mathematische makroökonomische Funktionen eingeführt haben, kann das Gesamtwirtschaftliche Gleichgewicht und die wirtschaftspolitische Anwendung auch mathematisch formuliert werden, worauf wir hier allerdings verzichten wollen. Lediglich der berühmte Multiplikator, der sich aus den makroökonomischen Funktionen und dem IS/LM-Modell ableiten läßt und volkswirtschaftliche Expansions- und Kontraktionsprozesse erklärt, soll kurz dargestellt werden:

$$Y = C(Y) + I$$

Sozialprodukt

$$\frac{dY}{dI} = \frac{dC}{dY} * \frac{dY}{dI} + 1$$

Ableitung nach der Investition I gemäß der « Kettenregel »

$$\frac{dY}{dI} * \left(1 - \frac{dC}{dY}\right) = 1$$

$$\frac{dY}{dI} = \frac{1}{1 - \frac{dC}{dY}} = \frac{1}{1 - c} = \frac{1}{s}$$

c = marginale Konsumquote
s = marginale Sparquote

$$=> \quad \boxed{dY = \frac{1}{1-c} * dI = \frac{1}{s} * dI}$$

« Investitionsmultiplikator »

<u>Ergebnis:</u> Bei (dauerhafter) Erhöhung der Investition um den Betrag dI erhöht sich das Volkseinkommen um einen Betrag dY, der um das $\frac{1}{1-c}$ fache größer ist als die Investitionserhöhung. Dieser „Investitionsmultiplikator" ist größer als 1, da $0<c<1$.

16. Das internationale Währungssystem von Bretton Woods

Vor dem Ersten Weltkrieg hatten die europäischen Industrienationen, die über ihre Kolonien weitgehend die Welt politisch und wirtschaftlich beherrschten, in der Regel Gold- oder Goldkernwährungen, die über den „Goldautomatismus“ weitgehend stabile Wechselkurse zur Folge hatten. Ein Währungssystem in Form eines internationalen Vertrages war also nicht notwendig.

Nach dem Ersten Weltkrieg, durch den die Goldwährungssysteme zusammengebrochen waren, versuchten die Industrienationen, unter dem besonderen Engagement Großbritanniens, die Goldwährungen in modifizierter Form wiederaufleben zu lassen: es wurde versucht, den Goldkern durch einen Devisenbestand zu ergänzen, so daß nun die umlaufende Geldmenge durch Gold und Devisen gedeckt wurde. So konnte man damit rechnen, daß durch ähnliche Mechanismen wie beim reinen Goldstandard mit dem nun sogenannten Gold-Devisen- Standard ein neues festes Wechselkursgefüge entstehen werde. Diese Bemühungen wurden durch die Weltwirtschaftskrise und die dann folgenden Autarkiebestrebungen und Devisenbewirtschaftungen der Staaten zum Scheitern verurteilt.

Erst nach den Lehren des Zweiten Weltkrieges und in der Erkenntnis, daß man nun die Welt durch gemeinsame Bemühungen wieder aufbauen müsse, entschloß sich die Staatengemeinschaft der Sieger 1944 auf einer Konferenz im nordamerikanischen Badeort Bretton Woods zu einem neuartigen, durch einen internationalen Vertrag fixierten Währungssystem, das etwa 40 Jahre Bestand haben sollte.

16.1. Grundpfeiler des Währungssystems

Dieses internationale Währungssystem von Bretton Woods ruhte auf fünf Grundpfeilern; diese waren:

a. Der Internationale Währungsfonds und die damit verbundene Weltbank in Washington.
b. Die Reservewährung US-Dollar (Gold-Dollar-Standard) als Leitwährung.

Anfänglich galt auch das englische Pfund als zweite Leitwährung. Das Pfund verlor jedoch wegen der wirtschaftlichen Schwäche Großbritanniens sehr rasch diese Bedeutung.

c. Die Bereitschaft zur internationalen Kooperation, insbesondere zu Kredithilfen.
d. Das System fester Wechselkurse mit einer Bandbreite ± 1 %.
e. Die Konvertibilität, d.h. die freie Austauschbarkeit jeder Währung gegen jede andere Währung der Gemeinschaft.

Nach diesen Grundpfeilern soll nun auf die Arbeitsprinzipien des Währungssystems eingegangen werden:

16.2. Arbeitsprinzipien des Währungssystems

1. Die Paritäten der Währungen aller Mitgliedsländer werden auf die Leitwährung, nämlich den US-Dollar bezogen und stehen zu ihm in einem fixen Wechselkurs. Eine Schwankungsbandbreite von +/- 1 % um die Dollarparität ist erlaubt. Bei Überschreiten dieser Bandbreite ist die Notenbank zu einer Intervention auf dem Devisenmarkt gezwungen.

Eine Wechselkursänderung bis 10 % ist bei einem Ungleichgewicht erlaubt, allerdings nach einer Beratung mit dem Internationalen Währungsfonds IWF. Über 10 % ist eine Auf- oder Abwertung, nur erlaubt bei einem gravierenden, sog. „fundamentalen Ungleichgewicht“ des Devisenmarktes bzw. der Zahlungsbilanz.

2. Ziele sind die Beseitigung von Handelsbeschränkungen und von Devisenzwangswirtschaft sowie eine Befreiung des weltweiten Zahlungsverkehrs, um den durch den Krieg darniederliegenden Welthandel wieder anzukurbeln.

3. Alle Währungen sollen frei konvertibel, d.h. gegenseitig austauschbar sein. Dies wurde erst 1958 durch die „Konvertibilitätserklärung“ erreicht.

4. Die Teilnehmer verpflichten sich, bei Zahlungsbilanzschwächen gegenseitig Devisenkredite zu leisten. Diese multilateralen Kredithilfen sollten Devisenbewirtschaftungen und Spekulationsbewegungen vermeiden helfen. Diese Kredite waren allerdings abhängig von Versprechungen der Empfängerländer bezüglich ihrer Wirtschaftspolitik, um die Wurzeln der Zahlungsbilanzprobleme zu bekämpfen. Meist handelte es sich bei diesen Auflagen um eine gezielte Antiinflationspolitik, da gewöhnlich Preissteigerungen die Ursache für Zahlungsbilanzprobleme waren.

5. Arbeitsweise des Internationalen Währungsfonds:

Der Internationale Währungsfonds IWF war die Kopfstelle der Durchführung des Vertrages von Bretton Woods. Er und auch das ganze Währungssystem sollen die weltweite währungspolitische Zusammenarbeit aufbauen und fördern, insbesondere die Stabilität der Währungen. Weiteres Ziel war natürlich die allgemeine Ausdehnung des Welthandels.

Der IWF ist eine Sondereinrichtung der Vereinten Nationen. An ihm und am ganzen Währungssystem waren ursprünglich 104, später über 120 Nationen beteiligt. Die Bundesrepublik Deutschland wurde 1952 aufgenommen.

Zur Arbeitsweise: Jedes Mitglied ist mit einer Quote am IWF, also der „Weltzentralbank“ beteiligt. Die Quote richtet sich nach dem ökonomischen Gewicht der betreffenden Nation, das nach Volkseinkommen, Bevölkerungszahl, Außenhandelsvolumen u.a. bestimmt wird. 1966 war die BRD z.B. mit 1,2 Mrd Dollar beteiligt.

Diese Quote war zu 25 % in Gold und 75 % in Landeswährung einzuzahlen.

Bis zur Höhe der Goldquote kann jedes Land im Bedarfsfall Devisenkredite ziehen (Ziehungsrecht). Ein Land benötigt Devisenkredite, d.h. Kredite an ausländischer Währung, um bei mangelnden Devisenbeständen seine Importe bezahlen oder auf Devisenmärkten zur Stützung einer Währung intervenieren oder Währungsspekulationen abwehren zu können.

Für einen Devisenkredit war ein Antrag beim IWF nötig. Die Höchstgrenze waren 200 % der Quote. Die Laufzeit 3-5 Jahre. Bedeutende Devisenkredite waren nur zu erhalten gegen „währungspolitische Auflagen“, d.h. das Versprechen der Nation, seine Währung bzw. seine Zahlungsbilanz bzw. seine Inflation in Ordnung zu bringen.

6. Die Weltbank.

Aus dem IWF als „Weltzentralbank“ wurde für besondere Aufgaben die Weltbank ausgegliedert. Ihr Sitz ist ebenfalls Washington, die Mitgliedsstaaten waren die gleichen. Der ausführliche Name ist: Internationale Bank für Wiederaufbau und Entwicklung, woraus schon die Hauptaufgaben hervorgehen: Förderung von internationalen Investitionen, anfänglich in den kriegszerstörten Staaten, später vornehmlich in den Entwicklungsländern, obwohl bei Gründung 1944 wohl kaum jemand daran gedacht hat, wie schnell die Entkolonialisierung voranschreiten werde.

Die Darlehen für Entwicklungsinvestitionen werden an die betreffenden Regierungen vergeben. Die Mittel beschafft sich die Weltbank durch die Einzahlungen der Mitglieder und durch Ausgabe eigener Anleihen auf den Kapitalmärkten der Welt.

Später wurden für diese wachsenden Aufgaben neue, mit der Weltbank verbundene Institutionen geschaffen. So 1956 die Internationale Finanz Corporation IFC, die Projekte in Entwicklungsländern fördert, und die Internationale Entwicklungsorganisation IDA, die für eine „großzügigere" Darlehensgewährung an Entwicklungsländer bekannt ist.

7. Die Gruppe der Zehn bzw. der „Zehnerclub".

Als die Krisen im Währungssystem häufiger wurden, schlossen sich die zehn reichsten Nationen, zu denen auch die Bundesrepublik gehörte, unter Federführung der Bank für Internationalen Zahlungsausgleich BIZ zu gemeinsamen Hilfsaktionen zusammen, zu einer „Feuerwehr des internationalen Währungssystems". Diese Gruppe traf die Vereinbarung, in Devisenschwierigkeiten geratenen Ländern mit Großkrediten, vor allem zur Abwehr von Spekulationswellen, zu helfen. Diese schnelle und unbürokratische Hilfe hat sich bisher sehr bewährt. Aber auch hier ist das in Not geratene Land gehalten, langfristig die Zahlungsbilanz zu sanieren bzw. seine Inflation zu bekämpfen. Aus dieser Gruppe der Zehn ist später die G 7, die Gruppe der reichen Sieben geworden.

8. Die Sonderziehungsrechte.

Ende der 60 er Jahre glaubte man, für den wachsenden Welthandel seien die Welt-Währungsreserven zu knapp, also das weltweite Geld, mit dem die Handelsgeschäfte abgewickelt werden. Deshalb schuf man 1968 eine künstliche Buchwährung, eben die Sonderziehungsrechte an Devisen, die den Mitgliedsnationen je nach ihrer Quote „geschenkt", d.h. beim IWF gutgeschrieben wurden. Diese Sonderziehungsrechte waren wie Währungsreserven in einer beliebigen Währung. Ein Sonderziehungsrecht RE entsprach einem Dollar, später wurde es durch einen Währungskorb aus den fünf bedeutendsten Währungen bestimmt. 1972 gab es 3 Mrd. RE.

Diese durch keine Bedingungen oder wirtschaftspolitischen Auflagen disziplinierten Geschenke erwiesen sich in zweierlei Weise als Pferdefuß: Erstens stellte sich die vermeintliche Welt-Geld-Knappheit als Irrtum heraus. Zweitens wurde die wie eine Notenpresse wirkende Geldvermehrung zu einem Beschleuniger einer ohnehin einsetzenden Weltinflation.

<u>Die historische Rolle des Währungssystems von Bretton Woods:</u>

Es war von Anfang an klar und wurde im Zuge des wachsenden Welthandels nach dem Zweiten Weltkrieg immer klarer, daß ein Weltwährungssystem mit Gold–Dollar–Standard davon abhängig ist, daß die Leitwährung, der Dollar, stabil bleibt.

Auch wenn man später vom Scheitern von Bretton Woods sprechen wird, muß man doch festhalten, daß dieses System fast dreißig Jahre erfolgreich den Wiederaufbau einer zerstörten Welt durch stabile Wechselkurse und einen enorm steigenden Welthandel ermöglicht hat, insbesondere den Abbau der bis dahin üblichen Devisenbewirtschaftung. Auch der Aufbau der Europäischen Wirtschaftsgemeinschaft 1957 wurde noch durch dieses Währungssystem begleitet.

Mitte der 60 er Jahre begannen allerdings die Krisen des internationalen Währungssystems, ausgelöst vor allem durch einen immer mehr an Wert verlierenden Dollar, was wiederum eine Folge des geldverzehrenden Vietnamkrieges und der damit verbundenen Zahlungsbilanzdefizite der USA war. Die bei den Notenbanken der Industrienationen angesammelten Dollar–Währungsreserven verloren rasant an Wert (Dollarschwemme). Die USA bezahlten ihre Importe mit ihren immer wertloser werdenden Dollar. Dies wirkte wie eine Notenpresse. Man beeilte sich, die Dollar möglichst in Gold umzutauschen, was am 15.8.1971 Präsident Nixon veranlaßte, die Goldeinlösepflicht des Dollar aufzuheben. Damit verlor das Weltwährungssystem seinen Anker, die Golddeckung und damit das Vertrauen der Welt.

Die Folge war, daß die Industrienationen, voran die Europäer, ihre Wechselkurse freigaben, d.h. zu flexiblen Wechselkursen übergingen. Vor allem die DM war immer mehr unter Aufwertungsdruck geraten, so war die erste Freigabe der DM 1969, die zweite 1971, sie wurde 1969 um 10 % aufgewertet. Der Dollar verlor seine Funktion als Leitwährung.

1976 versuchte man, auf einer Mammut-Währungskonferenz in Kingston, Jamaika, das Währungssystem von Bretton Woods zu retten, allerdings ohne Erfolg. Man sprach, historisch ungerecht, vom Scheitern von Bretton Woods.

16.3. Die Lehren aus Bretton Woods für spätere Internationale Währungssysteme.

Dreissig Jahre lang hatte das Währungssystem von Bretton Woods durchaus seine historische Aufgabe erfüllt: die durch den Zweiten Weltkrieg zerrüttete Weltwirtschaft wieder aufzubauen und einen freien Welthandel zu ermöglichen.

Nun, Anfang der siebziger Jahre, hatte sich die historische Weltlage grundsätzlich geändert, und die Industriestaaten gingen neue Wege, aber man hatte in der Endphase von Bretton Woods Gelegenheit zu lernen.

Das Währungssystem war abhängig vom Gold-Devisen-Standard, d.h. von der Stabilität des US-Dollar als Leit-, Reserve- und Welthandelswährung. Wie schon beschrieben, konnte in der Endphase der US-Dollar diese hohen Anforderungen nicht mehr erfüllen.

So wurden aus der Endphase des ansonsten sehr verdienstvollen Währungssystems folgende Lehren gezogen:

Ein Internationales Währungssystem mit relativ festen Wechselkursen, d.h. einer Bandbreite, kann nur funktionieren bei

- geringen und nicht allzu differierenden Inflationsraten, da es sonst überall Zahlungsbilanzdefizite mit Devisenmarktspannungen gibt.
- bei in etwa ausgeglichenen Zahlungsbilanzen, da sonst ebenfalls Devisenmarktspannungen, d.h. Auf- bzw. Abwertungsdrücke entstehen.
- bei Vermeidung von massenhaften Devisenspekulationen, da ansonsten Auf- oder Abwertungen unvermeidlich werden. (So hatte die Dollarschwemme zu hohem unkalkulierbarem spekulativem Potential geführt).

Diese Lehren führten für etwaige weiteren Währungssysteme zur Forderung nach Konvergenz.

Und Konvergenz bedeutet die Annäherung, Koordination, Gleichrichtung der Wirtschaftspolitiken der beteiligten Länder: der Geld-, Fiskal- und Währungspolitiken.

Dieses Leitbild der Konvergenz stand Pate beim späteren Europäischen Währungssystem EWS und beim Vertrag von Maastricht 1991 zur Einführung der Europäischen Wirtschafts- und Währungsunion und damit beim Euro.

17. Das Europäische Währungssystem EWS

Anfang der 70 er Jahre, zum Ende des Währungssystems von Bretton Woods, gaben die europäischen Nationen ihre Wechselkurse gegenüber dem Dollar frei. Sie gingen über zu freien Wechselkursen. Damals plädierte vor allem die Wirtschaftswissenschaft dafür, prinzipiell freie Wechselkurse beizubehalten mit dem Argument, durch dieses freie Spiel der Marktkräfte käme ein automatischer Ausgleich der Zahlungsbilanzen zustande.

In diesem Streit -flexible gegen fixe Wechselkurse- gaben schließlich aber doch die Argumente der Praxis den Ausschlag, vor allem das Argument der sicheren Kalkulationsgrundlage bei grenzüberschreitenden Transaktionen. So machten die Europäer im Verlaufe der 70 er Jahre eine Reihe von Versuchen in Richtung eines eventuell neuen festen Wechselkurssystems.

1972 führte der EG-Ministerrat einen „mittelfristigen" Währungsbeistand (= Devisenkredit) für die europäischen Staaten ein. Im gleichen Jahr wurde im Basler Abkommen zwischen den EG-Zentralbanken ein europäischer Währungsverbund mit der Bandbreite von +/- 2,25 % gegründet. Dieser als „Währungsschlange" bezeichnete Verbund hatte über die 70 er Jahre wechselnden Erfolg und wechselnden Teilnehmerkreis, bis schließlich nur noch die Bundesrepublik, Dänemark und die Beneluxstaaten übrigblieben. Diese europäische Gruppe floatete gegen den US-Dollar. 1973 wurde dann der „Europäische Fonds für währungspolitische Zusammenarbeit" (EFWZ) gegründet. 1975 beschloß der EG-Ministerrat die Schaffung einer Europäischen Rechnungseinheit ERE.

Diese Versuche der Europäer waren eine wachsende Abkopplung und Emanzipation vom US-Dollar und vom Bretton-Woods-System. Schließlich setzte sich der Wille in Europa durch, ein neues europäisches Währungssystem mit relativ festen Wechselkursen zu errichten. Man wollte sich aber die Lehren aus Bretton Woods bewußt zu Nutze machen, indem man zum Erhalt des neuen Währungssystems von Anfang an eine Koordination der Wirtschaftspolitiken erreichen wollte. Die Strategie der Konvergenz sollte angestrebt werden.

So beschloß der Europäische Rat am 5.12.1978 das neue Europäische Währungssystem EWS. Es trat in Kraft am 13.3.1979, nachdem noch einige Bedenken Frankreichs ausgeräumt werden konnten. Es machte sich die Versuche der 70 er zunutze, übernahm diese Bausteine und löste die „Europäische Währungsschlange“ ab.

Das Hauptziel war die Errichtung relativ fester Wechselkurse in der Europäischen Gemeinschaft mit dem Fernziel einer Wirtschafts- und Währungsunion.

Unterziele waren: den internationalen Handel auszudehnen und risikoärmer zu machen, Wachstum und Vollbeschäftigung in den europäischen Staaten zu fördern, die Inflationsraten zu dämpfen und zwischen den Staaten anzugleichen und schließlich die regionalen Unterschiede abzubauen.

Die Gründungsmitglieder waren die Bundesrepublik, Frankreich, Italien, Irland, Holland, Belgien, Luxemburg und Dänemark; Großbritannien bleibt zurückhaltend, wurde aber “mitgeführt”.

Es gab Assoziierungsverträge, so z.B. mit Norwegen, Österreich, der Schweiz. Später sollten im Zuge der EU-Erweiterung Griechenland, Spanien, Portugal, Finnland, Schweden und Österreich hinzukommen. Hier soll das EWS jedoch im Zustand der Gründung beschrieben werden.

Die Hauptelemente des EWS

Das neue Europäische Währungssystem soll nun gegliedert nach: „Die Europäische Währungseinheit ECU”, „Die Stabilisierungsmechanismen”, „Der Abweichungsindikator" und „Die Finanzierungsmechanismen des EWS” im einzelnen dargestellt werden.

17.1. Die Europäische Währungseinheit ECU

Der ECU, European Currency Unit, ersetzte die Europäische Rechnungseinheit ERE der 70 er Jahre. Der ECU ist ein sog. Währungskorb. Dies bedeutet, die einzelnen Mitgliedsländer sind mit einem bestimmten Betrag ihrer Währung an der gemeinsamen Währungseinheit beteiligt. Eine solche „Gruppenwährungseinheit” hat folgende Vorteile:

1. Alle tragen die gemeinsame Verantwortung für die Stabilität der gemeinsamen Währungseinheit ECU.
2. Man ist nicht mehr abhängig von nur einer Währung (wie bei Bretton Woods vom US Dollar).
3. Auch die schwachen Währungen der Gruppe werden gestützt (andrerseits klagen gerne die stabileren Länder, sie müßten die schwächeren mitschleppen unter finanziellen Belastungen).

Der ECU als Währungskorb hat zahlreiche Funktionen, obwohl er vorerst nur als Buchwährung existiert:

(eingeschränktes) Zahlungsmittel, Recheneinheit, Reservemedium, Bezugsgröße für die Wechselkurse, Indikator für Wechselkursabweichungen und Instrument für den Saldenausgleich bei Devisenkrediten.

Der Währungskorb ECU (aus der Sicht der Bundesrepublik.) zur Zeit der Einführung am 13.3.79

Währungen	Währungsbeträge	DM-Kurse	Währungsbeträge mal DM-Kurse
DM	0,828 DM	1 DM/DM	0,828 DM
Pfund Sterling	0,0885 £	3,785 DM/£	0,33497 DM
Fr. Franc	1,15 FF	0,433 DM/FF	0,49795 DM
It. Lira	109,- Lit	0,002 DM/Lit	0,218 DM
Holl. Gulden	0,286 hfl	0,923 DM/hfl	0,26398 DM
Belg. Franc	3,66 bfr	0,064 DM/bfr	usw.
Lux. Franc	0,14 lfr	0,064 DM/lfr	
Dän. Krone	0,217 dkr	0,354 DM/dkr	
Irisch. Pfund	0,00759 ir£	3,788 DM/ir£	
		Summe der Produkte ergibt 1 ECU = 2,51 DM	

Später hinzu:
Griechenland
Spanien
Portugal
Österreich
Schweden
Finnland

Der „ECU-Leitkurs“ beträgt also
1 ECU = 2,51 DM

Das EWS wird hier nach dem ursprünglichen Vertragstext zum Zeitpunkt der Einführung am 13.3.1979 erklärt. Das kann man tun, da es später nur unwesentliche Änderungen (Mitte der 80 er) erfuhr.

Die Währungsbeträge bestimmen sich nach dem wirtschaftlichen Gewicht des Landes, also nach Kriterien wie Bruttosozialprodukt, Anteil am EG-Handel, Höhe der Quoten, der „Beistandsmechanismen”. Sie werden alle 5 Jahre überprüft und ggf. korrigiert. Die Bundesrepublik hatte allein schon einen Anteil am ECU von 30,5 %. Der ECU wurde bei Einführung am 13.3. 79 zum ersten mal festgesetzt und später bei jeder neuen gemeinsamen Wechselkurskorrektur erneut. Zwischen solchen, etwa 12 maligen Korrekturen blieben der ECU und die gegenseitigen Wechselkurse, die “bilateralen Leitkurse”, konstant, denn man hatte ja ein festes Wechselkurssystem.

17.2. Die Stabilisierungsmechanismen im EWS

Diese wurden bei Bretton Woods „Interventionsregeln" genannt, wie auch die Mechanik des Währungssystems der von Bretton Woods praktisch identisch ist.

Das feste Wechselkurssystem EWS hat eine Bandbreite (zulässige Wechselkursschwankungsbreite) von +/- 2,25 %. Für von Devisenmarktkrisen geschüttelte Länder gab es vorrübergehend die erweiterte Bandbreite von 6 %, so zunächst für Italien, dann für Großbritannien, Portugal und Spanien. Später (1993) wurde dann generell eine Bandbreite von +/- 15 % beschlossen, für „vorrübergehend".

Die Zentralbanken sind nun zur Intervention verpflichtet, wenn die Wechselkurse diese vereinbarte Grenze von +/- 2,25 % überschreiten. Und zwar im Gegensatz zu Bretton Woods beide betroffenen Zentralbanken, wenn der Wechselkurs zwischen ihnen aus der Bandbreite gerät. Dadurch soll die Wirksamkeit der Interventionen, d.h. des Eingreifens der Zentralbanken als Käufer bzw. Verkäufer auf dem Devisenmarkt erhöht werden.

Die Bandbreite bezieht sich dabei auf die „bilateralen Leitkurse", die aus den Bezügen der einzelnen Länder zum Leitkurs ECU errechnet werden können, so z.B.:

Ableitung des bilateralen Leitkurses zwischen DM und hfl:

1 ECU = 2,51 DM und

1 ECU = 2,72 hfl

daraus folgt die DM/hfl - Parität = 2,51 DM / 2,72 hfl = 0,923 DM/hfl,

oder umgekehrt die hfl /DM-Parität = 2,72 hfl / 2,51 DM = 1,084 hfl/DM.

Werden die bilateralen Leitkurse zwischen allen beteiligten Währungen berechnet und in einer Matrix angeordnet, dann spricht man von Paritätengitter. Die Wechselkurse, d.h. die bilateralen Leitkurse werden bei einem Realignment auf einer gemeinsamen Währungskonferenz neu bestimmt und bleiben dann bis zum nächsten Realignment, also möglichst lange, konstant und bilden das feste Wechselkurssystem.

Die Stabilisierungsmechanismen (früher: Interventionsregeln), die ergriffen werden müssen, wenn die Wechselkurse aus der Bandbreite geraten, sollen nun anhand eines preistheoretischen Devisenmarktmodells erläutert werden:

Devisenmarkt Bundesrepublik

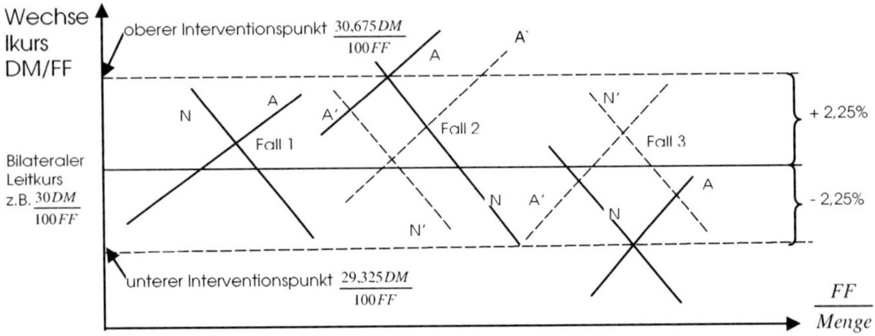

Fall 1: Der Wechselkurs befindet sich gemäß dem Zusammenspiel von Angebotskurve A und Nachfragekurve N innerhalb der Bandbreite von +/- 2,25 %. Es ist keine Intervention der Notenbanken notwendig.

Fall 2: Hier überschreitet am Devisenmarkt der Wechselkurs des FF den oberen Interventionspunkt. Die Notenbanken sind also zur Intervention verpflichtet. Dazu gibt es prinzipiell drei Möglichkeiten.

a. Erhöhung des Angebots an FF, d.h. Verkauf von FF (möglichst gegen DM, da diese dann wegen Verknappung im Wert steigt). Dadurch verschiebt sich die Angebotskurve FF nach rechts, wodurch der Kurs wieder in die Bandbreite gerät.
b. Senkung der Nachfrage nach FF. Dadurch Linksverschiebung der Nachfragekurve FF, wodurch der Kurs wieder in die Bandbreite gerät.
c. Oder Intervention in die DM, was im FF-Modell allerdings nicht darstellbar ist: Erhöhung der Nachfrage nach DM oder Senkung des Angebots von DM.

Fall 3: Hier unterschreitet der Wechselkurs des FF den unteren Interventionspunkt. Die Notenbanken sind also, jede auf ihrem nationalen Devisenmarkt, ebenfalls zur Intervention verpflichtet. Auch hier gibt es prinzipiell drei Möglichkeiten:

a. Erhöhung der Nachfrage nach FF. Dadurch Rechtsverschiebung der Nachfragekurve FF, wodurch der FF wieder in die Bandbreite gerät.

b. Verringerung des Angebots an FF. Linksverschiebung der Angebotskurve, wodurch der FF wieder in die Bandbreite gerät.
c. Auch hier ist die Intervention in DM möglich, was allerdings in einem DM-Devisenmarktmodell dargestellt werden müßte. Erhöhung (Verkauf) des Angebots von DM oder Senkung der Nachfrage nach DM.

Zur Intervention steht einer Notenbank ggf. die Partnerwährung über einen praktisch unbegrenzten Devisenkredit (vgl. später) zur Verfügung; dadurch sollen Spekulationen schon im Ansatz erstickt werden. In der Regel verkauft also die Notenbank der starken Währung die eigene Währung (möglichst, aber nicht unbedingt gegen die schwache), um den eigenen Kurs zu senken. Gleichzeitig kauft die Notenbank der schwachen Währung die eigene Währung, die sie mit der starken Währung bezahlt, entweder aus ihrer Währungsreserve oder ggf. aus einem Devisenkredit.

Anpassung der Leitkurse, d.h. Wechselkurskorrektur bzw. Realignment

Was bis jetzt beschrieben wurde, ist die alltägliche Kurspflege innerhalb des Währungssystems EWS mit Hilfe der Interventionen, d.h. der Käufe und Verkäufe der beteiligten Notenbanken.

Wenn nun allerdings ein fundamentales Ungleichgewicht auf den Devisenmärkten entsteht, wenn also die Notenbanken lange Zeit mit hohen Beträgen und schließlich erfolglos auf den Devisenmärkten intervenieren, dann ist eine Auf- oder Abwertung, also eine Wechselkurskorrektur bzw. ein Realignment notwendig.

Nach EWS-Vertrag ist eine solche Korrektur nur nach gemeinsamen Konsultationen und unter Zustimmung aller Teilnehmerländer zulässig. Gewöhnlich wird dies auch auf einer gemeinsamen Währungskonferenz beraten. Gründe für ein solches „fundamentales Ungleichgewicht" sind gewöhnlich unterschiedliche Inflationsraten und Zahlungsbilanzsituationen in den einzelnen Ländern, weswegen ohnehin eine gemeinsame Beratung der Wirtschaftspolitiken angezeigt ist.

Bei solchen neuen Wechselkursfestsetzungen müßte die ganze Mathematik des Währungskorbes neu berechnet werden. Zur Umrechnung der Währungebeträge werden die Tageskurse des nunmehr neuen Stichtages herangezogen, so daß schon auf diese Weise der geänderten Devisenmarktsituation Rechnung getragen wird. Aus der Mathematik folgt auch, daß die Änderung eines Leitkurses die Änderung aller anderen Leitkurse nach sich zieht, ja selbst schon die Änderung eines einzigen Umrechnungstageskurses erfordert die Neuberechnung aller Leitkurse. Abwertung einer Währung heißt höherer

ECU - Leitkurs dieser Währung und niedrigerer Leitkurs aller anderen Währungen und damit deren Aufwertung.

Theoretisch erfordert also die Kurskorrektur einer Währung die Änderung aller ECU-Leitkurse und aller bilateralen Leitkurse, denn steigt der ECU-Leitkurs, dann steigen auch alle bilateralen Leitkurse eines Landes.

Die Praxis der bisherigen Währungskonferenzen und der daraus folgenden Realignments hat aber gezeigt, daß meist nur eine Gruppe von Währungen, manchmal nur wenige, korrigiert, die anderen aber gleich gelassen wurden. Daran sieht man, daß die Mathematik durch politische Entscheidungen überlagert wurde. Wichtig war auf jeden Fall, daß die Leitkursanpassungen im gegenseitigen Einvernehmen der Zentralbanken und der Europäischen Gemeinschaften vorgenommen wurden.

Eine solche Leitkursanpassung (Realignment) bei fundamentalem Devisenmarktungleichgewicht soll nun am Beispiel einer Abwertung des FF gezeigt werden.

Devisenmarkt Bundesrepublik

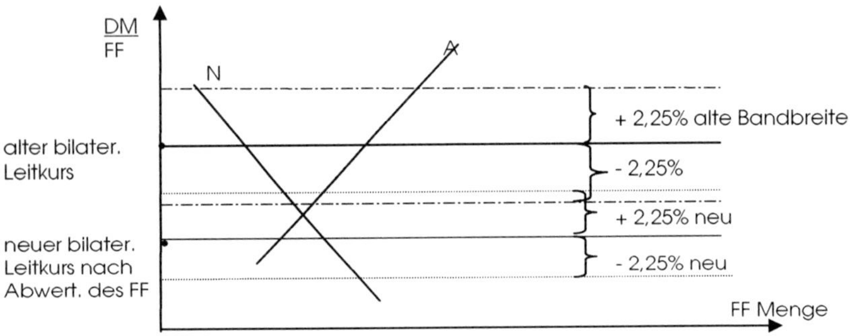

Man sieht, daß der neue bilaterale Leitkurs (durch entsprechende Neuberechnung der ECU-Leitkurse) soweit nach unten korrigiert wurde, daß der im Verlaufe des fundamentalen Ungleichgewichtes durch die Marktkräfte erzwungene Wechselkurs sich wieder „satt" in der neuen Bandbreite befindet. Man beachte dabei, daß die Bandbreite dadurch schmaler geworden ist. Man kann den Sachverhalt auch so ausdrücken: Während die normalen Interventionen dafür sorgen, daß der Wechselkurs wieder in die vorgeschriebene Bandbreite zurückgeführt wird, ist es hier umgekehrt: die Bandbreite, also quasi die Meßlatte, wird an den außer Kontrolle geratenen Wechselkurs angepaßt.

17.3. Der Abweichungsindikator

Der Abweichungsindikator stellt ein Frühwarnsystem dar. In einem kybernetischen System sollen die Abweichungen vom bilateralen Leitkurs schon vor Erreichen der Interventionspflicht erkannt und bekämpft werden. So soll ein frühzeitiges Gegensteuern mit möglichst wenig Reibungskosten ermöglicht werden.

Verfahren: für jede Partnerwährung wird täglich die prozentuale Abweichung zwischen ECU-Tageskurs und ECU-Leitkurs gemessen. Überschreitet diese Abweichung den vereinbarten Schwellenwert, werden von den Notenbanken entsprechende Maßnahmen (Interventionen) erwartet.

Zur Ermittlung dieser täglichen Abweichung wird der ECU-Kurs nach den aktuellen Marktkursen errechnet. Dieser wird dann mit dem ECU-Leitkurs des letzten Stichtages verglichen.

$$\text{Abweichung in Prozent} = \frac{ECU-Leitkurs - ECU-Tageskurs}{ECU-Leitkurs} \cdot 100\%$$

Abweichungsschwelle: die Schwelle, ab der Maßnahmen der Notenbanken erwartet werden, wurde im EWS auf 75 % der maximal zulässigen Abweichung des ECU-Tageswertes vom ECU-Leitkurs festgelegt.

Man beachte, daß dieser Eingriffsschwellenwert auf den ECU und nicht etwa auf den bilateralen Leitkurs bezogen ist. Die maximal zulässige Abweichung erhält man, wenn man in der unter 17.1. beschriebenen ECU-Tabelle den Wechselkurs bei allen bilateralen Leitkursen das Maximum von 2,25 % ausschlagen läßt. Diese maximal zulässige Abweichung selbst ist natürlich kleiner als 2,25 % und um so weiter von 2,25 % entfernt, je größer das Gewicht des zu untersuchenden Landes ist. Jede Währung hat also wegen der Gewichtung im Warenkorb eine etwas andere maximal zulässige Abweichung vom ECU-Leitkurs. Je größer das Korbgewicht, desto geringer ist die Maximalabweichung, da bei der Addition der mit den Wechselkursen umgerechneten Währungsbeträge in der ECU-Tabelle ein jeweils größerer 2,25 % - Wert außer Ansatz bleibt.

Dieser mathematische Effekt hat die erwünschte Folge, daß Staaten mit höherem Korbgewicht, also die wirtschaftlich potenteren Staaten, vom Abweichungsindikator auch früher aufgerufen werden, etwas zu tun.

Dieser Frühwarnindikator ist ein theoretisch gut durchdachtes System. Die Praxis konnte allerdings mit solch feiner mathematischer Nuancierung wenig anfangen, auch die Meßgenauigkeiten dieser sich ständig in Bewegung befindenden Werte entsprachen kaum den Anforderungen des Modells, so daß die Praxis und auch manches Lehrbuch die Abweichungsschwelle gleich auf 75 % von 2,25 % interpretierte, d.h. auf 1,68 %. Wie aus nämlichen Gründen dem gesamten Abweichungsindikator wenig Erfolg beschieden war. Zu schnell geriet man gleich an die Interventionspunkte, so daß die Diskussion gleich um die Interventionspflichten ging.

17.4. Die Finanzierungsmechanismen des EWS

Unter diesem Begriff verbergen sich die altbekannten Devisenkredite, allerdings sind diese im EWS stark verfeinert worden, eben aus den Erfahrungen mit Bretton Woods.

Devisenkredite benötigen Nationen aus drei Gründen: Bei einer schwachen Zahlungsbilanz benötigen sie sie, um Importe, z.B. das wichtige Erdöl zu bezahlen. Zweitens benötigen sie Devisenkredite, um die vom EWS vorgeschriebenen Devisenmarktinterventionen durchzuführen. Und drittens, um Devisenspekulationen abwehren zu können.

Haben die Nationen allerdings genügend Devisenreserven aus früheren Exporten, dann benötigen sie (noch) keine Devisenkredite, dann schmelzen allerdings ihre Devisenreserven dahin.

Das Europäische Währungssystem hat drei neue differenzierte Arten von Devisenkrediten, nun Finanzierungsmechanismen genannt, eingeführt:

- die sehr kurzfristige Finanzierung (sehr kurzfristige Fazilität),
- den kurzfristigen Währungsbeistand,
- den mittelfristigen Währungsbeistand,

die nun kurz beschrieben werden sollen:

Die sehr kurzfristige Finanzierung

Dies ist ein Devisenkredit für eine Notenbank, die in einer Währungskrise rasch Devisen zur Kursstützung (Intervention) benötigt, d.h. zum Aufkauf der eigenen Währung. Dieser Kredit steht erklärtermaßen praktisch unbegrenzt zur Verfügung. Die Notenbank erhält den Devisenkredit von der betreffenden Partner-Notenbank über eine „abwickelnde Bank", nämlich den „Europäischen Fonds für währungspolitische Zusammenarbeit" EFWZ.

Dieser Fonds, ein Vorläufer eines Europäischen Währungsfonds bzw. einer Europäischen Notenbank, wurde anfänglich verwaltet von der

Bank für internationalen Zahlungsausgleich BIZ in Basel; seit 1.1.94 gingen seine Aufgaben auf das Europäische Währungsinstitut EWI und seit 1998 schrittweise auf die neue Europäische Notenbank über.

Bei Gründung des EFWZ legten die Notenbanken des EWS 20 % ihrer Gold- und Devisenreserven in den Fonds ein und erhielten dafür ein ECU-Guthaben für Devisenkredite. Jeder Mitgliedsstaat hatte dort also ein Konto, auf dem die gegenseitigen Kredite verbucht wurden. Es entstanden natürlich „Finanzierungssalden" in der Recheneinheit ECU.

Die Verzinsung der Kredite erfolgte monatlich zu einem Zins, der dem arithmetischen Mittel der mit dem Korbgewicht gewogenen Diskontsätze der EU-Notenbanken entsprach.

Die Forderungen und Verbindlichkeiten (Salden) waren spätestens 45 Tage nach Ende des Monats der Intervention auszugleichen (= „Saldenausgleich"). Eine Verlängerung um drei Monate war möglich. Die Rückzahlung konnte in Devisen, ECU's oder Gold erfolgen.

Der kurzfristige Währungsbeistand

Dieser Devisenkredit ist etwas schwieriger zu bekommen als die sehr kurzfristige Finanzierung. Ihn gibt es nämlich nur nach einstimmigem Beschluß des Ausschusses der EU-Zentralbankpräsidenten.

Jedes Land hat eine Gläubigerquote, d.h. eine bestimmte Verpflichtung, Devisenkredite herzugeben, und eine Schuldnerquote, also ein bestimmtes Kontingent an möglichen Devisenkrediten. Beide Quoten können durch den einstimmigen Beschluß des Ausschusses der EU-Zentralbankpräsidenten verändert werden. Das gesamte Kreditpotential umfaßte bei Vertragsabschluß 14 Mrd. ECU.

Ziel dieses Devisenkredites ist die Deckung des Devisenbedarfs bei vorrübergehenden Zahlungsbilanzungleichgewichten. Die Laufzeit beträgt deswegen drei Monate. Sie kann allerdings zweimal um drei Monate verlängert werden, so daß eine Gesamtlaufzeit von 9 Monaten erreicht werden kann.

Der mittelfristige Währungsbeistand

Dieser Devisenkredit ist noch höheren Hürden unterworfen, denn er wird einem Land nur durch den Beschluß des EU - Ministerrat gewährt.

Jedes Land gewährt Devisenkredite im Rahmen seines Bereitstellungsplafonds. Das gesamte Kreditpotential umfaßt 11 Mrd. ECU, ein einzelnes Land kann maximal die Hälfte davon als Kredit erhalten.

Die Laufzeit beträgt 2—5 Jahre. Mit diesen Krediten soll Ländern mit erheblichen Zahlungsbilanzproblemen geholfen werden. Sie werden vom Ministerrat aber nur vergeben gegen sog. wirtschaftspolitische

Auflagen, d.h. gegen das Versprechen des betreffenden Landes grundlegende Maßnahmen gegen die Zahlungsbilanzprobleme zu ergreifen. Meistens handelt es sich dabei um die Verpflichtung einer entschlossenen Anti-Inflationspolitik, aber eventuell auch um eine Politik der Exportförderung oder der Qualitätssteigerung der Exportprodukte.

17.5. Kritische Würdigung und Entwicklung des EWS

Die Ziele haben wir oben besprochen. Die Chancen des EWS lagen vor allem in der größeren Sicherheit beim grenzüberschreitenden Kalkulieren von Preisen, damit der Ausweitung des innereuropäischen Handels und in der weiteren Festigung der Europäischen Union. Das EWS nährte auch die Hoffnung auf eine schließlich zu erreichende Wirtschafts- und Währungsunion.

Die Risiken lagen natürlich in einer eventuellen unterschiedlichen Entwicklung der europäischen Volkswirtschaften und in einer unterschiedlichen Wirtschafts-, vor allem Stabilitätspolitik in den einzelnen Ländern. Weil nämlich dann unterschiedliche Inflationsraten ins Haus stehen könnten, die langfristig stabile Wechselkurse unmöglich machen. Für stabilitätsbewußte Länder würde dies nämlich ständige Exportüberschüsse und Inflationsimport bedeuten. Außerdem würden spekulative Kapitalbewegungen trotz der ausgefeilten Devisenkredite langfristig wohl nicht im Zaum gehalten werden können.

So kann das EWS nur erfolgreich sein, wenn streng die Lehren aus Bretton Woods beachtet werden, d.h. wenn mit allen Mitteln eine Konvergenz der wirtschaftlichen Entwicklung der Teilnehmerländer und eine Konvergenz der Wirtschafts-, Finanz- und Geldpolitik angestrebt wird. Nur so kann Preisstabilität erreicht werden.

Beurteilt man nun den Erfolg des EWS bis zum Beginn der 90 er Jahre, also bis zur Zeit, da man sich mit dem Vertrag von Maastricht (1991) zur Wirtschafts- und Währungsunion anschickte, dann kann man folgende Beurteilungskriterien heranziehen:

- Anzahl der notwendigen Vertrags-Korrekturen (es gab Mitte der 80 er Jahre einige geringfügige Korrekturen z.B. zu den Rückzahlungsmodi der Devisenkredite);
- die Wirkung auf die Preisstabilität (sie war positiv);
- die Angleichung der Inflationsraten in Europa (positiv);
- Anzahl der notwendigen Wechselkurskorrekturen (12 an der Zahl);

- Förderung des internationalen Handels (positiv);
- Förderung der gegenseitigen Kooperation (positiv);
- das Funktionieren der Devisenkredite (positiv);
- die Beziehungen zu anderen Währungsblöcken (positiv).

In Klammern habe ich jeweils schon angedeutet, daß ich die Arbeit des EWS angesichts der schwierigen europäischen Partner als insgesamt erfolgreich betrachte. Allerdings sind andere Beurteilungen möglich und auch vorgetragen worden. So könnte man die Anzahl von 12 Wechselkurskorrekturen durchaus als zuviel betrachten oder die Frage nach Ursache und Wirkung stellen: War der Erfolg des EWS Ursache oder nicht gar Wirkung der günstigen Wirtschaftsentwicklung im Europa der 80 er Jahre? Ich bleibe jedoch bei meiner optimistischen Beurteilung. In der folgenden Beschreibung der Phasen des EWS will ich aber auch die Krisen der beginnenden 90 er Jahre nicht verharmlosen:

Phasen des EWS

1979-1987	relativ häufige (12) Wechselkurskorrekturen. 1985/1986 kleine Reformen nötig bei den Finanzierungsmechanismen. (z.B. die Erlaubnis, alle Devisenverbindlichkeiten in ECU zurückzuzahlen).
1987-1992	Relative Stabilität im europäischen Währungsgefüge (man beachte 1990 die deutsche Wiedervereinigung).
Herbst 1992	Währungskrise: Absturz des englischen Pfund nach längeren massiven Interventionen der Deutschen Bundesbank. Und Absturz der Lira. Austritt von England und Italien aus dem Wechselkursverbund. (Italien trat 1997 wieder bei.)
Herbst 1993	Nach einer erneuten Währungskrise: Aufgabe der engen Bandbreite von +/-2,25 % und „vorübergehende" Festlegung auf+/-15 % (außer hfl Holländischer Gulden.) Dieser „vorübergehende Zustand" ist Dauerzustand geblieben. Allerdings konnte man erfreulicherweise feststellen, daß die Marge von +/-15 % kaum in Anspruch genommen wurde, daß die Währungsparitäten also stabiler als erwartet geblieben sind.

Trotz der Turbulenzen 1992 und 1993 setzten die europäischen Nationen den durch Maastricht 1991 vorgezeichneten Weg fort, in der Überzeugung, daß das EWS insgesamt ein erfolgreiches Unternehmen war, bzw. aus Einsicht, daß der von Maastricht vorgegebene Stufenplan zur Verwirklichung der Wirtschafts- und Währungsunion der einzige Weg in eine europäische Zukunft darstellt.

So legte der Europäische Rat gemäß den Konvergenzkriterien von Maastricht 1998 fest, welche Nationen 1999 an der Währungsunion und der neuen Währung EURO teilhaben, und errichtete in Frankfurt die neue Europäische Notenbank.

18. Die Europäischen Gemeinschaften (die Europäische Union)

18.1. Entstehungsgeschichte

Nach zahlreichen Versuchen, Europa, zumeist gewaltsam, zu einigen (Rom, die deutschen Kaiser, Napoleon usw.), entstand nach dem Zweiten Weltkrieg durch den „kalten Krieg“ zwischen Ost und West eine völlig neue Situation. Als einer der ersten forderte Winston Churchill 1946 in einer Grundsatzrede die „Vereinigten Staaten von Europa“, um Europa wieder aufzubauen und den Kommunismus einzudämmen.

So begann aus der Not der Stunde durch zahlreiche Verträge und Organisationen in mehreren Phasen und von zahlreichen Rückschlägen begleitet der europäische Einigungsprozess.

Als erstes wurde 1948 die OECD gegründet, die Organisation für wirtschaftliche Zusammenarbeit, an der neben den europäischen Staaten auch die USA, Kanada und die Türkei beteiligt waren. Es folgte der Europarat und das atlantische Verteidigungsbündnis NATO 1949. Dann die eigentlichen drei Gründungsverträge: die Europäische Gemeinschaft für Kohle und Stahl (EGKS, Montanunion) auf französische Initiative 1952. Und 1957 die „Römischen Verträge“, die Europäische Wirtschaftsgemeinschaft EWG als Zollunion, schließlich die Europäische Atomgemeinschaft EURATOM. Gründungsmitglieder waren die Bundesrepublik (Adenauer), Frankreich (De Gaulle), Italien und die Benelux-Staaten.

Als quasi Gegenunternehmen bildete sich 1959 die Europäische Freihandelszone EFTA unter der Führung Großbritanniens, der außerdem Norwegen, Schweden, Dänemark, Österreich, Schweiz, Portugal und später Finnland angehörten. Die EWG sollte allerdings das Rennen machen und später fast alle Staaten der EFTA in sich aufnehmen.

In zügigem Fortschreiten errichtete die EWG in wenigen Jahren eine gemeinsame Zollgrenze und gemeinsame Marktordnungen für die meisten Handelsgüter. Die europäische Wirtschaft und der Lebensstandard florierten. Bis 1966 ein Streit über die Entscheidungsmechanismen in der EWG ausbrach: Mehrheitsregel oder

Einstimmigkeitsregel (Veto-Recht einzelner Staaten). Dahinter steckte der Streit um die Zielrichtung: Bundesstaat oder Staatenbund. Durch halbjähriges Fernbleiben erzwang schließlich Frankreich (De Gaulle: Europa der Vaterländer!) den „Luxemburger Kompromiß“, nach dem bei einer Frage von national entscheidendem Belang die Einstimmigkeit im Europäischen Rat festgelegt wurde, jede Nation also ihr Veto einlegen kann. An diesem Kompromiß hat die Europäische Union noch heute zu leiden.

Die Organe der Montanunion, der EWG und der Euratom werden 1967 zu gemeinsamen Organen der Europäischen Gemeinschaften zusammengeschlossen (EG).

Nachdem ihm Frankreich lange Zeit Steine in den Weg gelegt hatte, und nachdem der Mißerfolg der EFTA offenkundig geworden war, trat Großbritannien 1973 der EWG bei. Ebenso Irland und Dänemark. Der schon unterzeichnete Beitritt Norwegens wurde durch eine Volksabstimmung verhindert.

In den 70 er Jahren erlebte der Europagedanke während des Niedergangs des Währungssystems von Bretton Woods und nach Einführung von flexiblen Wechselkursen eine Stockung. Ein Neuanstoß wurde dann durch die Einführung des neuen Europäischen Währungssystems EWS gemacht, das sich dann so erfolgreich entwickelte, daß schon 1985 durch einen neuen europäischen Vertrag, die „Gemeinsame Europäische Akte“, ein Stufenplan zur Einführung einer europäischen Wirtschafts- und Währungsunion in Auftrag gegeben werden konnte, der dann auch 1989 vom Kommissionspräsidenten Delors vorgelegt wurde.

In den ökonomisch florierenden 80 er Jahren traten weitere Staaten der Gemeinschaft bei: Griechenland 1981, Spanien und Portugal 1986. Der von Delors vorgelegte Stufenplan wurde dann 1991/1992 durch den Vertrag von Maastricht in die Tat umgesetzt und der ebenfalls bereits durch die Gemeinsame Europäische Akte beschlossene Europäische Binnenmarkt mit seinen vier Freiheiten 1993 in Gang gebracht. Und 1999 wurde die einheitliche Europäische Währung EURO eingeführt, nachdem 1998 die Europäische Notenbank ihre Arbeit aufgenommen hatte.

In der sog. Norderweiterung 1995 traten die Staaten Österreich, Finnland und Schweden der nun Europäische Union genannten Gemeinschaft bei. Die Türkei, die schon lange den Antrag gestellt hat, wurde bisher noch zurückgewiesen, und Norwegen wurde der Beitritt wieder durch eine Volksabstimmung verwehrt.

Die EU wird viele neue Probleme bewältigen müssen. Sie muß den Euro und damit die Wirtschafts- und Währungsunion zum Erfolg und zur Stabilität führen, sie muß die Neuaufnahme zahlreicher Staaten verkraften, die Aufnahmeanträge gestellt haben. Sie muß die Befugnisse des Europäischen Parlaments erweitern, damit die Gemeinschaft eine höhere demokratische Legitimation erhält. Sie muß das in allen europäischen Verträgen geforderte Ziel ansteuern, endlich auch eine politische Union zu werden. Und sie muß das Problem unserer Zeit, die Arbeitslosigkeit, zu lösen versuchen.

18.2. Die Organe der Europäischen Union

Oberstes Entscheidungsgremium ist der Europäische Rat. Das ist die Versammlung der europäischen Staats- und Regierungschefs. Er tritt im Jahr nur einige Male zusammen, um die großen Linien abzustecken. Verträge, die die Gemeinschaft weiter vorantreiben, werden von ihm beschlossen, meist einstimmig, da es sich um die Souveränität der Einzelstaaten betreffende Fragen handelt.

Der Ministerrat ist die Versammlung der Fachminister, z.B. der Finanzminister der einzelnen Staaten, wobei die Minister je nach Größe des Landes bis zu l0 Stimmen haben. Dieser Ministerrat ist das gesetzgebende Organ der Union, wobei meistens Mehrheitsentscheidungen notwendig sind, allerdings seit 1966 mit Ausnahme „vitaler nationaler Interessen", bei denen Einstimmigkeit erforderlich bleibt. Um den Ministerrat gibt es einige Fachausschüsse, z.B. den Wirtschafts- und Sozialausschuss, die beratende und empfehlende Funktionen haben.

Die Exekutive, die die alltägliche Verwaltung besorgt und die planerische Fortentwicklung der EU vorantreibt, ist die Europäische Kommission in Brüssel mit ihrem ständigen Verwaltungsapparat. Große Staaten entsenden zwei, kleine Staaten ein Kommissionsmitglied, das jeweils einen eigenen Aufgabenbereich hat. Aber es gilt auch Kollegialprinzip. Beschlüsse werden mit einfacher Mehrheit gefaßt.

Das Europäische Parlament hat zwar seit 1979 direkte demokratische Legitimität durch Wahlen, verfügt bisher aber keineswegs über die Funktionen eines Parlaments. So kann es keine Gesetze verabschieden. Diese Funktion übt der Ministerrat und der Europäische Rat aus; aber es wird ständig daran gearbeitet, die Kompetenzen des Europäischen Parlaments zu erweitern. Es hat über 600 Abgeordnete.

Das in Luxemburg und Straßburg tagende Parlament hat bisher vor allem beratende, stellungnehmende, teilweise kontrollierende Funktion.

Natürlich wirkt es mehr und mehr durch die Massenmedien auf die Öffentlichkeit und besitzt auch wachsendes moralisches Gewicht.

Und es hat immerhin Kontrollmöglichkeiten gegenüber der Kommission, indem es einen Misstrauensantrag stellen und die Entlastung verweigern kann. Und es hat Mitwirkungsrechte beim EU-Haushalt, da es ihn annehmen oder ablehnen kann. Bei Ablehnung wird ein mit dem Ministerrat gemeinsames Korrektur- und Verabschiedungsverfahren in Gang gesetzt.

Wachsende Bedeutung erlangt der Europäische Gerichtshof, dessen Entscheidungen in das nationale Recht der Mitgliedsstaaten eingefügt werden müssen. Die Richter werden von den Regierungen ernannt. Es gibt sechs Kammern mit je zwei Richtern mit sechs Jahren Amtszeit. Jedes Jahr kann ein Land eine Kammer neu besetzen. Sitz des Gerichtes ist Den Haag.

Das Gericht befindet über die Auslegung und Anwendung der EU-Verträge, über Schlichtung von Organ-Streitigkeiten und über Klagen natürlicher und juristischer Personen. Vor diesem Gericht können u.a. die Kommission oder ein Mitgliedsland gegen ein anders Mitgliedsland wegen Vertragsverletzungen klagen. Oder es kann eine „Untätigkeitsklage" gegen Rat oder Kommission erhoben werden. Man kann auch Schadensersatzklage gegen EU-Organe erheben. Das Gericht soll außerdem das Wettbewerbs- und Kartellrecht in Europa behüten.

18.3. Die finanzielle Organisation der EU

Nach den Reformdiskussionen Anfang der 90 er Jahre (Maastricht), die in das „Delors II-Paket" einmündeten, soll der EU-Haushalt 1999 ca 160 Mrd. DM umfassen, das sind 1,27 % des BSP der EU. Man sieht an diesen Zahlen, welch relativ geringe Bedeutung der EU-Haushalt besitzt. Er ist eben Spiegelbild der Tatsache, daß wir es mit einem Bund souveräner Staaten zu tun haben.

Die Finanzquellen der EU sind:

- Die „Abschöpfungen" beim Agrarhandel mit der übrigen Welt. (die billigeren Weltmarktpreise werden durch diese Aufschläge auf das EU-Niveau gebracht);
- die Außenzölle, die von den Mitgliedsstaaten erhoben und an die EU abgeführt werden;
- als Hauptfinanzierungsquelle: ein Anteil von 0,7 bis 1,4 % am Mehrwertsteueraufkommen der Mitgliedsstaaten (vereinfachend: 1 %);

- notfalls Finanzbeiträge der Mitgliedsstaaten nach Art. 200 EWG-Vertrag je nach Wirtschaftskraft bzw. den erzielten Vorteilen. (Dies war früher die Hauptfinanzquelle der EWG);
- evt. gibt es Rückerstattungen an die Mitgliedsstaaten bei chronischer Netto-Überzahlung. Dies war bei Großbritannien der Fall, Deutschland strebt es an, es ist jedoch ein dauernder politischer Zankapfel.
- Wie schon erwähnt, hat das Europäische Parlament eine Mitwirkung bei der Verabschiedung des Haushalts, der allerdings vom Ministerrat ausgearbeitet wird (eingeschränktes Budgetrecht des Europäischen Parlamentes).
- Es gibt ein System der Finanzkontrolle: Europäisches Parlament, Kontrollausschuss, Rechnungsprüfer.

Früher machten 80 % des EU-Haushaltes allein die Agrarausgaben aus, dies war ein ständiger Stein des Anstoßes. Nach dem „Delors II-Paket“ nun machen die Agrarausgaben noch 50 % aus. Dafür fließen 32 % in sog. strukturpolitische Ausgaben: Infrastruktur, Ausgleich der sozialen- und Lebensverhältnisse, Arbeitslosigkeit u.a.

18.4. Der Gemeinsame Markt

Der Gemeinsame Markt war und ist das Kernstück des EWG-Vertrages, dort heißt es: “Die Volkswirtschaften der Mitgliedstaaten werden zu einem einzigen Markt verschmolzen, der binnenmarktähnliche Verhältnisse aufweist und durch Wettbewerbsregeln der Gemeinschaft geordnet wird.“

Dieses Ziel sollte in 12 Jahren verwirklicht werden. Und es heißt weiter: "Voraussetzung für das Funktionieren eines Gemeinsamen Marktes ist, daß alle zwischenstaatlichen Hemmnisse des Güter- und Leistungsaustauschs beseitigt werden und die Marktteilnehmer überall in der EWG gleiche rechtliche, steuerliche und sonstige Rahmenbedingungen vorfinden.“ Es sollte allerdings bis 1993 dauern, bis durch den Binnenmarkt diese Ziele in etwa erreicht worden sind.

Diese Überlegungen wurden zugespitzt auf die sog. Vier Freiheiten des Gemeinsamen Marktes, die zwar schon 1970 als erreicht propagiert, in Wirklichkeit allerdings erst richtig 1993 annähernd durchgesetzt wurden:

1. Die Freiheit des Güter- und Dienstleistungsverkehrs, d.h. die Öffnung der nationalen Märkte zu einem gemeinsamen Wirtschaftsraum mit gemeinsamen Außenzöllen (Zollunion).

2. Das Recht der Arbeitnehmer auf Freizügigkeit in der EWG. Dies wurde formal seit November 1968 verkündet, aber bis heute noch nicht vollkommen erreicht.

   Unter dieser Freizügigkeit versteht man die gleiche Beschäftigungsmöglichkeit jedes EG-Bürgers in jedem Land der Europäischen Gemeinschaft. Und dies beinhaltet nicht nur die gleiche Entlohnung für gleiche Arbeit, sondern auch gleiche Arbeitsbedingungen und gleiche soziale Absicherung. Dieser integrierte Arbeitsmarkt umfaßt allerdings nicht die Beamten des öffentlichen Dienstes.

3. Die freie Niederlassung und Erwerbstätigkeit für Unternehmer und Freiberufler.

   Diese Freiheit ist allerdings eng verbunden mit der gegenseitigen Anerkennung der Bildungsabschlüsse. Auf diesem Gebiet ist bereits viel geschehen, vor allem seit der Einführung des Europäischen Binnenmarktes 1992/93, aber noch heute sind nicht alle Schwierigkeiten aus dem Wege geräumt.

4. Die Freiheit des Kapitalverkehrs. Diese Freiheit soll für den grenzüberschreitenden optimalen Einsatz des Produktionsfaktors Kapital sorgen. Damit gemeint sind Kredite, Wertpapiere, der Zahlungs- und Devisenverkehr und Direktinvestitionen.

   Hierbei wurde einschränkend formuliert: so weit es für das Funktionieren des gemeinsamen Marktes erforderlich ist. Bei Zahlungsbilanzproblemen einzelner Staaten sollten auch nationale Schutzmaßnahmen auf dem Devisenmarkt toleriert werden.

   Tatsächlich wurden die devisenrechtlichen Beschränkungen mehr und mehr abgebaut. Aber richtig wurde die Freiheit des Kapitalverkehrs erst am 1.7.1990 im Zuge des Delors-Stufenplanes zur Wirtschafts- und Währungsunion durchgesetzt.

   Diese Freiheiten sind aber nur die eine Seite des gemeinsamen Marktes. Die andere Seite sind die Regeln, die den Wettbewerb des Marktes schützen sollen. Monopole und Kartelle werden unter eine Kontrolle gestellt und bei einer zu hohen Marktmacht untersagt. Ebenso soll unlauterer Wettbewerb unterbunden werden. Angesichts der zahlreichen Fusionen der letzten Jahre kann man aber an der Wirksamkeit der Monopolkontrolle zweifeln.

18.5. Der Europäische Agrarmarkt

Der Europäische Agrarmarkt ist der Bereich, in dem die Partnerstaaten die meiste nationale Souveränität an die Gemeinschaft abgetreten haben. Er spielte eine Vorreiterfunktion. Er war auch das Hauptinteresse Frankreichs bei den Verhandlungen zwischen De Gaulle und Adenauer in den 50 er Jahren. Das Interesse der Bundesrepublik lag mehr auf dem gemeinsamen Markt für Industriegüter. So kam zwischen beiden Ländern ein Ausgleich der Interessen zustande. Frankreich mit einem relativ hohen Anteil Landwirtschaft machte Fortschritte im Gemeinsamen Markt von Fortschritten im Agrarmarkt abhängig.

Noch heute ist die Verknüpfung zwischen Agrarmarkt und gemeinsamem Markt für Industriegüter hoch. Man kann den Agrarmarkt nicht in Frage stellen ohne damit auch den gemeinsamen Markt für Industriegüter in Frage zu stellen.

Folgende Ziele verfolgte der Gemeinsame Agrarmarkt:

- Produktionssteigerung in der Landwirtschaft,
- Sicherung des Lebensstandards der Bauern. Die Einkommen sollten in ähnlichem Maße wachsen wie die des Industriebereiches,
- Sicherung der Versorgung der europäischen Bevölkerung mit Nahrungsmitteln zu angemessenen Preisen,
- Ordnung der Märkte,
- Gemeinsame finanzielle Solidarität aller Staaten in Sachen Landwirtschaft.

Obwohl man dies zur Entstehungszeit der EWG ungern offen aussprach, muß man doch feststellen, daß der Europäische Agrarmarkt eine „weiche Form“ der Planwirtschaft ist. Ab 1962 wurde recht zügig ein System gemeinsamer Marktordnungen aufgebaut. So für Weizen, Fleisch, Milch usw. Heute sind ca 95 % aller Produkte von solchen Ordnungen erfaßt.

Man kann den Europäischen Agrarmarkt mit folgenden Grundelementen beschreiben:

a. Zollunion für alle Agrargüter. Markt und Wettbewerb gehen also über das ganze Gebiet der Europäischen Gemeinschaft. Es gibt ein System gemeinsamer Preise für die Agrargüter, die jährlich vom Europäischen Ministerrat festgelegt werden.
b. Für die wichtigsten Agrargüter werden Mindestpreise festgelegt, um eine Garantie für die bäuerlichen Einkommen zu schaffen.

Dadurch entsteht andrerseits ein Anreiz zum Angebotsüberschuss (vgl. unten).

Werden billigere Erzeugnisse vom Weltmarkt importiert, so werden deren Preise durch „Abschöpfungen“ auf die Binnenpreise in Europa angehoben oder sogar noch darüber hinaus, so daß europäische Güter gleiche oder bessere Absatzchancen behalten. Diese „Abschöpfungen“ gehören zu den Einnahmequellen des EU-Haushaltes. Auf der anderen Seite werden Agrarausfuhren durch „Erstattungen" auf das Weltmarktniveau heruntersubventioniert.

Um die Wechselkursschwankungen innerhalb der EG auszugleichen, d.h. um die Preise innerhalb der EG tatsächlich gleich zu machen, wurde 1971 ein „Grenzausgleich“ eingeführt (Währungsausgleich): die EU zahlte „Ausgleichsbeträge“ für Wechselkursverluste.

c. Die Mindestpreise sind Interventionspreise. Es sind gewöhnlich kostendeckende Preise. Das bedeutet: die Interventionsstellen der EWG kaufen etwaige Überschüsse zu diesen Preisen auf, wenn ein Landwirt seine Ware nicht zu einem höheren Preis verkaufen kann. Dies dient, wie gesagt, der Einkommensgarantie der Bauern und der Rettung von Arbeitsplätzen.

   Dies hat allerdings zu den teuren Überschüssen in der europäischen Landwirtschaft geführt: Viele Bauern erhöhten ihre Produktion, um sie den Interventionsstellen (Vorratsstellen) verkaufen zu können. So entstanden die berühmten „Fleischberge“ und „Milchseen“. So erhöhte sich das Angebot zusätzlich zum Angebotsüberschuss, der allein schon durch einen über dem Marktpreis liegenden Mindestpreis entsteht. Dies soll durch das folgende Modell veranschaulicht werden:

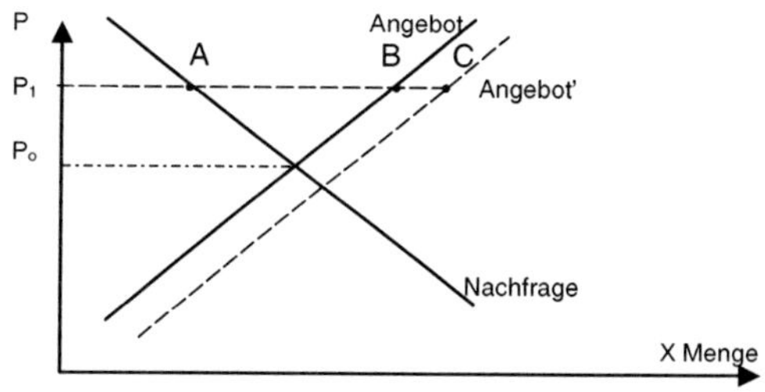

$\overline{AB}$: Angebotsüberschuß aufgrund des Mindestpreises P_1.

Angebot': nach rechts verschobene Angebotskurve aufgrund der Mehrproduktion wegen garantierter Abnahme.

$\overline{AC}$: erhöhter Angebotsüberschuß.

Die „Berge" und „Seen" muß die EU einlagern, verarbeiten, vernichten oder billig losschlagen.

d. Die gemeinsame finanzielle Verantwortung

Die Kosten der gemeinsamen Agrarpolitik werden von der EG-kasse getragen. Sie machten in der Tat bis in die 90 er Jahre 80 % des EG-Haushaltes aus. Die Abwicklung macht der „Europäische Ausrichtungs- und Garantiefonds" (EAGF).

Die gemeinsame Finanzierung umfaßte erst einmal die Förderung, d.h. Modernisierung der Agrarstruktur. Betriebe wurden gefördert, die langfristig lebensfähig erschienen. Dies hat natürlich den Vorwurf provoziert, daß nur die Großen und Reichen gefördert werden. Gemäß des „Mansholtplans" von 1968 gab es Investitionshilfen, Zinsvergünstigungen und Fortbildung. 1974 wurde ein besonderes Programm für die Bergbauern und andere benachteiligte Regionen aufgelegt, um den Erhalt der Kulturlandschaften zu fördern.

Zum anderen umfaßt die gemeinsame Finanzierung den Aufkauf, die Lagerung und die Verwertung der erwähnten Überschuß-produktion.

Insgesamt bringt der Europäsche Agrarmarkt folgende Vorteile:

- Einkommensgarantie der Landwirte, angepaßt an den gestiegenen Lebensstandard,
- Rettung von Arbeitsplätzen,

- Unabhängigkeit Europas vom Weltmarkt (bei den wichtigsten Erzeugnissen beträgt die Eigenversorgung 100 % und mehr bei nur 8 % der Erwerbstätigen in der Landwirtschaft),
- rasanter Produktivitätsfortschritt in der Landwirtschaft durch Mechanisierung und Kunstdünger,
- im Gegenzug Öffnung der europäischen Märkte für Industriegüter.

Dagegen sollten aber auch die Nachteile nicht verschwiegen werden:

- durch die „Schutzzollpolitik“ (die gemeinsamen Marktordnungen) entstand weltweit der Eindruck einer „Festung Europa“.
- Durch die provozierten Überschüsse entstehen hohe Kosten.
- Viele Waren verderben bzw. werden zu minderwertigeren Produkten verarbeitet (z.B. aus Wein wird Essig, aus Milch Milchpulver) oder billig verschleudert.
- Das moralische Argument: Waren verderben, während sie weltweit Hungernden helfen könnten.

Schließlich seien noch Vorschläge und Maßnahmen erwähnt, um die Überschüsse zu bewältigen:

- Immer wieder wird der Vorschlag laut, zu freien Wettbewerbsmärkten zurückzukehren. Dies würde aber die ganze EG infragestellen, zu weiteren Existenzproblemen der Landwirtschaft und zu wachsender Abhängigkeit von den Weltmärken führen.
- Durch nur geringe Preiserhöhungen soll die Attraktivität von Überschußproduktionen gemindert werden, dies wird durchaus erfolgreich durchgeführt.
- Direkte Einkommenszahlungen an die Bauern sollen den Zwang zur Mehrproduktion mindern. Die Akzeptanz ist wegen des historischen Ethos des freien Bauern allerdings nicht sehr hoch. Dennoch gibt es solche Zahlungen.
- Durch Flächenstillegungen, Quotenregelungen (z.B. Milchquoten) und Abschlachtprämien soll die Produktion eingedämmt werden. D.h.: entweder werden nur bestimmte Mengen von der EG aufgenommen oder Prämien für Nicht-Produktion gezahlt. Diese Maßnahmen wurden erfolgreich eingesetzt.
- Ein etwas härteres Instrument ist, die Landwirte für die Beseitigung der Überschüsse eine Abgabe zahlen zu lassen. Oder es werden die Subventionen für ländliche Investitionen gekürzt.
- Schließlich wird die Umstrukturierung der ländlichen Produktion

hin zu Gütern gefördert, die nicht im Überschuß vorhanden sind (z.B. von der Milch- zur Fleischproduktion), was aber oft zu neuen Überschüssen führte.

18.6. Der Weg zur Wirtschafts- und Währungsunion

Während der 70 er Jahre waren bezüglich der Europäischen Integration Müdigkeit und Resignation zu beobachten, wohl verstärkt durch politische und weltwirtschaftliche Krisen: so der Niedergang des Weltwährungssystems von Bretton Woods als auch die Ölkrisen der 70 er und auch die beginnende Dauerarbeitslosigkeit.

Doch der Erfolg des Europäischen Währungssystems EWS und auch die wirtschaftlich guten 8o er Jahre ließen wieder Hoffnung aufkommen und gaben der Einigungsbewegung neuen Aufschwung. So unterzeichneten am 17.2.1986 die Außenminister der EG in Luxemburg einen neuen Vertrag zur Ergänzung der EG-Verträge, genannt „Einheitliche Europäische Akte“ (EEA).

Neben der Neuaufnahme der Problemfelder Forschung und Technologie, Umwelt, Regionalpolitik, Sozialpolitik und Europäische politische Zusammenarbeit in die EG-Verträge, wurde als Hauptziel der Europäischen Binnenmarkt beschlossen.

Um die schon früher beim Gemeinsamen Markt formulierten vier Freiheiten tatsächlich in die Tat umzusetzen, wurde beschlossen, bis 1992/93 die Waren- und Personenkontrollen an den Grenzen, die technischen und bürokratischen Barrieren (Normen, Rechtsvorschriften, Formulare, usw.) und die fiskalischen Barrieren (unterschiedliche direkte und indirekte Steuern) zu beseitigen.

Außerdem sollte die Freizügigkeit der Arbeitnehmer durchgesetzt (gleiche Arbeitsbedingungen, Entlohnung, soziale Sicherung) und der gemeinsame Markt der Dienstleistungen und Patente ermöglicht werden. Ziele waren auch Verbraucher- und Umweltschutz und ein gemeinsames Gesellschafts- und Wettbewerbsrecht.

Schließlich versprach man wieder einmal, die Befugnisse des Europäischen Parlaments zu stärken und beim Europäischen Rat und Ministerrat verstärkt Mehrheitsentscheidungen statt nur einstimmige Entscheidungen zuzulassen.

Die Ziele der Einheitlichen Europäischen Akte wurden im wesentlichen1992/93 erreicht, seit dieser Zeit funktioniert der Binnenmarkt im Großen und Ganzen, wenn auch die Schaffung neuer Arbeitsplätze bei weitem nicht erfüllt wurde und auf dem Gebiet der Gleichstellung der

Arbeitnehmer in Arbeitsbedingungen, sozialer Absicherung und Bildungsabschlüssen noch viel zu tun ist.

Dann wurde der Präsident der Europäischen Kommission Delors beauftragt, einen Plan zur Weiterentwicklung Europas auszuarbeiten, der 1989 als „Stufenplan zum Aufbau der Wirtschafts- und Währungsunion" vorgelegt wurde (Delors-Bericht). Dieser Plan umfaßte folgende Stufen (in der später in Maastricht beschlossenen Form):

1. Beginn 1.6.1990: Freiheit des Kapitalverkehrs. Dies wurde im Jahr der deutschen Wiedervereinigung tatsächlich erreicht.
2. Beginn 1.1.1994: Konvergenz der Geld-, Währungs- und Wirtschaftspolitik, d.h. Angleichung und Abstimmung der Wirtschaftspolitiken der Mitgliedsländer. Gemessen werden sollte die Konvergenz mit Hilfe von Konvergenzkriterien (vgl. später). Dieses Ziel der Konvergenz sollte später erhebliche Schwierigkeiten bereiten und nur mit jahrelangen Verzögerungen einigermaßen erfüllt werden.

   Außerdem sollte eine Europäische Zentralbank errichtet werden (Europäisches Zentralbanksystem ESZB). Auch dieses Ziel wurde unter erheblichen Geburtswehen erst 1998 erreicht. Allerdings wurde als Vorläuferinstitut pünktlich am 1.1.1994 das Europäische Währungsinstitut EWI eröffnet, das schrittweise die Funktionen des Europäischen Fonds für währungspolitische Zusammenarbeit (EFWZ) übernahm.
3. Beginn 1996/97: Endstufe. Feste Paritäten zwischen den Partnerwährungen. Diese Phase sollte 1999 einmünden in die Europäische Währungsunion mit einer neuen gemeinsamen Währung, die später den Namen Euro erhielt. Dies gelang nach erheblichen Schwierigkeiten bei der Erfüllung der Konvergenzkriterien in den verschiedenen Staaten im Mai 1998.

Dieser Stufenplan wurde umgesetzt im Vertrag von Maastricht 1991/92. Man muß allerdings betonen, daß der umfangreiche Vertrag viel mehr umfaßt als nur die Währungsunion mit Konvergenz, Europäischer Zentralbank, Euro und Konvergenzkriterien. Selbst wenn der Euro scheitern sollte, kann man also nicht automatisch von einem Scheitern des gesamten Vertrages sprechen. Er umfaßt nämlich auch das Ziel der politischen Union und viele andere Politikfelder wie z.B. Entwicklungs- und Umweltpolitik und auch wieder den weiteren Ausbau der Kompetenzen, also der demokratischen Legitimation des Europäischen Parlamentes.

Dennoch blickt Europa vor allem auf die kommende einheitliche Währung, den Euro, und damit auf die Erfüllung der

Konvergenzkriterien, nach denen der Eintritt eines Landes in die Endstufe erlaubt wird oder nicht. Diese Konvergenzkriterien lauten:

Die Konvergenzkriterien

Ein Mitgliedsland der Europäischen Gemeinschaft kann nur in den neuen Währungsverbund Euro aufgenommen werden, wenn es folgende Kriterien erfüllt:

1. Die jährliche Neuverschuldung des Staates darf 3 % des Bruttoinlandproduktes nicht überschreiten.
2. Die Gesamtverschuldung darf 60 % des Bruttoinlandsproduktes nicht überschreiten.
3. Die Inflationsrate darf nicht mehr als 1,5 % über der Inflationsrate der drei stabilsten EU-Staaten liegen.
4. Die Währung muß mindestens zwei Jahre ohne Abwertung in der Bandbreite des EWS sein.
5. Das Zinsniveau (langfristig) darf mindestens ein Jahr lang nicht mehr als 2% höher liegen als in den drei stabilsten EU-Staaten.

Diese Konvergenzkriterien sollen Maßstab sein für die Konvergenz, d.h. den Gleichklang von Wirtschaftspolitik und wirtschaftlicher Entwicklung in den Mitgliedsstaaten. Gleichzeitig sollen sie Maßstäbe sein für die Senkung und den Gleichklang der Inflationsraten. Insgesamt treffen diese Kriterien das Problem, jedoch fällt auf, daß andere wichtige Maßstäbe fehlen wie insbesondere die Arbeitslosigkeit und die Situation der Zahlungsbilanzen, die ja für Konvergenz und Wechselkursstabilität entscheidend sind.

Bei Verkünden und Verfolgen der Konvergenzkriterien taten sich sogleich Probleme auf: Werden die Kriterien im politischen Streit nicht aufgeweicht werden mit den Folgen einer Gefahr für die spätere Stabilität des Euro?

Was geschieht, wenn Staaten sich zunächst anstrengen, die Kriterien zu erfüllen, nach Eintritt aber in ihren Bemühungen nachlassen?

Was geschieht, wenn eine Gruppe von Staaten mit dem Euro beginnen darf, eine andere aber nicht, weil sie die Kriterien noch nicht erfüllt? Wird dies Europa verkraften können?

Was geschieht, wenn die Staaten, die den Aufnahmeantrag in die EU gestellt haben, tatsächlich aufgenommen werden?

Wie ging es nun mit diesen Kriterien? Der Stufenplan wurde nur schleppend in Gang gesetzt, die Termine wurden überschritten. Zwar trat der gemeinsame Kapitalmarkt wie geplant schon 1990 in Kraft und wurde 1994 das Europäische Währungsinstitut eingerichtet. Von einer Konvergenz und einer gemeinsamen Notenbank war man aber 1996 noch weit entfernt. Die Konvergenzkriterien wurden nur von einem einzigen (Stadt)-Staat erreicht: Luxemburg.

Schon glaubte man nicht mehr an eine fristgerechte Errichtung des EURO bis 1999. Da meldeten im Herbst 1996 überraschend 11 Staaten die Erfüllung der Kriterien. Man munkelte zwar von faulen „Buchhaltungstricks", doch war der gemeinsame Wille der europäischen Staaten zur Währungsunion so beeindruckend, daß man wieder Hoffnung schöpfen konnte.

Er wurde vereinbart, das Jahr 1997 als Prüfjahr zu nehmen, nach dem man im Jahr 1998 entscheiden wollte, welche Staaten in den Währungsverbund aufgenommen werden.

Im Mai 1998 wurde dann tatsächlich beschlossen, daß 11 Staaten, alle außer Großbritannien, Dänemark, Schweden und Griechenland, 1999 mit dem gemeinsamen Euro beginnen. Zunächst sollten für eine Übergangsfrist der Euro und die nationalen Währungen parallel laufen, ab 2002 nur noch der Euro als Zahlungsmittel gelten. Die vier noch nicht für wert befundenen Staaten sollten versuchen, möglichst bald ebenfalls die Kriterien zu erfüllen und bis dahin ein kleines EWS pflegen, d.h. ihren Wechselkurs zum Euro als Leitkurs festlegen und durch Interventionen in einer Bandbreite von 2,25 bzw. 15 % halten.

Wie sind nun die Chancen für den Euro zu beurteilen ?

Entgegen anderen Meinungen halte ich die Zukunft des EURO für offen. Er kann gut funktionieren, wenn die oben beschriebenen Probleme um die Konvergenzkriterien gemeistert werden können. Ob allerdings der 1997 geschlossene Stabilitätspakt, der Strafen für abweichendes Verhalten vorsieht, funktioniert, wage ich angesichts der unglaublich bürokratischen Abläufe zu bezweifeln.

Hoffnung macht allerdings der seit 1996 zu beobachtende gemeinsame Wille der Europäer, die neue gemeinsame Währung zum Erfolg zu führen.

Die Vorteile einer gemeinsamen Währung sind bekannt: die Vereinfachung für die Bürger bei den Grenzüberschreitungen, die bessere Markt- und Preisübersicht, das verringerte Risiko für die Unternehmer beim grenzüberschreitenden Kalkulieren, das größere Gewicht des Finanzplatzes Europa im weltwirtschaftlichen Gefüge (Kapitalanlagen, Devisenreserven, Fakturierungen), das weitere Zusammenwachsen der Europäer. Verloren gehen die Wechselkurse als Indikatoren für wirtschaftliche Probleme in den einzelnen Staaten. Problematisch kann auch die Ortsferne der Europäischen Notenbank von den Gegebenheiten vor Ort sein. Insgesamt bietet der Euro jedoch eine Chance zur Verbesserung.

Die ersten Jahre wird der Euro vermutlich eine stabile Währung sein, da die Inflationsherde in ganz Europa gedämpft worden sind und da wegen den derzeitigen Nachfrage- und Kostenverhältnissen eine Inflation auch nicht in Sicht ist.

Probleme sehe ich nach einigen Jahren, wenn das Arbeitslosenproblem in ganz Europa, auch wegen des bekannten Zielkonflikts Preisstabilität/Vollbeschäftigung, nicht mehr länger unter den Teppich zu kehren ist. Dann werden sich zwecks Beschäftigungsprogrammen einige Staaten neu verschulden müssen. Und wenn wirtschaftliche Probleme in einigen Staaten verstärkt ausbrechen werden, dann droht immer das Damoklesschwert, dass einzelne Staaten aus dem Verbund ausbrechen. Doch die Zukunft des Euro ist offen.

19. Die Zahlungsbilanz

In der Zahlungsbilanz einer Volkswirtschaft (eines Staates) werden alle grenzüberschreitenden Transaktionen mit dem Ausland erfaßt. Sie ist ein vollständiges buchhalterisches, abgeschlossenes Rechenwerk neben der Volkswirtschaftlichen Gesamtrechnung (VGR), mit der sie durch das Auslandskonto der VGR verknüpft ist. Sie wird an zahlreichen Stellen veröffentlicht. Offiziell von der Deutschen Bundesbank (u.a. in den Monatsberichten) und dem Statistischen Bundesamt in Wiesbaden.

Verständlicherweise werden alle grenzüberschreitenden Transaktionen doppelt verbucht: erstens als Waren- (bzw. Dienstleistungs-) Lieferung, zweitens als dazugehörige Kapitalbewegung (Änderung der Forderungen und Verbindlichkeiten mit dem Ausland). Da nun jeder Vorgang „rechts" und „links", d.h. im Soll und Haben verbucht wird, ist die gesamte Zahlungsbilanz natürlich theoretisch immer mathematisch ausgeglichen. Die Teilbilanzen allerdings weisen gewöhnlich Salden aus, die sich insgesamt wieder ausgleichen. Und wenn die Presse von einer unausgeglichenen oder negativen Zahlungsbilanz spricht, dann meint sie meist den Saldo der wichtigsten Teilbilanz, der Leistungsbilanz. Die Salden der Zahlungsbilanz werden gewöhnlich vereinbarungsgemäß auf der linken Seite ausgewiesen („+" oder „–") mit Ausnahme der Gold- und Devisenbilanz, dort steht der Saldo rechts.

Ab 1993 erfolgte eine kleine Reform der Zahlungsbilanzsystematik (vgl. Monatsbericht der Deutschen Bundesbank März 1995). Die Empfehlungen dieser weltweiten Reform gingen 1993 vom Internationalen Währungsfonds (IWF) über die UNO und die EU bis zur Deutschen Bundesbank (1995).

Es wurden zahlreiche neue Abgrenzungen der Ströme Dienstleistung, Übertragung, Kapitalverkehr vorgenommen, weil zuviel bisher in der Handelsbilanz dem Güterverkehr zugerechnet wurde. Auch wurden neue Bestimmungen über Fristigkeiten von Zinsen und des Kapitalverkehrs eingeführt. (Wann Zinsen verbucht werden, wann als kurz-, wann als langfristig usw.)

Insbesondere wurden die bisherigen Bilanzen des kurzfristigen und des langfristigen Kapitalverkehrs zu einer einzigen Kapitalbilanz zusammengelegt.

Und es wurden die grenzüberschreitenden Erwerbs- und Vermögenseinkommen, die ja den rechnerischen Unterschied zwischen Sozialprodukt und Inlandsprodukt ausmachen, aus der Dienstleistungsbilanz herausgenommen und in einer neuen „Bilanz der Erwerbs- und Vermögenseinkommen gesondert erfaßt, so daß nun die Leistungsbilanz vier Teilbilanzen umfaßt.

Im nächsten Punkt werden die Teilbilanzen der Zahlungsbilanz aus didaktischen Gründen noch in herkömmlichen T-Konten dargestellt. Die Deutsche Bundesbank und die EZB aber stellen die Zahlungsbilanz in ihren Monatsberichten in leicht verständlicher Tabellenform dar, vgl. dort.

19.1. Teilbilanzen der Zahlungsbilanz

Um die grenzüberschreitenden Transaktionen differenziert darstellen zu können, wurde die Zahlungsbilanz in eine Reihe von Teilbilanzen untergliedert.

Diese Untergliederung weicht von Staat zu Staat oft ab, der besseren Vergleichbarkeit wegen versucht man aber weltweit die Gliederung zu vereinheitlichen.

Teilbilanzen der Zahlungsbilanz

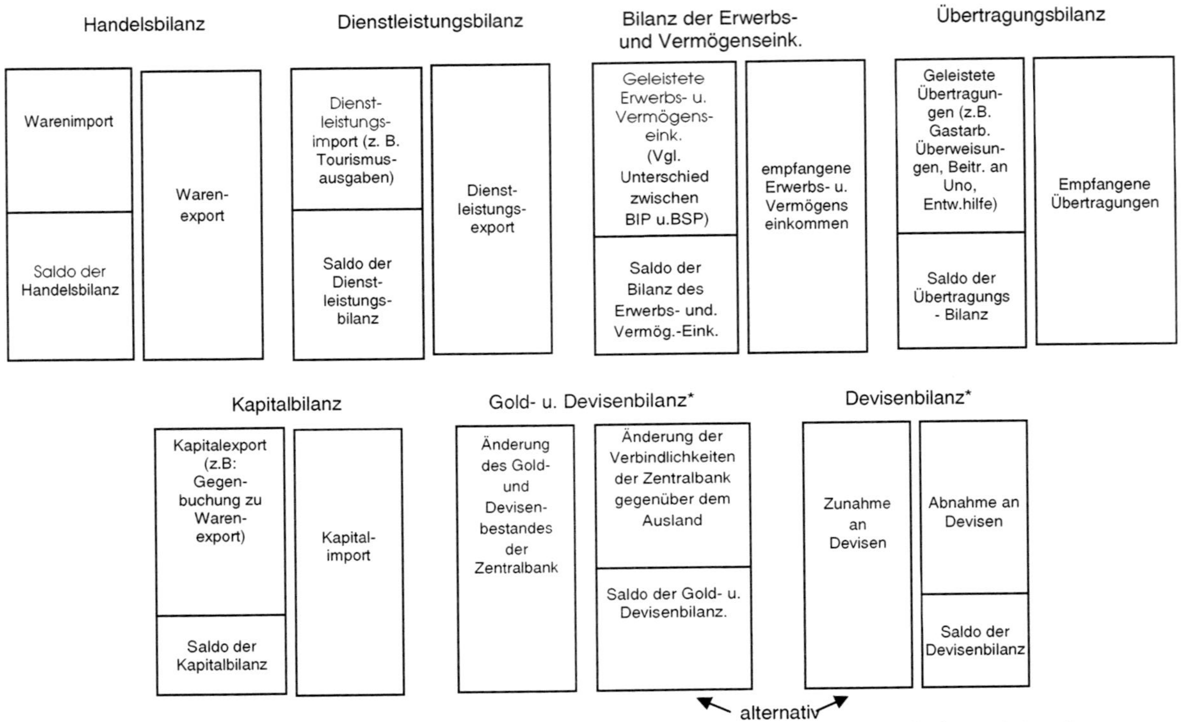

* Man beachte, dass seit 1.1.1999 der wesentliche Teil der Devisenreserven von der neuen Europäischen Zentralbank verwaltet werden.

Aggregation (Zusammenfassung) von Teilbilanzen zu „Unterbilanzen“

Die Leistungsbilanz

Sie ist die wichtigste Unterbilanz, da aus ihr die Leistung einer Volkswirtschaft zum Ausdruck kommt. Spricht man von einer guten oder schlechten Zahlungsbilanz, dann meint man gewöhnlich diese Leistungsbilanz. Sie besteht aus der ausführlichen Zusammenfassung oder aus der Zusammenfassung der Salden der:

- Handelsbilanz
- Dienstleistungsbilanz
- Bilanz der Erwerbs- und Vermögenseinkommen
- Übertragungsbilanz

Die Kapitalbilanz

Sie ist die Zusammenfassung aus der früheren kurzfristigen und langfristigen Kapitalbilanz (vgl. Reform 1995). In ihr werden die Gegenbuchungen der Waren- und Dienstleistungsströme durchgeführt, aber auch die „selbständigen“ Kapitalbewegungen wie Direktinvestitionen und Kredite. Ist der Saldo positiv, dann haben wir einen Nettokapitalimport, ist er negativ, dann einen Nettokapitalexport.

Die Grundbilanz

Die relativ selten verwendete Grundbilanz umfaßt auch als Leistungsmerkmal den Kapitalverkehr: Sie faßt die Salden folgender Bilanzen zusammen:

- Handelsbilanz
- Dienstleistungsbilanz
- Bilanz der Erwerbs- und Vermögenseinkommen
- Übertragungsbilanz
- Kapitalbilanz

Der Außenbeitrag

Der Außenbeitrag ist der Saldo aus Handels- und Dienstleistungsbilanz. Er entspricht dem Ausdruck (X - M) in der Sozialproduktformel, die bekanntlich lautet:

$$Y = C + I + (X - M)$$

Seit die Bilanz der Erwerbs- und Vermögenseinkommen aus der Dienstleistungsbilanz herausgerechnet wurde, wird es mit dem Außenbeitrag etwas komplizierter:

Addiert man die Handel- und Dienstleistungsbilanz ohne den Saldo der Bilanz der Erwerbs- und Vermögenseinkommen, dann erhält man den Außenbeitrag zum Bruttoinlandsprodukt.

Addiert man aber die Handels- und Dienstleistungsbilanz zusammen mit dem Saldo der Bilanz der Erwerbs- und Vermögenseinkommen, dann erhält man (wie früher) den Außenbeitrag zum Bruttosozialprodukt.

Die Zahlungsbilanz ist, wie schon betont, mathematisch stets ausgeglichen, da man jede Transaktion doppelt, also im Soll und Haben, bucht. So muß die Gleichung gelten:

Saldo der Leistungsbilanz + Saldo der Kapitalbilanz ist gleich dem Saldo der Gold- und Devisenbilanz.

Diese theoretische Identität weist in der Praxis jedoch buchhalterische Lücken auf, weshalb die Bundesbank noch zwei Konten ausweist, deren Salden die Lücken schließen, nämlich den

- Ausgleichsposten und den
- Restposten

Ausgleichsposten

Es gibt Transaktionen in der Gold- und Devisenbilanz, die nicht auf Leistungs- bzw. Kapitalverkehr zurückzuführen sind, nämlich die Wertberichtigungen von Devisenbeständen. Wird die DM bzw. der Euro z.B. aufgewertet, dann verringert sich der in DM (Euro) angesetzte Wert der Währungsreserven. Dies wird „aufwertungsbedingter Reserveverlust" genannt. Der Saldo dieser nicht auf den Leistungs- und Kapitalverkehr zurückzuführenden Änderungen der Gold- und Devisenbestände ist der „Ausgleichsposten zur Auslandsposition".

Restposten

Dieser Saldo der „statistisch nicht aufgliederbaren" Transaktionen resultiert aus den doch immer vorhandenen Erhebungs-, Meß- und Verarbeitungsfehlern.

Durch die Einführung dieser beiden „Füll" -Konten (-Posten) ist nun die Zahlungsbilanz tatsächlich buchhalterisch ausgeglichen, so daß gilt:

Leistungsbilanz + Kapitalbilanz + Ausgleichsposten + Restposten = Gold- und Devisenbilanz.

19.2. Die Reaktion der Leistungsbilanz auf eine Änderung des Wechselkurses (Auf- oder Abwertung)

Diese Frage ist deswegen so interessant, weil manche Staaten bewußt den Wechselkurs verändern, um so die Leistungsbilanz in ihrem Sinne zu beeinflussen. Eine Wechselkursänderung beeinflußt den Preis der Güter für den Geschäftspartner jenseits der Grenze. Da nun aber Preisänderungen nach den Marktgesetzen Mengenänderungen nach sich ziehen, hat eine Wechselkursänderung also zwei Effekte: einen Preiseffekt und einen Mengeneffekt. Und dies trifft auf den Import und auf den Export zu, so daß man bei einer Wechselkursänderung insgesamt vier Effekte untersuchen muß, die alle auf die Änderung der Leistungsbilanz wirken: Wie ist die Änderung des Exportwertes (Menge mal Preis) und wie ist die Änderung des Importwertes? Und wie verhält sich der Saldo aus beiden? Führt er zu einer Verbesserung oder zu einer Verschlechterung der Leistungsbilanz?

Hier sei gleich angemerkt, dass diese Probleme zwischen den europäischen Staaten seit Einführung des Euro nicht mehr auftreten. Allerdings kann hier der Wechselkurs auch nicht mehr als Instrument des Zahlungsbilanzausgleichs eingesetzt werden. Da es aber weltweit noch viele Wechselkursgrenzen gibt, ist das folgende Modell natürlich immer noch relevant.

a. Wirkung einer Wechselkursänderung auf den Exportwert

Wir nehmen an, die Inlandswährung „DM" werde abgewertet:

Dann steigt die Nachfrage des Auslandes, da die deutschen Waren für es billiger werden.

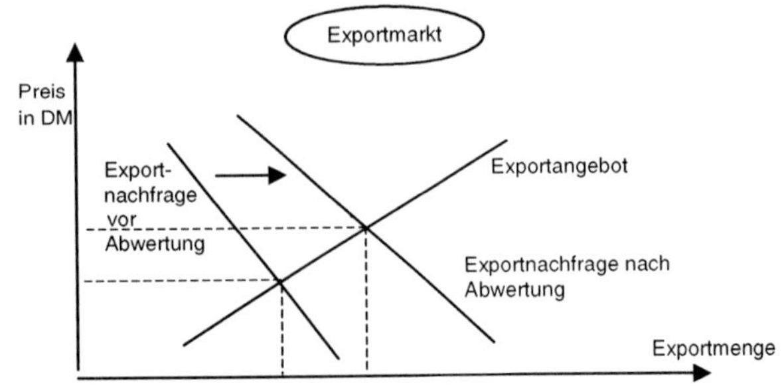

Man sieht: der Exportwert, nämlich Exportmenge mal Preis steigt auf alle Fälle, da das gestrichelte Rechteck stets größer wird.

Die Erhöhung des Exportwertes ist umso stärker, je flacher die Exportnachfragekurve, d.h. je elastischer sie ist, d.h. je stärker die Kunden auf eine Preissenkung reagieren.

b. Wirkung einer Wechselkursänderung auf den Importwert

Wieder nehmen wir an, die Inlandswährung „DM" werde abgewertet:

Dann sinkt das Angebot der Ausländer, da sie nach Rücktausch ihrer in Deutschland erlösten DM weniger in eigener Währung übrig behalten. Die Import-Angebotskurve wird nach links verschoben.

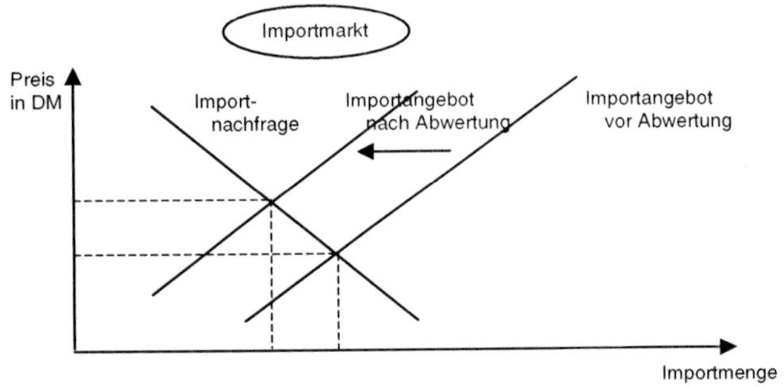

Man sieht: der Importwert, nämlich Importmenge mal Preis, kann nach den Regeln der Marktmechanismen bzw. der Preistheorie größer (wie in diesem Fall), kleiner werden oder sogar gleich bleiben, da die Menge zwar kleiner, der Preis aber höher wird (vgl. die gestrichelten Rechtecke).

Die Chance, daß der Importwert sinkt, was man bei einer Abwertung gewöhnlich als gewünscht ansieht, ist umso höher, je flacher die Importnachfragekurve ist, d.h. je elastischer oder: je stärker die Nachfrager auf eine Preisänderung reagieren.

Insgesamt kann man also sagen: Je elastischer die Importnachfragekurve und die Exportnachfragekurve sind, desto größer ist die Chance, daß sich nach einer Abwertung die Leistungsbilanz verbessert, also je stärker die Kunden auf Preisänderungen reagieren. Für Aufwertungen gilt genau das umgekehrte.

Nun wurde das nach einer Wechselkursänderung Erwünschte gleich als „Normalreaktion“ definiert, also:

Normalreaktion bedeutet:

- auf eine Abwertung folgt eine Leistungsbilanzverbesserung
- auf eine Aufwertung folgt eine Leistungsbilanzverschlechterung

Wie wir gesehen haben, tritt die Normalreaktion allerdings nur ein, wenn die beiden Nachfragekurven entsprechend elastisch sind. Dies haben die beiden Nationalökonomen Marshall und Lerner ausführlich mathematisch und empirisch untersucht. Schließlich formulierten sie die berühmt gewordene

Marshall - Lerner - Bedingung:

Eine Normalreaktion der Leistungsbilanz tritt ein, wenn die Summe der Elastizitäten der Export- und Importnachfrage (absolut) größer als 1 ist.

Diese Bedingung wurde durch den sog. Elastizitätspessimismus bestritten mit der Behauptung, daß in Wirklichkeit die Nachfrageelastizitäten sehr klein seien, da stets eine gewisse Abhängigkeit von den Lieferungen bestehe. Es wird im Grunde nicht die Marshall-Lerner-Formel bestritten, sondern daß sie erfüllt werden kann. Nach dieser Auffassung kann man also kaum mit einer Normalreaktion rechnen.

Inzwischen hat jedoch wieder eher ein Elastizitätsoptimismus Fuß gefasst, da doch viele Außenhandelsgüter keine lebensnotwendigen sondern eher Luxusgüter sind, so daß man bei Wechselkursänderungen eine Normalreaktion zumindest zunächst vermuten kann.

So möchte ich folgenden Vorschlag vertreten:

Wegen der Komplexität der Zusammenhänge, d.h. weil viele Faktoren auf die Leistungsbilanz wirken, sollte jeder Einzelfall betrachtet werden. Wenn also ein Land seinen Wechselkurs ändert, sollte als erster Ansatz erst einmal die Normalreaktion vermutet werden, dann aber die gesamte wirtschaftliche und politische Situation geprüft werden.

Ob nämlich nicht die Normalreaktion durch andere Faktoren überkompensiert wird. Zum Ersten kann es durch die spezielle Struktur der ausgetauschten Güter (Öl, Nahrungsmittel, Waffen, Medikamente) durchaus der Fall sein, daß die Nachfrageelastizitäten tatsächlich starr sind, es sich also um dringend nachgefragte Güter handelt.

Zum Zweiten kann sich auswirken, was ich als „Vorteile im Verfahren" bezeichnen möchte:

- Lieferpünktlichkeit
- Ersatzteile
- Service
- Ausbildung
- Finanzierung
- Verkehrswege

Diese waren z.B. Gründe dafür, daß Ende der 60 er, Anfang der 70 er Jahre sich die deutsche Leistungsbilanz verbesserte, obwohl erhebliche Aufwertungen der DM vorgenommen wurden, es also nach der Theorie der Normalreaktion eine Verschlechterung hätte geben müssen.

Durch Berücksichtigung dieser anderen Faktoren kann, in Verbindung mit der Theorie, ein durchaus zutreffendes Urteil über die zu erwartende Reaktion der Leistungsbilanz auf Wechselkursänderungen gefällt werden.

19.3. Der Exportmultiplikator

An früherer Stelle hatten wir die Gleichgewichtsbedingung für eine geschlossene Wirtschaft behandelt: I = S. An späterer Stelle die Gleichgewichtsbedingung einer offenen Wirtschaft: S = I + (X - M). Damals hatten wir gesagt, daß ein Überschuß des Außenbeitrages als Konjunkturmotor wirken kann wie die Investition. So ist es naheliegend, daß durch einen starken Export auch Multiplikatorprozesse ausgelöst werden können.

Aus folgendem Modell lässt sich der Exportmultiplikator entwickeln:

1) $C = C^a + cY$ Konsumfunktion

2) $M = M^a + mY$ (o < m < 1) Importfunktion

m ist die marginale gesamtwirtschaftliche Importquote, also der Anstieg einer als Gerade angenommenen Importfunktion.

3) $Y = C + I^a + (X^a - M)$ Gleichgewichtsbedingung einer offenen Wirtschaft.

In diesem Modell seien die Investition und der Export autonom:
I^a und X^a

4) Aus 1) – 3) gewonnener Gleichgewichtswert des Volkseinkommens:

$$Y = \frac{1}{1-c+m}(c^a + I^a + x^a) - \frac{1}{1-c+m} \cdot M^a$$

Nun nimmt man an: der Export steigt (dauerhaft) von X^a auf X^a_1, d.h. um ΔX^a.

Dann erhält man durch Differentiation:

$$\Delta y = \frac{1}{1-c+m} \cdot \Delta x^a$$

d.h.: steigt der Export (dauerhaft) um ΔX^a an, dann wächst das Volkseinkommen um ΔY, das sich aus Multiplikation von ΔX^a mit dem

„Multiplikator“ $\frac{1}{1-c+m} = \frac{1}{s+m}$ ergibt.

Dieser Multiplikator ist natürlich kleiner als der Investitionsmultiplikator $\frac{1}{1-c} = \frac{1}{s}$,

weshalb man den Import gerne als Bremse des Expansionsprozesses bezeichnet.

19.4. Zahlungsbilanzmechanismen

Bei der Beziehung zwischen Wechselkurs und Leistungsbilanz sind wir der Frage nachgegangen, was passiert, wenn man den Wechselkurs ändert.

Nun konnte man aber auch beobachten, daß der Leistungsbilanz auch die Tendenz innewohnt, automatisch zum Ausgleich zurückzukommen, daß also Wechselkursänderungen zum Ausgleich gar nicht notwendig sind. Diese Tendenz, wie sie übrigens auch in anderen ökonomischen Prozessen vorkommen, nährte natürlich die Auffassung der marktwirtschaftlich orientierten, d.h. der auf Marktmechanismen vertrauenden Ökonomen, daß man auf das Instrument Wechselkursänderung verzichten kann und daß überhaupt flexible Wechselkurse besser seien.

Von den zahlreichen Mechanismen, die die Zahlungsbilanz (besser: die Leistungsbilanz) zumindest der Tendenz nach automatisch wieder zum Ausgleich bringen, seien folgende drei vorgestellt:

a. Der Wechselkursmechanismus
b. Der Geldmengenmechanismus
c. Der Einkommensmechanismus

zu a. Wechselkursmechanismus

Dieser Mechanismus funktioniert bei flexiblen Wechselkursen. Deshalb diente er auch als Argument, daß flexible Kurse besser seien, da durch sie eine unausgeglichene Leistungsbilanz automatisch wieder zum Gleichgewicht zurückfinde.

Der Mechanismus funktioniert folgendermaßen: Angenommen wir haben einen Leistungsbilanzüberschuß. Dann folgt ein Devisenmarktungleichgewicht, da die Inlandswährung unter Nachfragedruck steht. Daraus folgt eine Höherbewertung der Inlandswährung am Devisenmarkt. Und diese „Aufwertung" führt, unter Annahme einer Normalreaktion der Leistungsbilanz, zu einer Verschlechterung der Leistungsbilanz und damit zu einer Tendenz zum Leistungsbilanzgleichgewicht und damit auch wieder zum Devisenmarktgleichgewicht.

zu b. Geldmengenmechanismus

Dieser Mechanismus funktioniert bei festen Wechselkursen. Nehmen wir wieder einen Leistungsbilanzüberschuß an. Dann folgt auch hier ein Devisenmarktungleichgewicht, da die Inlandswährung unter Nachfrage-, die Auslandswährung unter Angebotsdruck steht. Dies würde zu einer Höherbewertung der Inlandswährung führen, wenn bei festen Kursen nicht die Interventionspflicht der Notenbanken wäre. Nun aber fragt die Notenbank die ausländische Währung zur Kursstützung verstärkt nach, so daß diese schließlich innerhalb der Bandbreite stabilisiert wird.

Dies bedeutet aber: gegen den Kauf der ausländischen Währung gibt die Notenbank eigene Währung in den Geldkreislauf. Dadurch erhöht sich die Inländische Geldmenge, und es kommt nach der Quantitätstheorie zu einer Inflation. Diese Preiserhöhung der inländischen Waren führt aber zu einem sinkenden Export und damit zu einer

Verschlechterung, also zu einem Ausgleich der Leistungsbilanz und der Devisenbilanz.

zu c. Einkommensmechanismus

Dieser Mechanismus wirkt nicht so stark wie die beiden erstgenannten. Er wirkt eher als Ergänzung bei fixen und flexiblen Wechselkursen.

Bei einem wieder angenommenen Leistungsbilanzüberschuß besteht ja eine erhöhte Nachfrage nach Inlandsgütern. Das bedeutet aber eine stärkere Beschäftigung und im Gefolge eine Steigerung des Bruttosozialproduktes und des Volkseinkommens.

Da die Importe auch vom Volkseinkommen abhängen (vgl. die Importfunktion $M = a + mY$), erhöhen sich nun auch die Importe, nämlich Konsumgüter, Vorleistungen und Rohstoffe. Und dies führt per se zu einer tendenziellen Verschlechterung der Leistungsbilanz d.h. zu einem tendenziellen Ausgleich der Leistungsbilanz.

Trotz langer wissenschaftlicher Diskussion in den 70 er Jahren über die Vorteile der flexiblen Wechselkurse und des automatischen Zahlungsbilanzausgleichs ist man in Europa 1979 mit dem EWS wieder zu festen Wechselkursen mit Bandbreiten zurückgekehrt. Hauptargumente dafür waren die sicheren Kalkulationsgrundlagen beim grenzüberschreitenden Warenverkehr und der Ausblick auf die Wirtschafts- und Währungsunion in Europa.

20. Internationaler Handel und internationale Arbeitsteilung

In Sachen Außenwirtschaft haben wir uns bisher mit der sog. „monetären Theorie" beschäftigt, nämlich mit Wechselkursen, Zahlungsbilanz usw. Nun soll, in Anlehnung an Klaus Roses Theorie der Außenwirtschaft, ein zentrales Teilstück der „reinen Theorie" behandelt werden. Dabei abstrahiert man vom Geld und beschäftigt sich mit Waren- bzw. Mengenströmen. Folgende Fragestellungen hat sich die reine Theorie u.a. zur Aufgabe gestellt:

- Wie ist die Struktur und das Ausmaß des Außenhandels einer Volkswirtschaft?
- Wie wirkt Außenhandel und internationale Arbeitsteilung auf den Wohlstand der beteiligten Nationen und der Individuen?
- Welche Gründe für Außenhandel gibt es?

20.1. Gründe bzw. Vorteile des Außenhandels

In erster Annäherung kann man folgende Gründe (Vorteile) des Außenhandels ausmachen:

- die unterschiedliche Verfügbarkeit bestimmter Ressourcen in den einzelnen Staaten führt zu Außenhandel.

  Dies können Güter oder Rohstoffe sein, die aus klimatischen, geologischen oder gesellschaftlichen Gründen in einem Land nicht der Nachfrage entsprechend vorhanden sind. Es kann sich um Nahrungsmittel oder Technik handeln oder um Luxusgüter. Jedenfalls kann die heimische Industrie den Bedarf nicht decken; sei es auch deshalb, weil die Industrie den notwendigen Entwicklungsstand nicht erreicht hat.

- Preisunterschiede in den einzelnen Staaten.

  Diese Preisunterschiede können auf unterschiedlichen Produktionskosten oder auch auf unterschiedlichen Nachfrageverhältnissen beruhen. So kann z.B. ein Land aus einem anderen Land Güter importieren, die dort gar nicht so sehr gefragt sind und deshalb einen tiefen Preis haben. Ein Import solcher billigerer Produkte lohnt sich natürlich nur, wenn der Preisunterschied nicht durch Transportkosten, Zölle usw. kompensiert wird. So ist es erstaunlich, daß hier durchaus gute Weine aus Chile und Argentinien preiswert angeboten werden. (Dies läßt natürlich eine Vermutung auf die dortigen Lohnkosten zu.)

- Produktdifferenzierungen in den einzelnen Staaten.

  Darunter versteht man die Tatsache, daß bestimmte Güter in bestimmten Staaten als besonders gut oder schick gelten. Diese Güter, oft Luxusgüter, werden dann aus diesem Staat importiert. Beispiele: deutsche Autos, französischer Wein, italienische Mode..

- Politische Gründe.

  Dahinter steckt die menschliche Erfahrung: Wer Handel treibt, sich also gegenseitig abhängig macht, führt keinen Krieg. Außenhandel sichert aber einfach auch den Export und damit Arbeitsplätze. Und Wirtschaft und Politik sind heute mehr denn je verwoben. So werden Staatsbesuche stets von großen Wirtschaftsdelegationen begleitet, die Geschäfte in die Wege leiten.

- „Vorteile im Verfahren".

  Diese sind Gründe dafür, daß man mit bestimmten Ländern besonders gerne Handel treibt. Zu solchen „Vorteilen im Verfahren" zählen Lieferpünktlichkeit, Qualitätssicherheit, Service, Kundendienst, Ersatzteilgarantie, Ausbildung des Personals, günstige Finanzierung und gute Verkehrsverbindungen. Alles Dinge, die den Exporterfolg der Bundesrepublik ermöglichen halfen.

20.2. Theoretische Begründung des internationalen Handels: das Prinzip der absoluten Kostenvorteile

Bei diesem Prinzip spezialisiert sich jedes Land auf diejenige Produktion, für die es besondere Fähigkeiten hat, sei es aus Gründen der besonderen Ressourcenausstattung, der besonders entwickelten Technologie oder der qualitativ guten Arbeitskräfte.

Das bedeutet Spezialisation auf die Produktion von Gütern, die man zu geringeren Realkosten, d.h. mit kleinerem Faktoreinsatz oder: nach dem ökonomischen Prinzip besser als das Ausland herstellen kann.

Das betreffende Land tauscht dann diese Güter im internationalen Handel gegen Güter, die im eigenen Land nur zu höheren Kosten erzeugt werden können.

Verfahren alle am internationalen Austausch beteiligten Länder nach diesem Prinzip der absoluten Kostenvorteile, dann ist insgesamt für all diese Staaten eine bessere Güterversorgung und damit nach Ansicht der Klassiker eine allgemein höhere Wohlfahrt möglich, da ja überall faktorsparend und damit am produktivsten produziert wird. Mit diesem Prinzip ist historisch und gegenwärtig bereits ein großer Teil des internationalen Austauschs erklärbar.

20.3. Theoretische Begründung des internationalen Handels: das Prinzip des komparativen Kostenvorteils

Nun wird angenommen, es gebe ein Land, das alle Produkte zu geringeren Kosten herstellen kann als andere Länder, da es eben in Sachen Ressourcen, Technologie und Qualität der Arbeitskräfte am besten ist. In ungefähr dieser Lage waren die USA nach dem Zweiten Weltkrieg.

Nun lautet die Frage: Ist dann internationale Arbeitsteilung und Außenhandel immer noch von Vorteil?

Die Antwort lautet „ja". Der Nachweis ist durch David Ricardo geführt worden. Für das „Superland" ist es nämlich dann auch sinnvoll, wenn die absoluten Kostenvorteile, die es ja in allen Produktionen hat, unterschiedlich groß sind, man kann auch sagen: wenn die Transformationskurven unterschiedliche Anstiege haben.

In diesem Fall, nach der Strategie der komparativen Kostenvorteile, spezialisiert sich das „Superland" auf die Produktion, in der sein absoluter Kostenvorteil besonders groß ist. Dann besteht ein sogenannter komparativer Kostenvorteil. Das Land tauscht dann diese Waren gegen andere Waren, bei denen es eine geringere Überlegenheit besitzt.

Die „schlechteren" Länder andrerseits spezialisieren sich auf die Produktion, bei der sie verhältnismäßig am wenigsten unterlegen sind. Auch bei ihnen spricht man von einem komparativen Kostenvorteil. Auch sie tauschen ihre Waren gegen andere Waren, bei deren Produktion sie absolut und relativ unterlegen sind. Wie zu zeigen sein wird, haben beide Handelspartner Vorteile von dieser Strategie.

Dieses Prinzip des komparativen Kostenvorteils wird anhand eines Modells abgeleitet, bei dem sich die Länder vollständig auf die bessere Produktion spezialisieren. In Wirklichkeit werden sich Staaten wohl nie vollständig auf die besten Güter spezialisieren, aber das Prinzip gilt wenigstens der Tendenz nach: Länder bilden Schwerpunkte ihrer Produktion, die dann den Hauptbestandteil ihres Exports ausmachen.

Das Zwei - Länder - zwei - Güter - Zahlenmodell

Ricardo machte das Prinzip an einem einfachen Modell deutlich, er führte also eine Art Plausibilitätsbeweis. Solche einfachen Modelle waren und sind bei zahlreichen Ökonomen üblich. Dann wird gewöhnlich mehr oder weniger überzeugend der Nachweis geführt, daß man das Modell ohne große Schwierigkeiten komplex gestalten und damit an die Realität heranführen kann. In Ricardos Modell produzierte England schwerpunktmäßig Tuch und Portugal Weizen.

Die weitere Darstellung folgt Klaus Rose: Theorie der Außenwirtschaft, Berlin 1970 usw. Es wird angenommen, zwei Länder erzeugen im autarken Zustand Tuch und Weizen. Das Inland kann mit allen seinen Produktionsfaktoren maximal 100 Einheiten Weizen oder 150 Einheiten Tuch erzeugen. Das Ausland kann mit allen seinen Produktionsfaktoren maximal 200 Einheiten Weizen oder 250 Einheiten Tuch erzeugen. In einer kleinen Matrix sieht dies so aus:

	Inland	Ausland
E. Weizen	100	200
E. Tuch	150	250

Die dazugehörigen Transformationskurven sehen folgendermaßen aus:

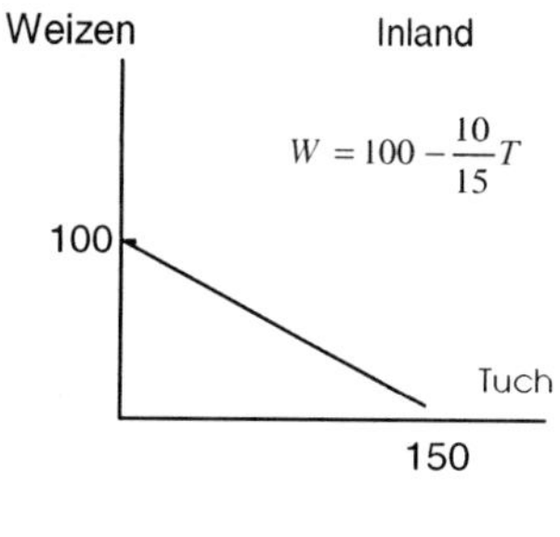

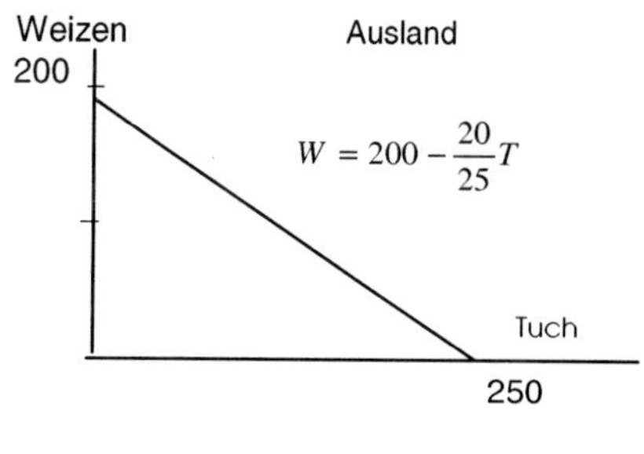

Das Ausland hat also in beiden Produktionen den absoluten Kostenvorteil, weil es vielleicht mehr und bessere Produktionsfaktoren oder auch höheres Know How besitzt. Wie wir später noch genauer sehen werden, lohnt sich für beide Länder eine Spezialisation bzw. Arbeitsteilung, da die absoluten Kostenvorteile des Auslandes unterschiedlich groß sind, d.h. die Transformationskurven eine unterschiedliche Steigung haben.

Nach obiger Tabelle hat das Ausland in der Weizenproduktion einen größeren Vorteil als in der Tuchproduktion, denn

$$\frac{200}{100} > \frac{250}{150}$$

und damit einen komparativen Kostenvorteil. Und das Inland hat einen komparativen Kostenvorteil in der Tucherzeugung. So läßt sich formulieren:

Theorem der komparativen Kosten:

Jedes Land spezialisiert sich auf die Erzeugung jenes Gutes, bei der es einen komparativen Vorteil besitzt, und tauscht die nicht selbst verbrauchten „Überschüsse" gegen die Güter, die das andere Land mit komparativem Vorteil produzieren kann. Dadurch erzielen beide Länder einen Wohlfahrtsgewinn.

So produziert in unserem Beispiel das Inland Tuch und exportiert es im Tausch gegen Weizen. Das Ausland produziert und exportiert Weizen und importiert Tuch.

Durch einen Plausibilitätsbeweis soll nun der Vorteil für beide Länder nachgewiesen werden.

Das Inland kann mit seinen Produktionsfaktoren also maximal 100 Einheiten Weizen oder 150 Einheiten Tuch erzeugen. Die Herstellung von 150 ET bedeutet so den Verzicht auf 100 EW. Und mit dem Instrument „opportunity costs" (Opportunitäts- oder Alternativkosten) kann die Situation folgendermaßen ausgedrückt werden:

Tuch (opportunity-) Kosten:	$\frac{100EW}{150ET} = 0,66$
Weizen-Kosten:	$\frac{150ET}{100EW} = 1,5$

Die Opportunity - Costs von 150 ET sind 100 EW

Die entsprechenden Kosten für das Ausland sehen folgendermaßen aus:

Tuchkosten:	$\frac{200EW}{250ET} = 0{,}8$
Weizenkosten:	$\frac{250ET}{200EW} = 1{,}25$

Das Modell geht, wie oben bereits ausgeführt, von zwei etwa gleich starken ökonomischen Partnerländern aus. Weiter wird vorausgesetzt eine vollständige Konkurrenz und, da es sich ja um ein Modell der reinen Theorie handelt, die Abstraktion von Geld.

Infolgedessen beträgt im autarken Zustand in den beiden Ländern das Tauschverhältnis gleich dem (Opportunitäts-) Kostenverhältnis. Im Inland wird also Weizen gegen Tuch im Verhältnis 10 : 15 und im Ausland im Verhältnis 20 : 25 getauscht.

Falls entgegen den Grundannahmen des Modells (Abstraktion von Geld) Preise für die beiden Waren existieren sollten, dann wären die autarken Preisverhältnisse wie immer bei vollständiger Konkurrenz umgekehrt den Kostenverhältnissen bzw. Tauschverhältnissen, d.h. im Inland wäre das Preisverhältnis Weizen zu Tuch gleich 15 :10 und im Ausland 25 : 20.

Nun wird nach dem Theorem der komparativen Kosten der autarke Zustand verlassen und Spezialisation (Arbeitsteilung) und Außenhandel betrieben, wenn beide Länder bei jeweils einem Gut einen komparativen Vorteil besitzen, d.h. wenn die absoluten Kostenvorteile des „besseren" Landes unterschiedlich groß sind. Geometrisch kann man auch sagen: wenn die Anstiege der Transformationskurven unterschiedlich sind. Oder auch: wenn die autarken Tauschverhältnisse bzw. Preisverhältnisse (die relativen Preise) unterschiedlich groß sind.

Wird nun Außenhandel betrieben, d.h. werden die Grenzen zu einem gemeinsamen Markt geöffnet, dann wird sich nach den Gesetzen der vollständigen Konkurrenz ein gemeinsames Tauschverhältnis einpendeln. Wo dieses genau liegt, wird vom Spiel von Angebot und Nachfrage abhängen und müßte empirisch ermittelt werden.

Jedenfalls wird das neue gemeinsame Tauschverhältnis zwischen den beiden autarken Tauschverhältnissen liegen. Nehmen wir an, es sei Tuch zu Weizen 1,4 : 1, dann gilt:

$$\frac{1{,}5\,ET}{1\,EW}(Inland) > \frac{1{,}4\,ET}{1\,EW} > \frac{1{,}25\,ET}{1\,EW}(Ausland)$$

Dann kann man zeigen, daß die Spezialisation und der Außenhandel für das Ausland von Vorteil ist. Denn es erhält für 1 Einheit Weizen, die es ins Inland exportiert, 1,4 Einheiten Tuch, früher, im autarken Zustand, hatte es nur 1,25 Einheiten Tuch bekommen. Das Ausland erzielt also einen Vorteil, wenn es sich nach dem Theorem der komparativen Kosten auf die Erzeugung von Weizen spezialisiert, diesen exportiert und im Austausch Tuch importiert.

Aber auch das Inland erzielt einen Vorteil, wenn es sich auf Tuch spezialisiert und Weizen aus dem Ausland importiert, denn nun gibt es 1,4 Einheiten Tuch gegen 1 Einheit Weizen. Früher, im autarken Zustand, mußte es gegen eine Einheit Weizen 1,5 Einheiten Tuch hingeben.

Nach dem Theorem der komparativen Kosten gereicht es also beiden Ländern zum Vorteil, wenn sie sich spezialisieren, ihre Grenzen öffnen und Außenhandel betreiben. Da sie nämlich dann ihre Produktionsfaktoren am produktivsten einsetzen und eine größere Menge an Gütern gemeinsam herstellen können. Somit wird eine bessere Güterversorgung, ein höherer Konsum, ein höherer Lebensstandard möglich als vor der Spezialisierung und vor dem Außenhandel.

Dahinter steckt natürlich die im 19. Jahrhundert (Ricardo) unangezweifelte Prämisse, daß eine höhere Menge an Gütern auch eine höhere Wohlfahrt bedeutet.

Wie erkennt man nun, ob sich für die Länder eine Spezialisation lohnt und für welche Produktion sich ein Land entscheiden soll? In unserem Beispiel waren diese Fragen leicht zu beantworten, da man wegen der einfachen Zahlen sofort die Situation erfassen konnte, nämlich:

	Inland	Ausland
Weizen	100	200
Tuch	150	250

Man sieht sofort, daß die absoluten Kostenvorteile des Auslandes bei Tuch und Weizen unterschiedlich hoch sind, sich eine Spezialisation also lohnt: Das Ausland produziert Weizen, das Inland Tuch.

Sind die Zahlen aber etwas komplizierter, so daß man die Ergebnisse nicht sofort erkennt, dann kann man die komparativen Kostenvorteile berechnen und in eine Matrix einordnen. Für jedes Gut wird der Quotient aus der im eigenen Land produzierbaren Menge und der im anderen Land produzierbaren Menge gebildet. Die Matrix lautet dann, wobei auch hier die einfachen Zahlen beibehalten werden:

Komparative Kosten (-vorteile bzw. nachteile)

	Inland	Ausland
für Weizen	$\frac{100}{200} = \frac{1}{2}$	$\frac{200}{100} = \underline{2}$
für Tuch	$\frac{150}{250} = \underline{0{,}6}$	$\frac{250}{150} = 1{,}66$

↕ Vertikaler Vergleich

Nun werden für jedes Land die komparativen Kosten vertikal verglichen, und die größere Zahl gibt das Gut an, auf das sich das betreffende Land spezialisiert: Inland Tuch (Zahl 0,6) und Ausland Weizen (Zahl 2).

Denn das Ausland hat komparativen Kostenvorteil bei Weizen, da

$$\frac{200}{100} = 2 > \frac{250}{150} = 1{,}66$$

und das Inland hat komparativen Vorteil bei Tuch, da

$$\frac{150}{250} = 0{,}6 > \frac{100}{200} = \frac{1}{2}$$

Als dritte Möglichkeit zu erkennen, auf welches Gut sich jedes Land spezialisiert, gibt es natürlich die von uns in der Ableitung verwendeten opportunity-costs, jetzt auch noch einmal übersichtlich in einer Matrix dargestellt:

Opportunity- costs

	Inland	Ausland
für Weizen	$\frac{150ET}{100EW} = 1{,}5$	$\frac{250ET}{200EW} = \underline{1{,}25}$
für Tuch	$\frac{100EW}{150ET} = \underline{0{,}66}$	$\frac{200EW}{250ET} = 0{,}8$

⟷ Horizontaler Vergleich

Jetzt müssen allerdings die opportunity-costs für ein Gut horizontal verglichen werden, und die jeweils kleinere Zahl gibt das Gut an, worauf sich ein Land spezialisiert, denn dort ist die relativ „billigere" Produktion.

20.4. Ein Problem der Weltwirtschaftsordnung: Freihandel versus Protektionismus

Freier Welthandel und internationale Arbeitsteilung gehören zur Wirtschaftsphilosophie der entwickelten Industrienationen, die in der Regel gleichzeitig freiheitliche Demokratien sind. Die Vorteile des Freihandels und der weltweiten Arbeitsteilung, die da sind: produktive Ausnutzung der Produktionsfaktoren, bessere Güterversorgung und höherer Lebensstandard, diese Vorteile wurden in Kapitel 20 begründet.

Nach dieser herrschenden Lehre, die durch die GATT-Verhandlungen bzw. GATT-Runden immer mehr weltweit verbreitet wurde und durch die Nachfolgeorganisation WTO immer weiter gefestigt wird, sind andrerseits alle Maßnahmen verpönt, die die Wirtschaft eines bestimmten Landes vor der Konkurrenz der anderen Länder schützen wollen, also die Maßnahmen des Protektionismus. Denn nur das weltweite freie Spiel von Angebot und Nachfrage soll nach dieser Lehre den globalen Handel und die Produktion von Gütern steuern.

Diese Forderung der westlichen Industriestaaten stößt allerdings auf drei Probleme:

1. Alle heute entwickelten Industriestaaten ergriffen in der 100-300 jährigen Geschichte ihrer Industrialisierung sehr wohl massive Maßnahmen des Protektionismus, um ihre wachsende Industrie vor zu großer, existenzbedrohender Konkurrenz des Auslands zu beschützen. Man denke an die vielen Zollschranken. Und gerade

der Kolonialismus schützte die Mutterländer vor Konkurrenz und sorgte zugleich für die Absatzmärkte der eigenen Produkte.

2. Die den Freihandel begründenden Modelle setzen eine Gruppe von in ihrer ökonomischen Bedeutung vergleichbaren Ländern voraus. Dies widerspricht aber der Wirklichkeit: Neben einer beschränkten Anzahl entwickelter Industriestaaten gibt es die Mehrzahl der armen Entwicklungsländer.

3. Diese Entwicklungsländer erleiden eine ständige Verschlechterung ihrer Terms of Trade, die definiert sind:

$$\text{t.o.t.} = \frac{P_x}{P_M}.$$

Diese Terms of Trade sind also das Verhältnis zwischen dem Preisniveau der Exportgüter und dem Preisniveau der Importgüter. Beide Preisniveaus sind, um den Vergleich zu ermöglichen, natürlich in derselben Währung zu messen.

Eine beständige Verschlechterung der Terms of Trade bedeutet nun z.B., daß ein Entwicklungsland vor zehn Jahren für l00 Einheiten seines Naturexportgutes (wie Kaffee, Zuckerrohr, Weizen, unbehandelte Rohstoffe usw.) fünf Maschinen aus einem Industrieland beziehen konnte, daß es aber heute nur noch zwei Maschinen gegen den Export von 100 Einheiten Naturgüter bekommt.

Diese Verschlechterung der Wertrelationen vergrößert die Armut der Entwicklungsländer. Sie kommt daher, daß die Entwicklungsländer auf dem freien, globalen Weltmarkt auf doppelte Weise in der schwächeren Position sind: da sie die hochentwickelten technischen Güter nicht selbst herstellen können, sind sie auf deren Import angewiesen, sie haben also eine unelastische Importnachfragekurve und müssen daher hohe Preise akzeptieren. Bei den Gütern handelt es sich um Maschinen, Elektronik, aber auch um Öl und Waffen.

Zweitens benötigen sie, um die Importe bezahlen zu können, dringend Devisen. Dafür aber müssen sie dringend exportieren, haben also auch eine unelastische Exportangebotskurve und müssen daher geringe Preise akzeptieren.

Aus diesen drei Gründen wird es auf der Welt immer auch Protektionismus geben (müssen), solange es arme und reiche Länder in solchen Dimensionen gibt und solange verschiedene Länder in ganz verschiedenen historischen Entwicklungsstufen stehen. Solange wird es den Gegensatz zwischen Freihandel und Protektionismus auf der Erde geben. Deshalb soll hier zum Abschluß kurz der Protektionismus geschildert werden.

Protektionismus heißt Schutz inländischer Anbieter gegen die Konkurrenz ausländischer Importprodukte oder aber auch die Förderung der inländischen Produkte auf den Weltmärkten oder auch Verhinderung der Verschleuderung inländischer Güter im Ausland (z.B. Kunstschätze).

Instrumente des Protektionismus

Historisch wurde in Zeiten des Kolonialismus der eigene Handel durch Waffengewalt, Flotte oder Armee, meist auch durch eine eigene Kolonialverwaltung geschützt. Heute gelten als Protektionismus folgende Instrumente:

- Zölle auf den Import oder Export, d.h. Preisaufschläge
- Nichttarifäre Handelshemmnisse wie bürokratische Schikanen, besondere Marktordnungen, Normen, komplizierte Formulare und Beurkundungen, Qualitätsanforderungen, Kontingente, Umweltauflagen, Sicherheitsauflagen, Versicherungspflichten usw.
- Subventionierung der Importsubstitutionsindustrie und der Exportindustrie
- Festsetzung von Wechselkursen (Paritäten), die den eigenen Export fördern und den Import benachteiligen
- Devisenbewirtschaftung, dadurch Steuerung des Imports von Konkurrenzgütern
- staatlich gefördertes bzw. subventioniertes Dumping

Insbesondere hat sich eine richtiggehende „Zolltheorie" entwickelt. Beispielhaft soll hier das berühmte Marktmodell zweier miteinander Handel treibender Staaten gezeigt werden, an dem mit Angebots- und Nachfragekurven der Schutzeffekt eines Importzolls als klassischem protektionistischem Instrument verdeutlicht werden kann. Der Schutzeffekt zeigt sich dann als Steigerung der Inlandsproduktion. Nebeneffekt ist natürlich die Zolleinnahme für das Staatssäckel, was historisch wohl das wesentliche ausmachte.

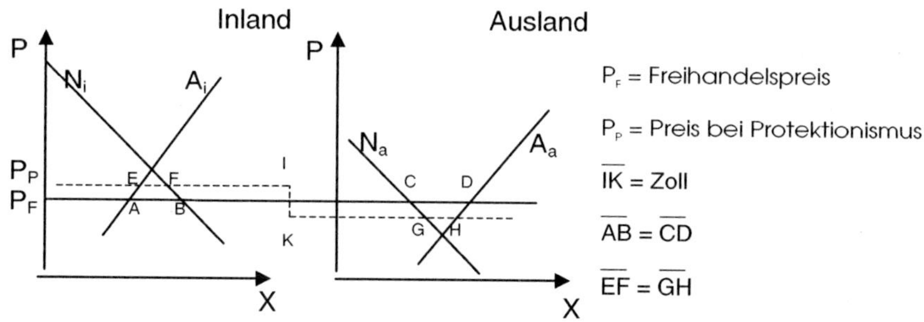

Steigerung der Inlandsproduktion A → E (Schutzeffekt)

Bei Freihandel importiert das Inland die Menge AB = CD des betreffenden Gutes aus dem Ausland. Nach der Zollerhebung in Höhe von IK importiert das Inland nur noch die Menge EF = GH. Dafür wurde die Inlandsproduktion von A auf E gesteigert.

Obwohl, wie bereits angedeutet, Protektionismus heutzutage in der herrschenden Lehre von Politik und Wirtschaft verpönt ist - man sieht hier die Heuchelei der führenden Industriestaaten, die durchaus mit Methoden des Protektionismus groß geworden sind - sollen zunächst die Vorteile erwähnt werden, die in bestimmten historischen Situationen auftreten können:

- Junge Wirtschaftsbereiche werden vor vernichtender Konkurrenz geschützt, bis sie internationale Wettbewerbsfähigkeit erreicht haben durch technische Reife, Qualität und Kostenwirtschaftlichkeit (historisch haben die so geschützten Staaten fleißig Industriespionage betrieben; die Situation wird z.B. gut dargestellt im Roman von Max Eyth: Hinter Pflug und Schraubstock). Dieser Schutz sollte natürlich begrenzte Dauer haben, um die später zu schildernden Nachteile zu vermeiden. Es soll eben nur der zeitliche Vorsprung der schon gefestigten Auslandskonkurrenz ausgeglichen werden.
- Zölle bringen Staatseinnahmen. Auch die Europäische Union finanziert sich teilweise durch die Außenzölle. In der Geschichte spielte dies ein gewichtiges Argument bei Zöllen: Straßenzölle, Brückenzölle, Paßzölle.
- Durch Importzölle können die billigeren Preise der Weltmarktgüter

auf das Niveau der Inlandsproduzenten angehoben werden. Dadurch werden die Arbeitsplätze und das Einkommensniveau der inländischen Produzenten gesichert. Ein Beispiel dafür ist der Europäische Agrarmarkt.

- Durch Exportsubventionierung und Importzölle kann eine schlechte Zahlungsbilanz (vorübergehend) verbessert werden.
- Durch Protektionismus, d.h. Förderung der eigenen (Importsubventions-) Industrie und Hemmung der ausländischen Konkurrenz durch Zölle kann die Abhängigkeit von Zulieferern eingedämmt werden.
- Protektionismus kann verhindern, daß heimische Produkte und Güter im Ausland zum Schaden der eigenen Nation verschleudert werden, z.B. selbstbenötigte Rohstoffe und Nahrungsmittel, Edelhölzer, Kunstschätze, Naturschönheiten zum touristischen Raubbau.

Schließlich sollen aber die Probleme bzw. Nachteile des Protektionismus nicht verschwiegen werden. Neben dem Argument, daß Protektionismus immer in Richtung auf Planwirtschaft und weg von freiheitlicher Demokratie geht, gelten folgende Phänomene als Probleme des Protektionismus:

- Durch Protektionismus werden oft alte, unproduktive Branchen künstlich am Leben erhalten, was später umso größere Kosten mit sich bringt.
- Protektionismus wird auch gerne als Waffe im Handelskrieg eingesetzt oder kann zum Handelskrieg führen.
- Es besteht die Gefahr, daß sich Protektionismus allmählich auf die anderen Sektoren der Wirtschaft ausdehnt (sog. Ölfleckeneffekt). Dies hat der Protektionismus mit den Subventionen gemein: einmal gewährte Subventionen sind nur schwer rückgängig zu machen wegen des Lobbyismus der Interessengruppen in einer pluralistischen Demokratie. Beispiele: Steinkohle, Landwirtschaft.

- Die Bürger müssen häufig bei Protektionismus höhere Preise und Abgaben (Steuern) zahlen. Bei Einfuhrbeschränkungen bzw. Importzöllen müssen die Bürger im Vergleich zum Freihandel höhere Preise bezahlen. Die höhere Steuerbelastung rührt daher, daß die Subventionen vom Steuerzahler gezahlt werden müssen.
- Bei Protektionismus, besonders wenn er über das notwendige Zeitmaß hinaus beibehalten wird, besteht die beständige Gefahr der Verzerrung der Wirtschaftsstruktur: die Wirtschaft wird außenlastig, d.h. abhängig vom Export, und die anderen Industrien werden benachteiligt. So werden oft auch unproduktive Branchen nur deshalb gefördert oder am Leben erhalten, weil Arbeitsplätze und Anteile auf den Weltmärkten gerettet werden müssen. Meist jedoch eine Milchmädchenrechnung.
- Protektionismus führt auch leicht zum Mangel an stimulierender Konkurrenz, dadurch werden die Marktmechanismen, d.h. die Lenkungs-, Ausgleichs- und Signalfunktionen des Preises eingeschränkt mit allen ihren produktivitätsfördernden Auswirkungen.
- Dies führt zu den in Planwirtschaften sattsam bekannten Erscheinungen: eingeschränkte Innovation, Fehlleitung von Kapital, mangelnde Kundenorientierung, fehlende Anpassungsflexibilität an die Bedürfnisse (die Nachfrage), mangelnde Effizienz und Produktivität, ungünstige Preise wegen schlechter Kostenwirtschaftlichkeit und mangelnder Konkurrenz, fehlende bzw. zu späte Modernisierung und schließlich Verlust dessen, was man durch Protektionismus erreichen wollte: der internationalen Wettbewerbsfähigkeit.

Allgemein ausgedrückt: Einschränkung des völkerverbindenden und oft sogar friedensstiftenden Welthandels, der internationalen Kooperation und leider Förderung von Abgrenzung und Aggression. Und es braucht wohl nicht betont werden, daß alle die Vorteile verlustig gehen, die wir bei der Behandlung der komparativen Kosten aufgeführt haben.

21. Exkurs: Zum Problem neue Weltwirtschaftsordnung

Max Weber definierte Macht als „jede Chance, innerhalb einer sozialen Beziehung den eigenen Willen auch gegen Widerstreben durchzusetzen“ (Wirtschaft und Gesellschaft). Dieser Machtbegriff kann die vordemokratische Herkunft nicht leugnen: Ein Subjekt zwingt einem anderen seinen Willen auf, zwingt es zu einer bestimmten Handlung.

In Zeiten, in denen das Leitbild Demokratie mit seiner Forderung nach Menschenrechten um die Welt gegangen ist, ist das Problem Macht keineswegs verschwunden, aber man sollte Macht neu definieren. Vorschlag: Macht übt aus, wer jemanden von sich abhängig halten kann. So übt ein Abteilungsleiter Macht über einen ansonsten völlig selbständig und eigenverantwortlich arbeitenden Sachbearbeiter dadurch aus, daß er ihm die Unterschrift zu einem Urlaubsantrag verweigert. Oder: die alten Kolonialmächte haben keine Kommandogewalt mehr in den befreiten ehemaligen Kolonien, aber sie üben dort Macht aus, weil diese Völker beim Import und Export von Gütern von ihnen abhängig sind.

21.1. Das Instrument der Elastizitäten

Bleiben wir bei den Entwicklungsländern bzw. bei der gegenwärtigen Weltwirtschaftsordnung: Mit Instrumenten der Preistheorie läßt sich die Situation eines typischen Entwicklungslandes, das in Monokulturen erzeugte Produkte ausführt und Erdöl und Industriegüter einführt, gut veranschaulichen. Die Angebots- und Nachfragekurven des Export- und Importmarktes eines Entwicklungslandes haben idealtypisch folgende Gestalt:

Exportmarkt

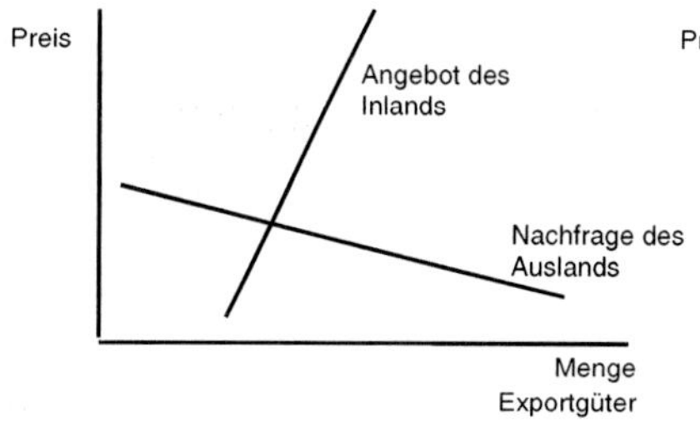

Importmarkt

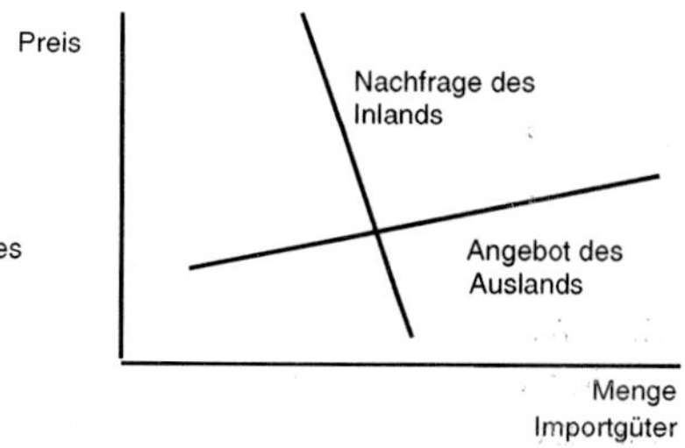

Die Exportnachfragekurve ist flach, d.h. elastisch, da die Industrieländer als Hauptabnehmer auf die Rohstoffe des Entwicklungslandes nicht angewiesen sind. Denn es gibt einerseits zahlreiche andere Anbieter, und die Industrieländer sind durch ihr Know How andererseits in der Lage, auf andere Rohstoffe auszuweichen bzw. Rohstoffe einzusparen.

Das Exportangebot allerdings ist steil, d.h. unelastisch, da das Entwicklungsland unbedingt exportieren muß, um an Devisen zu gelangen.

Betrachten wir nun den Importmarkt: Die Importnachfrage ist steil, d.h. unelastisch, da das Entwicklungsland Öl und Industriegüter dringend benötigt bzw. haben will.

Das Importangebot dagegen ist elastisch, d.h. flach, da die Industrieländer als Anbieter es sich leisten können, sich bei schlechten Preisen zurückzuziehen und ihre gefragten Industriegüter an anderen Punkten der Erde zu verkaufen.

Bekanntlich kann die Außenwirtschaftstheorie (Marshall/Lerner usw.) mit dem Instrument der Elastizitäten begründen, warum Entwicklungsländer bei einer Abwertung ihres Wechselkurses meist keine „Normalreaktion" der Leistungsbilanz erwarten können, da nämlich wegen der steilen Importnachfragekurve der Importwert, anstatt wunschgemäß zu fallen, sogar ansteigt. Aber dies ist nicht Gegenstand dieses Aufsatzes, vielmehr soll weiter darüber nachgedacht werden, was Elastizitäten eigentlich bedeuten. Nehmen wir die Preiselastizität der Nachfrage:

$$E = (-)\ \frac{\frac{dxN}{x_N}}{\frac{dP}{p}}$$

(X_N = nachgefragte Menge, P = Preis eines Gutes)

Die Preiselastizitäten, die eigentlich Punktelastizitäten sind, werden oft nur formal mathematisch gesehen; sie kennzeichnen aber auf zutreffende Weise menschliches Verhalten: hohe Elastizität, also eine flache Nachfrage- oder Angebotskurve, heißt, daß die Nachfrager bzw. Anbieter auf eine Preisänderung stark mit Zuwendung oder Abwendung reagieren. Eine niedrige Elastizität bedeutet, daß die Wirtschaftssubjekte wenig auf eine Preisänderung reagieren (können).

Man kann Elastizitäten noch anders interpretieren: Hohe Elastizität bedeutet, daß Nachfrager bei gestiegenem Preis leicht auf das Gut verzichten können, daß sie also nicht von ihm abhängig sind: sie haben ein hohes Maß an Freiheit. Ähnlich verhält es sich auf der Angebotsseite: hohe Elastizität bedeutet hier, daß sich die Anbieter bei gesunkenem Preis leicht vom Markt zurückziehen können, auch sie hängen also von diesem Absatz nicht ab, sie sind frei.

Ganz anders sieht es aus bei geringen Elastizitäten, also steilen Nachfrage- und Angebotskurven. Die Nachfrager können oder wollen auf das Gut nicht verzichten, sie sind abhängig von ihm, sind also unfrei.

Die Anbieter können bei gesunkenem Preis ihr Angebot nicht oder nur wenig zurücknehmen, weil sie auf die Erlöse angewiesen sind. Auch sie sind unfrei und abhängig.

Diese Interpretation der Elastizitäten muß herangezogen werden, wenn man die oben beschriebene Situation der Entwicklungsländer verstehen will: Das typische Entwicklungsland hat eine steile Exportangebotskurve und eine steile Importnachfragekurve, es ist also auf beiden Marktseiten abhängig, angewiesen und unfrei.

Die Industriestaaten hingegen haben flache Importnachfrage- und Exportangebotskurven. Sie sind also nicht angewiesen, nicht abhängig und in ihren Handlungen frei.

Folgt man meiner zu Beginn vorgestellten neuen Definition von Macht, so muß man festhalten, daß die Industriestaaten unverändert Macht über die Entwicklungsländer ausüben und ihrerseits einen viel höheren Freiheitsspielraum besitzen. Übten sie früher als Kolonialherren physische Macht aus, die sich, wie sich am Beispiel des Deutschen Reiches zeigen läßt, oft in nur geringem ökonomischen Gewinn niederschlug, so üben die modernen Industrienationen wirtschaftliche und psychische Macht aus, die sich sehr wohl auf ihren Wohlstand auswirkt.

Die Situation der Entwicklungsländer: Angewiesenheit, Abhängigkeit, Unfreiheit (im Sinne von: keine Alternativen haben). Diese Situation wird, wie wir oben gesehen haben, gut veranschaulicht durch die

Gestalt der Angebots- und Nachfragekurven und führt direkt zur chronischen Armut der Entwicklungsländer: Wer verkaufen muß, muß sich mit niedrigen Preisen zufrieden geben; wer kaufen muß, muß nach den Marktgesetzen mit steigenden Preisen rechnen. Deshalb verwundert es nicht, wenn die terms of trade

$$\text{t.o.t.} = \frac{\text{Preisniveau der Exportgüter}}{\text{Preisniveau der Importgüter}},$$

gemessen in gleicher Währung, für die Entwicklungsländer immer schlechter werden. Hat ein Entwicklungsland 1960 für den Export von 25 t Kautschuk noch sechs Traktoren importieren können, so gab es 1975 dafür nur noch zwei Traktoren (vgl. Datta Asit, Ursachen der Unterentwicklung, München 1982). So werden die Entwicklungsländer immer ärmer.

21.2. Frei und abhängig, reich und arm

Nun versteht man auch, warum es den Industriestaaten so viele Vorteile bringt, ständig neue Erfindungen und Produkte zu entwickeln, also an der Spitze des technischen Fortschritts zu sein:

Weil die Entwicklungsländer nämlich speziell an diesen Spitzenprodukten interessiert sind. Sie benötigten, von extremen Notlagen abgesehen, mengenmäßig gar nicht so dringend die Güter der Industrienationen. Sie könnten mit dem, was sie haben, vielleicht einigermaßen zurechtkommen, wie sie es Jahrtausende getan haben. Aber sie sind hoch motiviert, die neusten Güter der Industrienationen zu erwerben: Autos, Waffen, Elektronik. In den ärmsten Ballungszentren der Erde wimmelt es von Autos, die vor allem in städtischen Bezirken bewegt werden. Und in den ärmsten Hütten stehen moderne Fernseher und andere Elektronik, während die Kinder zum Arbeiten und Betteln auf die Straße geschickt werden. Dahinter steht der Drang, den Lebensstil der Industrieländer nachzuahmen. Wer dies kann, genießt Achtung. Nicht von ungefähr überbieten sich die führenden Schichten im Importieren von Luxusgütern, selbst wenn die Mehrheit der Bevölkerung hungert.

So entsteht die unelastische Nachfrage nach Gütern der Industrienationen. Und dies sind in der Masse nicht die lebensnotwendigen Güter. Ein Gut wird ja nicht nur wegen Nützlichkeit oder Lebensnotwendigkeit zum ökonomischen Gut, sondern dadurch, daß es Menschen gibt, die bereit sind, dafür zu zahlen, selbst wenn es sich um überflüssige Güter handeln sollte.

Diese hohe Motivation, diese unelastische Nachfrage führt zu Abhängigkeit, Unfreiheit und Armut der Entwicklungsländer. Dieser Zusammenhang weist eine Ähnlichkeit mit der Situation von Drogenabhängigen auf. Kaum ein Volk oder Stamm der Erde hat die Kraft besessen, der Suggestion des industriellen Lebensstandards zu widerstehen.

Auf der anderen Seite stehen die Industrienationen. Wegen ihren immer neuen Produkten verfügen sie über elastische Angebots- und Nachfragekurven, sie sind nicht abhängig und nicht angewiesen, sondern frei und halten die Entwicklungsländer, die nach ihren Gütern drängen, in Abhängigkeit. Diese Abhängigkeit wird noch verstärkt durch deren ebenfalls unelastische Angebotskurve. Die Entwicklungsländer müssen exportieren, um an die notwendigen Devisen zu kommen, alles, was sie haben, billig losschlagen.

21.3. Zusammenfassung

Durch die Entwicklung, Herstellung und weltweite Vermarktung von fortschrittlichen Gütern gewinnen die Industrienationen Macht, Freiheit und Reichtum aufgrund ökonomischer Gesetze, die nichts anderes sind als Spiegelbilder der unterschiedlichen Abhängigkeiten der Menschen von Gütern.

Dieser Zusammenhang hat eine ethische Seite: Die Abhängigkeit wird ausgenutzt; durch die Bereitstellung von immer neuen und neuartigen Gütern werden neue Abhängigkeiten und Versuchungen geschaffen. Da so Motivationen ausgelöst werden, kann man von Manipulation der Entwicklungsländer durch die Industrieländer sprechen. An die Stelle der direkten Herrschaft der Kolonialzeit ist subtile Herrschaft durch Abhängigkeit getreten. Dieser Zusammenhang widerspricht den Menschenrechten und der Demokratisierung der Welt.

Die Abhängigkeit führt zu Preisen, die für die Entwicklungsländer immer ungünstiger werden und sie immer mehr in Armut treiben. „Gerechte“ international ausgehandelte Preisfestsetzungen würden andererseits nur an den Symptomen, aber nicht an den Ursachen kurieren. Solche Preise sind nach den Erkenntnissen der ökonomischen Theorie auch nicht haltbar, da sich die Marktkräfte über Schwarze Märkte langfristig durchsetzen würden. Ganz abgesehen von der Unwahrscheinlichkeit, sich weltweit auf ein „gerechtes“ Preissystem zu einigen.

So scheint beim Leitbild und der Wertordnung des „westlichen“ Lebensstandards und bei Fortbestand des freien Welthandels mit seinen freien Marktgesetzen eine neue „gerechte“ Weltwirtschaftsordnung mit „gerechten“ Preisen und einem Ausgleich von Arm und Reich prinzipiell unmöglich, sondern eine neue Weltwirtschaftsordnung erscheint mir nur möglich, wenn das Leitbild der modernen Industriekultur, die westliche Wertordnung und die auf der europäischen Denktradition gegründete marktwirtschaftliche Ökonomie weltweit an ihrer bestimmenden Ausstrahlungskraft verlieren.

21.4. Bisherige Lösungsansätze

Ein solcher Pessimismus stößt verständlicherweise auf Kritik, hat doch die Wissenschaft zahlreiche Lösungswege zu einer neuen und gerechteren Weltwirtschaftsordnung gewiesen, wie zum Beispiel:

Die Gatt-Runden versuchten einen weltweiten Interessenausgleich auf der Basis des freien Welthandels zu erzielen. Das Problem ist allerdings, daß bei diesen Verhandlungen die Industriestaaten das Übergewicht haben, und somit die bestehende Weltwirtschaftsordnung zementiert wird.

Des weiteren:

Das Theorem der komparativen Kosten verspricht wachsenden Wohlstand für alle beteiligten Nationen, wenn sich jede von ihnen auf die Produktion derjenigen Güter konzentriert, bei welchen sie einen komparativen Kostenvorteil besitzt, und solche Güter exportiert, dafür die anderen importiert. Dies Theorem hat allerdings zur Voraussetzung, daß die beteiligten Nationen etwa gleich groß und wirtschaftlich bedeutend, das heißt aber : in etwa gleich entwickelt sind.

Als weiteres Modell gibt es den Europäischen Agrarmark. Die beteiligten Nationen beschließen gemeinsame Preise, die den Lebensstandard aller Landwirte garantieren. Können die produzierten Mengen zu diesen oft über den freien Marktpreisen liegenden Preisen nicht abgesetzt werden, dann werden sie von der Gemeinschaft zu diesen „Interventionspreisen“ aufgekauft und eingelagert. Dieses System sorgte schon bei den wohlhabenden europäischen Staaten für Probleme und Verdruß, da es bürokratisch sehr aufwendig ist und lange Jahre den Löwenanteil des Europäischen Haushalts beanspruchte.

Wollte man ein solches System auf die ganze Welt übertragen, würde dies eine weltweite Wirtschaftsgemeinschaft, wenn nicht gar Weltregierung voraussetzen. Im übrigen entspricht ein solches System eher einer Planwirtschaft als einem freien Welthandel.

Schließlich gibt es Vorschläge, die Entwicklungsländer durch entsprechende Entwicklungs- und Aufbauhilfe der Industrienationen so zu modernisieren, daß sie zu ebenbürtigen Partnern auf dem Weltmarkt werden.

Dagegen sprechen allerdings Ergebnisse der Umweltforschung, die nahelegen, daß die Weltressourcen in wenigen Jahren erschöpft wären, wenn alle Menschen dieser Erde den gleichen Energie- und Rohstoffverbrauch hätten wie Amerikaner und Europäer (vgl. Weimann, Joachim: Umweltökonomik, Berlin usw. 1991).

21.5. Paradigmenwechsel?

Also Modelle zur Verwirklichung einer gerechten Weltwirtschaftsordnung gibt es genug. Aber ohne wirklichen Erfolg. Deshalb muß der grundlegende Denkansatz, das Paradigma, überprüft werden, die Vorstellung nämlich, man brauche nur ein perfektes, maschinengleiches Modell zu entwickeln und den Politikern zur gefälligen Umsetzung zu übergeben. Die Folge war bisher stets, daß nach gescheiterten Konferenzen sich Wissenschaftler und Politiker gegenseitig mit Schuldzuweisungen bedachten.

Wahrscheinlich müßte ein neuer Denkansatz bedeuten, Modelle zum wahren Problem zu entwickeln, nämlich zum Problem, wie man weltweite Einigungsprozesse erzielt. Ansätze wären bereits zu finden in der Spieltheorie und der Theorie des collective bargaining. Hat man einmal solche Modelle entwickelt und kommt es tatsächlich zu humanen Einigungen, dann stehen aus dem bisher schon erarbeiteten Fundus gewiß rasch die notwendigen technischen Lösungen bereit. Denn das Problem liegt bisher nicht darin, keine technischen Lösungsmodelle einer neuen Weltwirtschaftsordnung zu haben, sondern in dieser Unfähigkeit, ja Hilflosigkeit, weltweite Einigungsprozesse zu steuern.

Unter den gegenwärtigen Bedingungen halte ich allerdings die Chance für äußerst gering, daß die Menschheit je zu rationalen und humanen Einigungsprozessen bezüglich einer neuen Weltwirtschaftsordnung fähig ist.

So muß ich meine oben dargelegte Auffassung wiederholen, daß eine neue gerechte Weltwirtschaftsordnung bei fortbestehender Dominanz des westlichen Leitbildes vom guten Leben und freien Welthandel unmöglich, hingegen nur möglich sein wird, wenn dieses Leitbild der westlichen Industriekultur und Lebensart, das auf der europäischen

Aufklärung und Philosophie basiert, an seiner weltweit bestimmenden Ausstrahlungskraft verliert.

Für dieses Weltbild stehen eben nun mal Descartes, Newton, Hobbes, Locke, Kant, Adam Smith, Ricardo; man denke insbesondere an Max Webers „Protestantische Ethik und der Geist des Kapitalismus". Welthistorisch sind aber Paradigmenwechsel keineswegs eine Seltenheit gewesen. Ebenso wie heute Konsum, Einkommen, Status, Reisen, Auto, Elektronik und Kommunikation die Werte von vielen Millionen Menschen darstellen, so waren die Triebfedern der Menschen auch schon öfters und länger in der Geschichte Streben nach menschlicher Entwicklung, Religion, Philosophie, Kunst und Humanität. Es gab philosophische Denkschulen und Religionen, die Leitbilder für ein gutes Leben abgaben, für Lebenssinn und ein würdiges Sterben.

Ob die Entwicklungsländer, die ja philosophisch oft keineswegs unterentwickelt sind, es aber je schaffen werden, sich vom Paradigma des westlichen way of life abzukoppeln, sich neue „Götter" zu suchen oder ihre alten wiederzufinden und weiterzuentwickeln und sich aus dem Zustand des Angewiesenseins, der Abhängigkeit und der Unfreiheit zu befreien, könnte nur ein Prophet vorhersagen. Eine neue Weltwirtschaftsordnung scheint aber weniger eine Frage der Technik oder eines großen Modells oder der ökonomischen Mechanik zu sein, sondern eine Frage der Philosophie.